U0090103

民國文化與文學研究文叢

六　編

李　怡　主編

第 9 冊

黑皮鞋：抗戰爆發前的新市民電影
——1933～1937 年現存中國電影文本讀解（下）

袁慶豐　著

國家圖書館出版品預行編目資料

黑皮鞋：抗戰爆發前的新市民電影——1933～1937年現存中國電影文本讀解（下）／袁慶豐 著 -- 初版 -- 新北市：花木蘭文化出版社，2016〔民105〕
目 2+292 面；19×26 公分
（民國文化與文學研究文叢 六編；第9冊）
ISBN 978-986-404-701-7（精裝）
1. 影評 2. 市民社會
541.26208　　105012800

ISBN-978-986-404-701-7
9 789864 047017

民國文化與文學研究文叢
六 編 第 九 冊　　ISBN：978-986-404-701-7

黑皮鞋：抗戰爆發前的新市民電影

——1933～1937年現存中國電影文本讀解（下）

作　　者　袁慶豐
主　　編　李　怡
企　　劃　四川大學現代中國文化與文學研究中心
　　　　　北京師範大學民國歷史文化與文學研究中心
總 編 輯　杜潔祥
副總編輯　楊嘉樂
編　　輯　許郁翎、王　筑　美術編輯　陳逸婷
出　　版　花木蘭文化出版社
社　　長　高小娟
聯絡地址　235 新北市中和區中安街七二號十三樓
　　　　　電話：02-2923-1455／傳眞：02-2923-1452
網　　址　http://www.huamulan.tw　信箱　hml 810518@gmail.com
印　　刷　普羅文化出版廣告事業
初　　版　2016年9月
全書字數　310553字
定　　價　六編24冊（精裝）新台幣44,000元　

黑皮鞋：抗戰爆發前的新市民電影

——1933～1937年現存中國電影文本讀解（下）

袁慶豐 著

目次

上冊

下　冊

第玖章 《迷途的羔羊》（1936 年）——
1930 年代電影生態的新例證

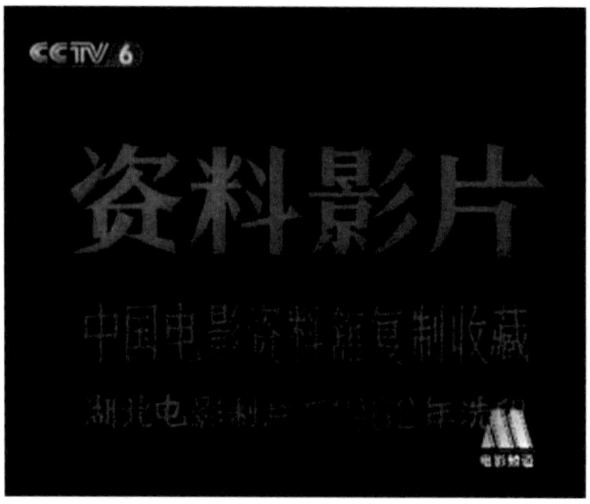

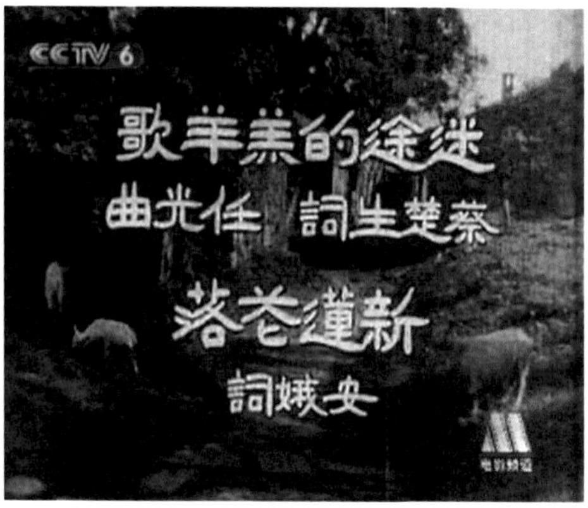

閱讀指要：

1930 年代初期，中國電影有了新、舊之分，這是研究界沒有分歧的定論之一。但需要説明的是，現存的、公眾可以看到的影片文本表明，舊電影時代可以用舊市民電影形態統而攝之，而作為新電影的左翼電影出現於 1932 年而不是以往認為的 1933 年。此外，新電影還包括 1932 年出現的新民族主義電影、1933 年出現的新市民電影，以及 1936 年出現的左翼電影的升級換代版——國防電影（運動）。就新、舊市民電影而言，新與舊更多地體現出時間的前後順序與承接關聯，並無非此即彼的全然否定的意味，它們只能是中國電影在不同歷史時期文化生態的必然顯現而已。《迷途的羔羊》出品的時期，正是新電影完全取代舊市民電影後共同構成 1930 年代中國電影主流的鼎盛階段，更是新市民電影走向全面興盛的新例證。

關鍵詞：舊市民電影；左翼電影；新市民電影；新民族主義電影；國防電影；製片生態；

專業鏈接 1：《迷途的羔羊》（故事片，黑白，配音，刪節版），聯華影業公司 1936 年 8 月出品。CCTV6 頻道 2011 年播出視頻版本，時長：63 分 30 秒。

〉〉〉**編劇、導演**：蔡楚生；**攝影**：周達明。

〉〉〉**主演**：葛佐治、陳娟娟、黎灼灼、鄭君里、沈百寧。

專業鏈接 2：CCTV6 頻道播出版的片頭字幕及演職員表字幕（標點符號爲錄入者添加）

《迷途的羔羊》。資料影片。

中國電影資料館複製收藏。

湖北電影製片廠 1982 年洗印。

劇務：孟君謀；

幹事：屠恒福；

錄音：司徒慧敏、鄺贊；

助理：朱樹洪；

音響：傅繼秋；

全部製樂、音樂指導：任光；

演奏者：司魯斯基管絃樂隊（A Sloutsky and his Orchestra.）；

《迷途的羔羊歌》：蔡楚生詞，

任光曲；《新蓮花落》：安娥詞。

主演者：葛佐治，陳娟娟，黎灼灼，鄭君里，沈百寧，章志直，
殷秀岑，秦海郵，王子清，溫　容，

演員表（以先後出場為序）：

小三子——葛佐治，

其　父——溫　容，

祖　母——傅憶秋，

教書匠——洪警鈴，

頑　童——秦海郵；

翠　兒——陳娟娟；

村　老——時覺非；

沈慈航——沈百寧；

老　僕——鄭君里；

保　鏢——章志直；

沈太太——黎灼灼；

送飯司務——殷秀岑；

小弟弟（客串）——鄭應兆；

大餅司務——朱雲山；

任特猛——劉　瓊；

校　長——李君磐；

貴婦人——黃筠貞；

訪事員——龍　淩；

小饞嘴——王子清；

大好老——唐根寶；

小狗子——苗振宇；

報　販——陳菊甫。

蔡楚生：編劇、導演、說明。

獻詞：謹以本劇，獻給關心兒童教養問題的國人，和每一個兒童的家長。

專業鏈接 3：鏡頭統計

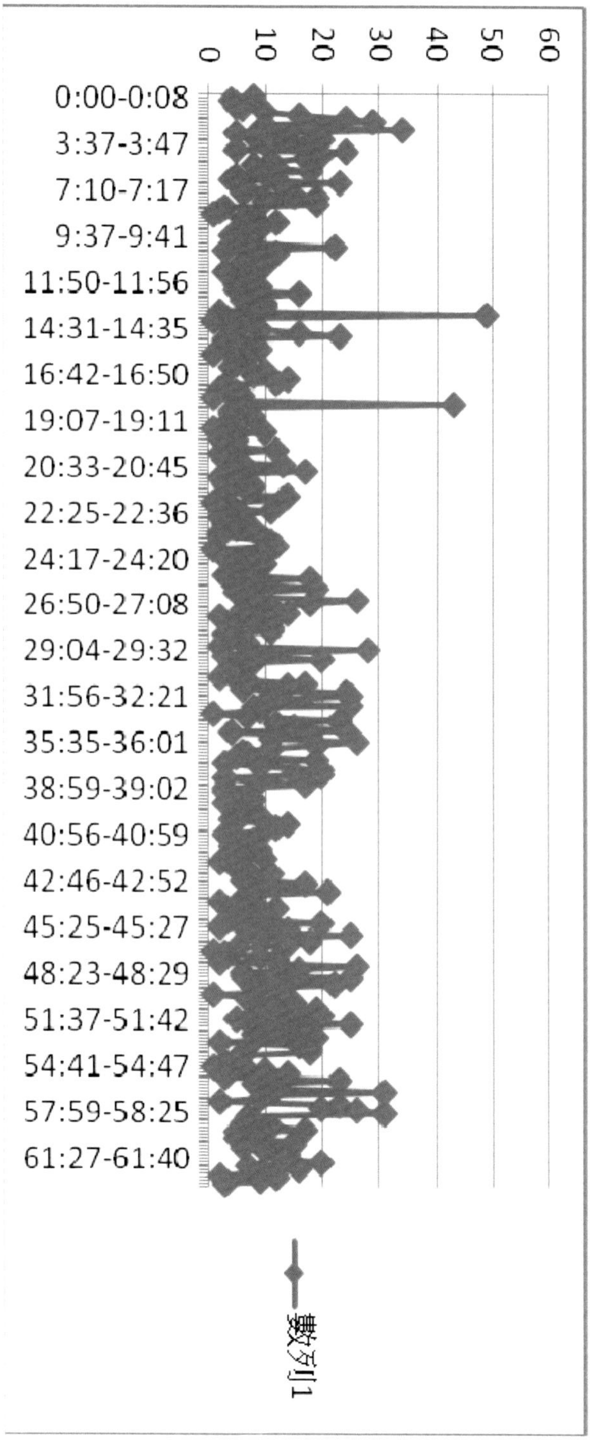
0
10
20
30
40
50
60
0:00-0:08
3:37-3:47
7:10-7:17
9:37-9:41
11:50-11:56
14:31-14:35
16:42-16:50
19:07-19:11
20:33-20:45
22:25-22:36
24:17-24:20
26:50-27:08
29:04-29:32
31:56-32:21
35:35-36:01
38:59-39:02
40:56-40:59
42:46-42:52
45:25-45:27
48:23-48:29
51:37-51:42
54:41-54:47
57:59-58:25
61:27-61:40
數列1

說明：《迷途的羔羊》在CCTV6頻道播出時長爲63分30秒，共355個鏡頭。其中：

甲、小於和等於5秒的鏡頭110個，大於5秒、小於和等於10秒的鏡頭123個，大於10秒、小於和等於15秒的鏡頭49個，大於15秒、小於和等於20秒的鏡頭34個，大於20秒、小於和等於25秒的鏡頭16個，大於25秒、小於和等於30秒的鏡頭5個，大於30秒、小於和等於35秒的鏡頭3個，大於35秒小於和等於45秒的鏡頭3個，大於45秒的鏡頭2個。

乙、片頭鏡頭11個，片尾鏡頭1個；黑屏鏡頭0個；

丙、固定鏡頭284個，運動鏡頭59個。

丁、遠景鏡頭11個，全景鏡頭138個，中景鏡頭109個，近景鏡頭40個，特寫鏡頭31個。

（數據統計與圖表製作：劉慧姣）

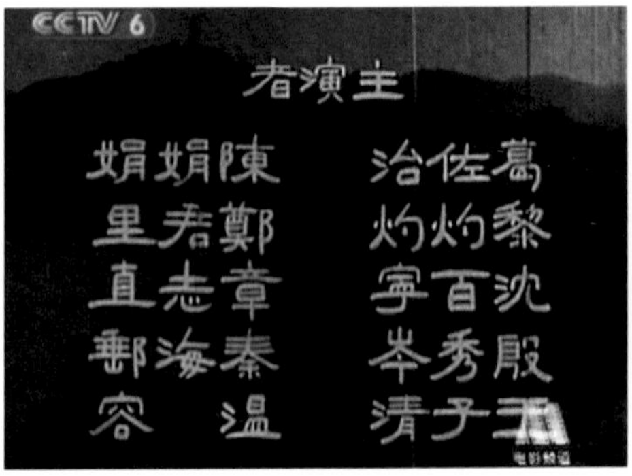

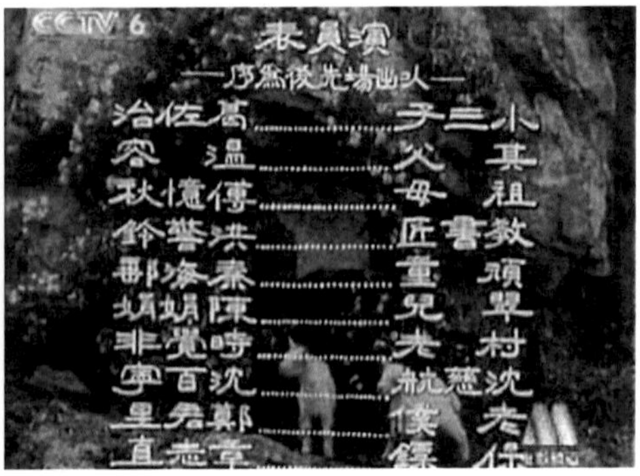

專業鏈結4：影片經典臺詞

「老師打你還會有錯嗎？一定是你自己不好」。

「他們不喜歡你，我喜歡你，不要哭……」

「我的小心肝呀！你陪著那老傢夥，不煩悶嗎？」

「你也這樣苦嗎？」——「我們都是一樣的!」

「你跟我裝腔，我不跟你好！」

「你是不是肚子餓？」——「我有的是錢，怎麼會餓？！我缺少的是精神的糧食……」——「大概是他錢太多了，所以越說越糊塗！」

「都是……我不好……我要向你懺悔……」

「稍微有良心的人，誰不寢食不安？！何況是我呢？」

「你有毛病嗎？」

「哼！這種賤種，本來就不配做我的孩子！」

「你看看我的心跳得多厲害？」

「哼!真是要飯的強盜胚!」

「我應該替社會除掉一條害蟲——快叫警察來!」

「第一:不許偷東西!第二:不許偷懶!第三:大家要做工!那麼,你們就是有用的人啦!」

專業鏈結5:影片觀賞推薦指數:★☆☆☆☆

甲、前面的話

聯華影業公司1936年出品的有聲片《迷途的羔羊》(北京中國電影資料館複製收藏,湖北電影製片廠1982年洗印),我直到2011年年底才在網上找到。實際上,影片此前曾由中國大陸中央電視臺第六頻道(CCTV6)播出。因此需要提醒的是,無論是近幾年在網上出現的「新」的民國電影視頻,還是1990年代就已經在中國大陸市場上公開售賣的VCD或DVD光碟,許多影片都不能保證它的原始面貌和時長,其原因是被做了所謂技術性的、也就是意識形態緣由的修改和刪節。

這方面的典型例證,是1949年後中國大陸觀眾看到的《一江春水向東流》(崑崙影業公司1947年出品),其實是一個經過改編的版本,原作許多畫面和情節都被刪除〔註1〕。而我對《迷途的羔羊》的討論,依據的是CCTV6播出的這個時長只有63分30秒的刪節版本,這是需要提前聲明的一點。

〔註1〕我大致推斷,刪掉最多的應該帶有是國民黨政權或曰民國政府政權標識的段落或畫面,還有的,應該就是感情戲橋段,也許可能包括床戲。這也許可以從一個側面解釋,爲什麼當年《一江春水向東流》的票房那麼好的原因。其實這類現象和原因既不奇怪,也不庸俗。現今的例證就是2007年由兩岸三地和美方合資投拍的《色戒》(李安導演),影片公映時觀眾蜂擁而至,其中一個重要原因就是因爲有床戲,更有內地觀眾爲一飽眼福,專程赴港觀賞——除了羡慕嫉妒恨,大多數人似乎對這種體制上的惡劣行爲麻木不仁。

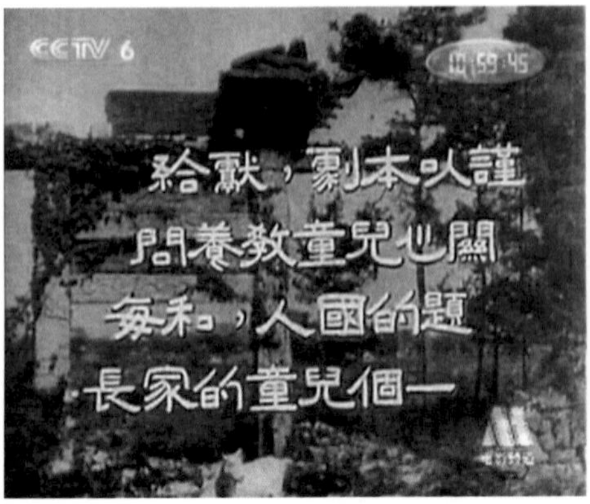

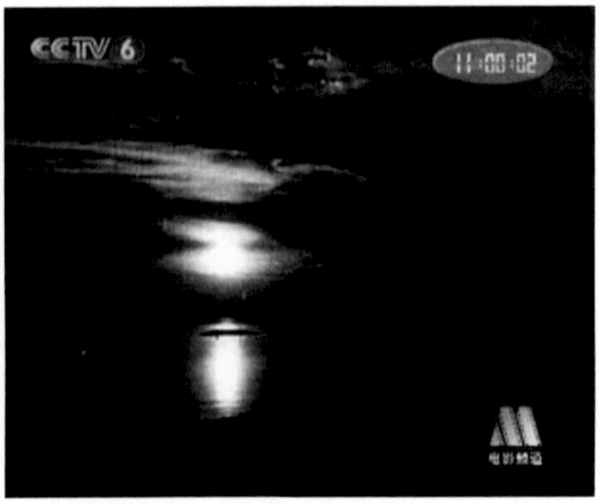

1936 年當年，編導蔡楚生在談到影片的創作宗旨時表示，第一，因為受到蘇聯電影《生路》的啓發，曾經想把班特萊耶夫《表》改編成電影，放棄後創作了同屬於兒童題材的《迷途的羔羊》；第二，「因為並不曾『打算』到流浪兒童也能夠看見，所以根本就沒有想叫他們從本身發出什麼力量，去『努力』、『奮鬥』，和說些『前途光明』的話去加以『鼓勵』；而只是做到：如實地，將他們悲慘的生活狀態描繪出來……我只是對這社會提供一個備忘錄而已！」第三，「以喜劇的形式來處理一切」；第四，除了「不得已的場合中，容納一些西樂外……儘量採用民間已經流行的歌曲做主調」，以加強影片的「特殊性」；第五，由於多數演員的普通話不過關，所以「只好仍以配音的方式演出」，而字幕的「獨立」又不得不破壞畫面上的「連貫性」[1]。

在影片上映時的 8 月間，業界舉辦的座談會上有幾條意見值得關注，一是王造時的發言，認為電影的背景是「當前的最大問題雖是爭取民族解放，而內部的社會組織問題也是同樣的重要」；二是艾思奇的意見：「蔡先生暴露了現實，比口號更有力」；三是胡昌治說：「我以為中國電影常常是歪曲事實

的，所以我教學生們不要去看電影。可是我看了《迷途的羔羊》之後，使我太滿意了」；金則人提出：「《迷途的羔羊》不在低級趣味上著眼，不在生意上著眼，而能抓住現實，強調意識，作爲一個社會問題而提出，可謂不同反響，難能可貴」；最後蔡楚生談到影片的詞曲時說，這歌是「知識分子做的……我的意思是想用這歌代他們呼籲，借他們的口說出他們的痛苦」[2]。評論家塵無則撰文稱，作爲中國第一部「以'兒童問題'爲主題，而且以兒童演員主演的影片」，劇本是失敗的，因爲都是「一些素材的堆積」，但影片「接觸到若干限度的現實……應該爲一切進步的觀眾所歡喜」[3]。

1949 年以後，對《迷途的羔羊》評價影響最大的就是《中國電影發展史》，除了肯定了是「比較優秀的作品」之外[4] P459，具體的評價還是延續了以往的意識形態特徵。譬如說編導「向當時社會的反動統治者提出了深沉的控訴」，當「暴露舊社會的醜惡時，所使用的是嘲諷的筆法；而當再現流浪兒的悲慘生活時，影片則立時罩上了深沉的氣氛」；在指出安娥專門爲影片作詞的《新蓮花落》最終被當時的電影檢查機關刪除後，稱「影片在上映後受到了廣大觀眾和進步電影評論工作者的歡迎和讚揚」[4] P461～465。

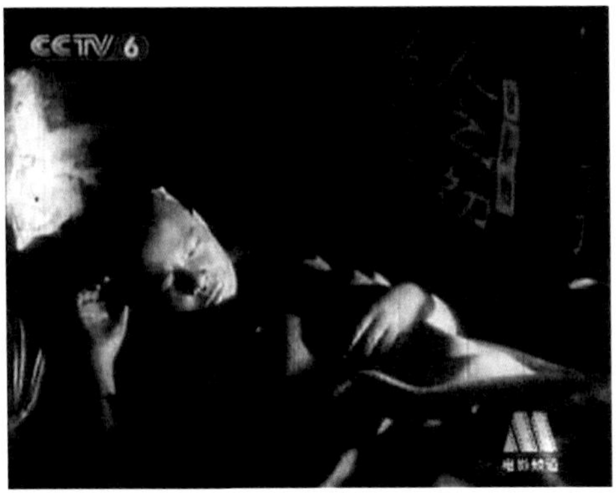

1990 年代以後，研究者在繼承肯定了影片主題是作爲一個社會問題提出的同時，還說到「《漁光曲》和《迷途的羔羊》等影片，不僅屢創空前的票房業績，而且引起社會的廣泛關注」[5]。同爲蔡楚生的作品，《漁光曲》連映八十四天的票房紀錄是人所共知的[4] P334，但是我沒有看到後一部影片相關的證據，譬如具體的票房紀錄或持續上映時間。其它一些論述，有一點專門談到影片是「反映城市貧富懸殊、階級矛盾不合理的」[6]。

這些觀點顯然都是《中國電影發展史》的翻版，更重要的共同點是，沒有人認爲《迷途的羔羊》是左翼電影，包括編導 1960 年自己寫的詳述文章在內[7]。這個原因其實很簡單，以往的和現在的電影史研究認爲，從 1936 年到 1937 年抗戰全面爆發前的中國電影屬於「國防電影運動的新階段」[4] P413，因此，影片和編導只能歸於「進步」或「優秀」的類別或形態。但在我看來，《迷途的羔羊》應該劃入新市民電影序列，只不過，這是又一個公眾可以看到的新的例證而已。

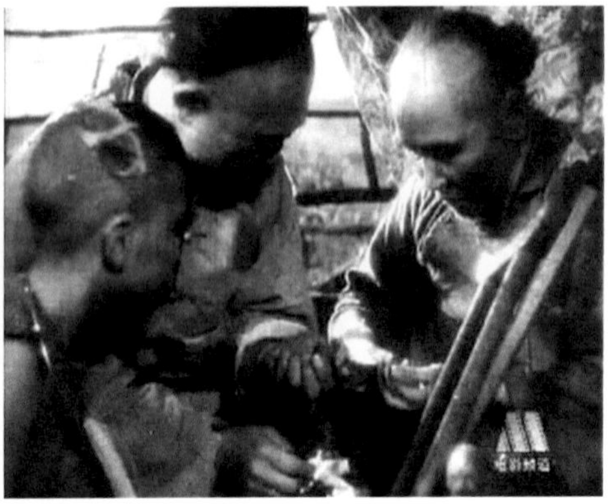

乙、《迷途的羔羊》的製片生態環境

眾所週知，1930 年代初期是中國國產電影新、舊交替的時期。其標誌首先是 1932 年左翼電影的出現，換言之，最先出現的新電影形態是左翼電影。具體地說，僅就現存的、公眾可以看到的影片文本而言，聯華影業公司出品、孫瑜編導的無聲片《野玫瑰》（1932）和《火山情血》（1932），以及（這兩年才公映的）史東山編導的《奮鬥》就是最初的標誌。在我的劃分體系當中，以前一直是把孫瑜的這兩部電影歸結爲早期左翼電影，言下之意是認爲，在 1932 年，左翼電影的模式正在確立當中。

因爲幾乎所有的研究者都承認，到了 1933 年，左翼電影形成了一個製作高潮和市場賣點。至少，當時三大製片公司中的明星影片公司是如此[4] P203，聯華影業公司也是如此[4] P247。換言之，以左翼電影出現爲標誌，新電影隨即成爲中國電影主流，一統中國電影歷史（1905～1932）二十八年的舊市民電影開始全面淡出影片生產流程。左翼電影最突出的特徵就是對外反抗侵略，對內反抗強權，以階級性、暴力性、宣傳性統帥影片主題，側重新理念、新人物，反抗主流意識和價值觀念〔註 2〕。

〔註 2〕對左翼電影概念的界定以及個案讀解和專題集中討論，請參見拙作《中國早期左翼電影暴力基因的植入及其歷史傳遞——以孫瑜 1932 年編導的〈火山情

血〉爲例》（載《河北師範大學學報》2009 年第 5 期）、《〈野玫瑰〉：從舊市民電影向左翼電影的過渡——現存中國早期左翼電影樣本讀解之一》（載 2008 年 11 月《文學評論叢刊》第 11 卷第 1 期）、《20 世紀 30 年代初期中國舊市民電影向左翼電影的轉型過渡——以聯華影業公司 1932 年出品的〈奮鬥〉爲例》（載《浙江傳媒學院學報》2015 年第 1 期）、《民族主義立場的激進表達和藝術的超常發揮——對聯華影業公司 1933 年出品的〈小玩意〉的當下讀解》（載《汕頭大學學報》2008 年第 5 期）、《20 世紀 30 年代中國電影市場和商業製作模式制約下的左翼電影——以〈母性之光〉爲例》（載《杭州師範大學學報》2008 年第 4 期）、《左翼電影的道德激情、暴力意識和階級意識的體現與宣傳——以聯華影業公司 1933 年出品的左翼電影〈天明〉爲例》（載《杭州師範大學學報》2008 年第 2 期）、《電影〈春蠶〉：左翼文學與國產電影市場的結晶》（載《徐州師範大學學報》2010 年第 4 期）、《電影〈桃李劫〉散論——批判性、階級性、暴力性與藝術樸素性之共存》（載《寧波大學學報》2008 年第 2 期）、《左翼電影製作模式的硬化與知識分子視角的變更——從聯華影業公司出品的〈大路〉看 1934 年左翼電影的變化》（載《蘇州科技學院學報》2008 年第 2 期）、《變化中的左翼電影：左翼理念與舊市民電影結構性元素的新舊組合——以聯華影業公司 1934 年出品的〈新女性〉爲例》（載《中文自學指導》2008 年第 3 期）、《對市民電影傳統模式的借用和新知識分子審美情趣的體現——從〈體育皇后〉讀解中國左翼電影在 1934 年的變化》（載《浙江傳媒學院學報》2008 年第 5 期）、《城市意識與左翼電影視角中的性工作者形象——1934 年無聲影片〈神女〉的當下讀解》（載《上海文化》2008 年第 5 期）、《左翼電影的藝術特徵、敘事策略的市場化轉軌及其與新市民電影的內在聯繫》（以電通影片公司 1935 年出品的有聲片《風雲兒女》爲案例的讀解，載《湖南大學學報》2008 年第 3 期）、《〈孤城烈女〉：左翼電影在 1936 年的餘波回轉和傳遞》（載《青海師範大學學報》2008 年第 6 期），以及《1930 年代中國左翼電影的歷史面貌及其當下意義》（載《學術界》2015 年第 6 期）等，上述文章的完全版和未刪節版分別收入《黑白膠片的文化時態——1922～1936 年中國早期電影現存文本讀解》和《黑馬甲：民國時代的左翼電影——1932～1937 年現存中國電影文本讀解》（上下冊，臺灣花木蘭文化出版社 2015 年版）兩書，敬請參閱。

就在左翼電影達到高潮的1933年，新市民電影出現。作爲新電影之一，它和左翼電影一樣，都是從舊市民電影的基礎上發展而來。新、舊市民電影共通的地方是都秉承保守的社會批評姿態、恪守傳統的道德文化立場，而且都有意識地疏離意識形態話語體系。新市民電影不同於舊市民電影的地方，是有目的的、有條件的抽取和借助左翼電影的部分思想元素，譬如人物的階級性和有限度的反抗性和暴力性；其出現標誌和代表作就是有聲片時代第一部高票房電影《姊妹花》(明星影片公司1933年出品)：人物的出身和命運走向以階級性來劃分，但最終是以親情取代和遮蔽階級矛盾和階級對立，回歸舊市民電影慣用的大團圓結局。

作爲新的電影（形態），新市民電影和左翼電影最本質的區別就在於，對於社會現實的反映和批評，新市民電影始終持保守的社會批判立場並始終不抗拒主流意識形態——至少，現存的、公眾可以看到的影片表明，1937年全面抗戰爆發之前的新市民電影基本上是這樣；左翼電影則始終持激進的革命立場和意識形態話語的暴力性表達。換言之，左翼電影始終是顛覆一切居於主流地位的價值觀念，而新市民電影在有條件地對社會現實給予批判或揭露的時候，又在整體上持溫和的改良態度——至少，現存的、公眾可以看到的影片表明，1938～1945年抗戰期間的新市民電影基本上是如此〔註3〕。

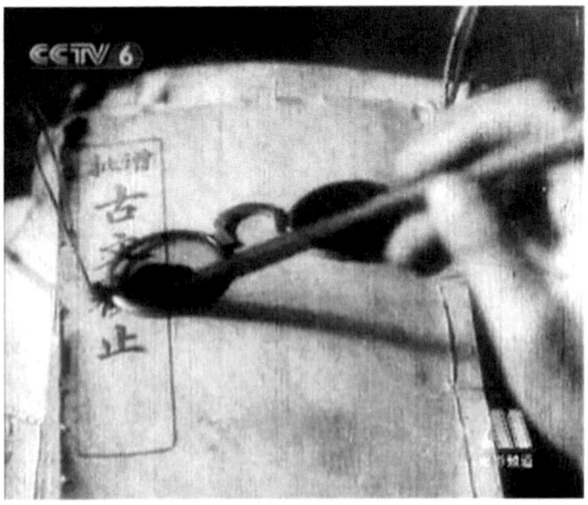

〔註3〕對1937年7月抗戰全面爆發前的新市民電影文本的具體討論，祈參見本書其它各章。我對1938～1945年抗戰期間新市民電影文本的具體討論意見，尚未公開發表，敬請關注爲盼。

在左翼電影和新市民電影共同構成 1930 年代新電影主流的同時，還有一類新電影形態或類型同時出現。最初，我稱之爲新民族主義電影或曰高度疑似政府主旋律的電影。這個問題比較複雜，因爲還是要從舊市民電影時代稍加追溯；其次，它的出現與左翼電影和新市民電影有著文化上的邏輯關聯。如果承認中國電影肇始於 1905 年，那麼，從一開始，中國電影的形態就是舊市民電影，並且，作爲唯一的主流電影一直保持到新電影的出現。因爲，舊市民電影所依附和大力開發、取用的文化資源，始終是以「鴛鴦蝴蝶」派、「禮拜六」派等舊小說以及武俠神怪小說爲代表的舊文化與舊文學。

但在其晚期，也就是 1020 年代末期至 1930 年代初期（即 1929 至 1932 年），舊市民電影內部本身也多有裂變和自我更新。換言之，經歷了幾乎十幾年對新文化與新文學的排斥、對立和碰撞之後，尤其是在激進的左翼電影和投機的新市民電影的雙重擠壓中〔註 4〕，舊市民電影原有的傳統倫理道德和文

〔註 4〕對舊市民電影概念的界定以及個案讀解和專題集中討論，請參見拙作《〈勞工之愛情〉：傳統戲劇戲曲的電子影像版——現在公眾能看到的最早最完整的早期中國電影》（載《渤海大學學報》2009 年第 4 期）、《外來文化資源被本土思想格式化的體現——〈一串珍珠〉（1925 年）：舊市民電影及其個案剖析之一》（載《上海文化》2007 年第 5 期）、《傳統性資源的影像開發和知識分子對舊市民電影情趣的分享——以民新影片公司 1927 年出品的影片〈西廂記〉爲例》（載《長江師範學院學報》2009 年第 2 期）、《對 1920 年代末期中國舊市民電影低俗性的樣本讀解——以 1928 年大中華百合影片公司的〈情海重吻〉爲例》（載《浙江傳媒學院學報》2009 年第 4 期）、《〈雪中孤雛〉：新時代中的舊道德，老做派中的新景象——1920 年代末期中國舊市民電影個案分析之一》（載《淮南師範學院學報》2009 年第 1 期）、《上世紀 20 年代舊文化生態背景下的舊市民電影——以 1929 年出品的〈兒子英雄〉爲例》（載《汕頭大學學報》2009 年第 5 期）、《新知識分子的舊市民電影創作——新發現的侯曜〈海角詩人〉殘片讀解》（載《浙江傳媒學院學報》2012 年第 5 期）、《舊市民電影的又一新例證——以 1929 年友聯影片公司出品的武俠片〈紅俠〉爲例》（載《浙江傳媒學院》2013 年第 4 期）、《中國早期電影中武俠片的情色、打鬥與噱頭、滑稽——以 1929 年華劇影片公司出品的〈女俠白玫瑰〉爲例》（載《文化藝術研究》2013 年第 4 期）、《〈一翦梅〉：趣味大於思想，形式強於內容——1930 年代初期的中國舊市民電影樣本讀解之一》（載《新疆藝術學院學報》2008 年第 4 期）、《〈桃花泣血記〉：模式的遺存和新信息的些許植入——1930 年代初期的中國舊市民電影樣本讀解之一》（載《浙江傳媒學院學報》2009 年第 3 期）、《20 世紀 30 年代初期中國舊市民電影的傳統症候與新鮮景觀——以聯華影業公司出品的〈銀漢雙星〉爲例》（載《浙江傳媒學院學報》2014 年第 5 期）、《論舊市民電影〈啼笑因緣〉的老和〈南國之春〉的新》（載《揚子江評論》2007 年第 2 期）、《舊市民電影：1930 年代初期行將沒落的中國主流電影特徵——無聲片〈銀幕豔史〉（1931）簡析》（載《杭州師範大學學報》2014

化立場被新民族主義電影有意識地強調和張揚；也就是說，在以左翼電影為首的新電影開始啓用新文化、新文學資源，並全面或部分拋棄甚至否定以往的傳統文化理念和社會價值觀念的時候，民族主義的文化傳統、理念和道德倫理秩序被重新堅持和重組，以示抗拒，這就是新民族主義電影產生的內在文化邏輯。

新民族主義電影的萌芽、發展和成型，貫穿於 1930 年代前半期。現存的、公眾可以看到的影片文本表明，新民族主義電影始發於聯華影業公司 1931 年出品的無聲片《戀愛與義務》，到 1934 年的《歸來》（聯華影業公司出品）發育完成。其高峰時期的代表作或曰最高標誌，是聯華影業公司 1935 年出品的配音片《國風》、《天倫》和《慈母曲》。先前我之所以加上一個「高度疑似政府主旋律影片」這麼一個當下性的定語，是因為前兩部影片的出現，與當年民國政府倡導發起的「新生活運動」有著直接的文化邏輯和市場關聯。具體地說，聯華影業公司的創辦者和主腦人物羅明祐、黎民偉，他們在民族主義前提下的文化理念有著與政府首腦高度重合和一致之處，政治上和經濟上的關聯不過是這個前提下的必然結果〔註 5〕。

年第 5 期）、《20 世紀 20 年代中國電影文化生態的低俗性及其實證讀解》（載《杭州師範大學學報》2009 年第 4 期）、《舊市民電影的總體特徵——1922～1931 年中國早期電影概論》（載《浙江傳媒學院學報》2013 年第 3 期）。以上文章的完全版和未刪節版分別收入《黑白膠片的文化時態——1922～1936 年中國早期電影現存文本讀解》（上海三聯書店 2009 年 10 月第 1 版），以及《黑棉襖：民國文化中的舊市民電影——1922～1931 年現存中國電影文本讀解》（上下冊，臺灣花木蘭文化出版社 2014 年 9 月版）兩書，敬請參閱。

〔註 5〕1931 年出品的《戀愛與義務》雖然在整體上歸於舊市民電影，但卻是新民族主義電影的生發基礎和片段性出現的作品，對這部影片的具體討論以及對新從1936年到1937年，中國早期電影歷史當中還有一類電影是史有定論的，那就是1936年出現的國防電影（運動)。「國防電影」的主張正式提出於1936年年初〔4〕P416，但在我看來，國防電影並不是憑空出現或另起爐竈的新電影形態，它實際上是左翼電影的升級換代版本：國防電影用民族矛盾和民族解放戰爭取代了左翼電影的階級鬥爭、階級對立，將階級和集團暴力上陞、置換爲到國家和民族層面的反侵略戰爭行爲。抗戰全面爆發前，國防電影的代表作是《狼山喋血記》(聯華影業公司1936年出品)、《壯志凌雲》(新華影業公司1936年出品)、《青年進行曲》(新華影業公司1937年出品)、《春到人間》(華安影業股份有限公司1937年出品)以及集錦片《聯華交響曲》(華安影業股份有限公司1937年出品)中的部分短片〔註6〕。

民族主義電影概念的進一步界定，請參見拙作《中國早期電影的道德圖解與新電影的生長點——以聯華影業公司1931年出品的無聲片〈戀愛與義務〉爲例》(載《浙江傳媒學院學報》2014年第2期，人大《複印報刊資料·影視藝術》2014年第7期全文轉載)；對《國風》的具體意見，祈參見拙作《主流政治話語對1930年代電影製作的介入及其藝術轉達——〈國風〉：中國電影歷史中的「反動」標本讀解》(載《浙江傳媒學院學報》2009年第2期)，對《天倫》的討論文章沒能單獨發表，主體部分整合進《1933～1935年：從左翼電影到新市民電影——用5部影片單線論證中國國產電影之演變軌跡》(下)，刊於《浙江傳媒學報》2009年第6期。討論《國風》和《天倫》的兩篇文章的完全版收入《黑白膠片的文化時態——1922～1936年中國早期電影現存文本讀解》一書，其未刪節版與討論《戀愛與義務》的未刪節版文章均收入《黑棉襖：民國文化中的舊市民電影——1922～1931年現存中國電影文本讀解》一書，敬請參閱。對《歸來》和《慈母曲》的具體討論文字則一直未能發表，敬請關注。

〔註6〕對國防電影的具體討論以及與左翼電影之間的內在邏輯關聯，請參見拙作《國防電影與左翼電影的內在承接關係——以1936年聯華影業公司出品的〈狼山喋血記〉爲例》(載《佛山科技學院學報》2008年第2期)、《電影市場對左翼電影類型轉換及其品質提升的作用——以〈壯志凌雲〉爲例》(載《南京師範大學文學院學報》2009年第2期)、《〈孤城烈女〉：左翼電影在1936年的餘波回轉和傳遞》(載《青海師範大學學報》2008年第6期)，三篇文章的完全版收入《黑白膠片的文化時態——1922～1936年中國早期電影現存文本讀解》一書；對1937年國防電影的討論，祈參見拙作《〈聯華交響曲〉：左翼電影餘緒與國防電影的雙重疊加——1937年全面抗戰爆發之前中國國產電影文本讀解之一》(載《浙江傳媒學院學報》2010年第2期)、《新電影的誕生是時代精神和市場需求的產物——以1937年新華影業公司出品的〈青年進行曲〉爲例》(載《北京電影學院學報》2011年第3期)、《左翼電影-國防電影與新中國電影的血統淵源——以1937年新華影業公司出品的〈青年進行曲〉爲例》(載《杭州師範大學學報》2011年第4期)、《〈春到人間〉：從左翼電影向國防電

對《迷途的羔羊》的文本討論之所以要做出如此冗長繁瑣的劃分論證，主要是想進一步澄清《迷途的羔羊》的製片生態背景。因爲迄今爲止，對中國電影歷史的研究始終從整體思想和形式上被統攝在 1960 年代初期出版的《中國電影發展史》的框架內，少有活力或突破。對 1949 年前中國電影的討論，無論哪一部、哪一時期，其定性和分類，絕大多數出於意識形態的考量，最終陷於不明就裏的籠統概述或黏貼式的無序狀態。譬如新電影之前的電影幾乎沒有所謂「進步性」可言，而新電影又只提左翼電影，其餘的多以「反動」或「落後」比擬——而實際上，這些標簽本身就是如此。因此，回歸影片生成的生態發展背景，是對歷史和文本的尊重與復原。

影的強行轉化——辨析孫瑜在 1937 年爲中國電影所做的歷史貢獻》（載《當代電影》2012 年第 2 期）等，上述文章的完全版收入《黑夜到來之前的中國電影——1937 年現存國產影片文本讀解》（中國廣播電視出版社 2012 年版）一書，敬請參閱。

明星影片公司 1936 年出品的有聲片《新舊上海》表明，新市民電影更注重對人生世俗哲理的表達。因此，故事往往很庸俗，但卻能從庸常的人生中提煉出通俗易懂的智慧哲理並將其藝術化。需要注意的是，這裏的庸俗不是一個貶義詞而是取其中性意義。就主題而言，聯華影業公司同一年的配音片《迷途的羔羊》，正如編導自己所說的那樣，提出了一個社會性的問題。換言之，影片所表達的就是社會現實存在的問題，即流浪兒童問題。但影片也就止於提出問題，並沒有提出問題的解決思路或社會變革方法。

這既是新市民電影的核心價值和思想主旨所在，也是和左翼電影最明顯的區別。因爲左翼電影在提出問題的同時往往會給出解決問題的方式，譬如無聲片時代的代表作《神女》，它所檢討和批判的是社會非人性的一面；《桃李劫》得出來的結論是：如果連知識分子都無從生存的話，那麼這個社會的價值觀念就應該被質疑和否定；而其對矛盾的解決，一定要訴諸暴力——左翼電影中的死亡，往往是死於階級暴力而非偶然事件。

《迷途的羔羊》是要表現流浪兒童的生存問題，本身是嚴肅的，但它的解決方式卻是不靠譜的，讓觀眾嚴肅不起來，這是因爲，編導本意就是以「以喜劇的形式來處理」的。譬如一大群兒童聚集在一個同樣生活在底層的僕人家裏，僕人給他們約法三章，不許偷東西、不許偷懶、大家要做工，然後說我帶你們去找工作。說好聽一點，這是非常藝術化的表達，其實就是迴避現實的白日夢的處理方式。這是新市民電影庸俗的地方——這時候庸俗只有貶義可取。因爲就題材和人物而言，主人公小三子來自於農村，而農村的凋蔽和農業人口湧入城市後的困境是 1930 年代中國的社會性問題。

丙、《迷途的羔羊》文本讀解

對於這種社會性問題，一些左翼電影如《野玫瑰》（1932）、《火山情血》（1932）、《天明》（1933）、《小玩意》（1933）等都有所涉及和表現。而《迷途的羔羊》之所以在影片一開始時用了相當的篇幅表現農村景象，就是爲了在後面的城市空間中承接表現流浪兒童的社會現象，這是新市民電影抽取和借助左翼電影思想元素的一貫做法。但由於《迷途的羔羊》的新市民電影屬性，所以，就「選擇了」（編導自己所承認的）「嬉笑怒罵、似假實眞的喜劇手法」[7]。即在社會批判立場上持保守態度，不會像左翼電影那樣直面慘淡的人生、進而選擇意識形態的話語表達。更深層次的原因還在於，對庸常人生的表現和對社會現象的庸俗表達，是新市民電影更爲精彩的拿手之處。

具體表現在《迷途的羔羊》當中，就是影片中的「不必要的噱頭」[4] P465。這評價已經是留夠了面子的不誠實的客氣，因爲這本著述的還是「內部發行」的時候就徵求過編導的本人意見[4] P1。實際上影片最核心的結構就是噱頭和鬧劇。也就是說，《迷途的羔羊》的主題是嚴肅的或沉重的，但由於新市民電影天然的品質自淨能力，結果只能將二者轉換爲相對輕鬆、庸俗、大眾化的影像消費產品。譬如主人公的身世本來很悲慘，是一個親人都在災難中死去、最後流浪到城市裏的鄉下孩子。這種人物的階級背景出身當然是對左翼電影元素的借助，但也僅僅止於這種人物設置的模式，噱頭和鬧劇的搭配才是其重心。

如果進一步分析就會發現，影片裏面的噱頭和鬧劇由兩大類型來源構成。

第一大類型是來源於舊市民電影時代生成的傳統噱頭和鬧劇模式。

首先，是一些打打鬧鬧的場面處理，譬如各色人等瘋狂地吃飯、搶東西、偷東西、走路摔倒四仰八叉連滾帶爬……以及各式各樣的搞笑動作，鋪設笑點的企圖極其淺白。這，至少會讓你很快聯想到 1910 年代舊市民電影初始階段的那些代表性影片片目。譬如，亞細亞影戲公司出品的《二百五白相城隍廟》（1913）、《店夥失票》（1913）、《腳踏車闖禍》（又名《橫衝直撞》），商務印書館活動影戲部出品的《呆婿祝壽》（1921）、《憨大捉賊》（1921），中國影戲製造公司出品的《飯桶》（1921）等[4] P520～524。

直到1920年代，現存的、公眾可以看到的影片當中，還保留著很多類似的經典橋段或「包袱」，譬如《勞工之愛情》（又名《擲果緣》，明星影片公司1922年出品）、《一串珍珠》（長城畫片公司1925年出品）、《雪中孤雛》（華劇影片公司1925年出品）、《兒子英雄》（又名《怕老婆》，長城畫片公司1929年出品）等；更不用說，那些所謂的武俠神怪片中的類似鋪設，譬如《紅俠》（友聯影片公司1929年出品）、《女俠白玫瑰》（華劇影片公司1929年出品）等等。

其次，客觀地說，就一些人物形象而言——主要是指特型演員——構建的噱頭和鬧劇要素，既是舊市民電影的時代遺產，也是包括左翼電影和新市民電影在內的新電影的最愛——這一點，二者幾乎是平分秋色；也就是說，這些特型演員飾演的滑稽角色或丑角式人物，並沒有受到製片公司或影片形態的約束——可說是名角「通吃」。譬如那幾個著名的胖子：章志直、殷秀岑、朱雲山等，可說是齊聚一堂、集體亮相。

第二大類型是來源自外國電影尤其是美國好萊塢電影的噱頭和鬧劇模式。

就這一點而言，如果說新市民電影中的噱頭和鬧劇模式源自本土舊市民電影的眞傳，還不如說，中國早期電影的初始階段——舊市民電影——電影形態的生成，多有賴於外國電影的市場性孵化和充沛養料。單就《迷途的羔羊》而言，影片中的許多場景設計，以及噱頭、鬧劇甚至情節線索，多有套用或模仿之嫌。最典型的就是主人公小三子的沈姓義父，因爲太太移情別戀，醉醺醺跳水那場戲——但凡稍微熟悉美國電影，沒有人不會想到卓別林和他的《城市之光》（1931）；實際上，這對義父義子的關係和衍生的故事，幾乎完全對應於《城市之光》中那個醉了不清醒、清醒了不認賬的富人和流浪漢的關係和形象。

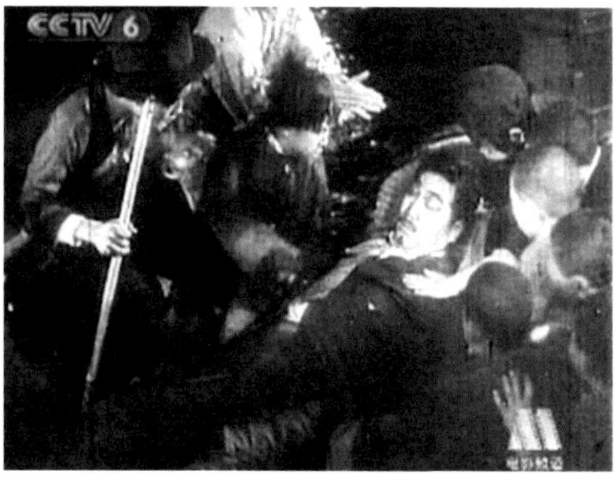

除了這種土、洋「結合」的題材的處理方式，還有一個藝術上的問題必須討論。《迷途的羔羊》的敘事有兩條線（索），這樣的設置，其目的就是爲了補拙——著眼於眞正的賣點。什麼意思呢？影片的主線是小三子等流浪兒童從農村到城市的流浪經歷，編導用以反映社會上光怪陸離、形形色色的現象和人物；還有一條副線，就是沈太太紅杏出牆以後依然留在牆內的一個故事。本來一個故事當中的線索可以是多條的，並存或者主副線相依都是可以的，但在這裏提出這個問題，是因爲兩年前的 1934 年，蔡楚生編導的《漁光曲》成爲中國電影有聲片時代的第二部國產高票房電影。

現今觀眾看到的《漁光曲》只有 54 分鐘，絕不是當年公映的版本[8]。但僅從現存的殘缺版中你會發現，影片的主線是小猴和小貓兄妹進城打工，以及妹妹與少爺朦朧的情感體現，副線是少爺家裏的故事：太太紅杏出牆，老爺開槍自殺。就此判斷，當年《漁光曲》之所以是高票房電影，這條副線很可能在實質上、在影響上、在比重配置上，是和主線一致、不相上下甚至有所超過的。我現在修正了以前的觀點，認爲《漁光曲》不是左翼電影而是新市民電影。重要的依據是小猴不是死於階級暴力而是疾病，其次親情和愛情屏蔽了階級對立和階級矛盾，正如同第一部高票房電影《姊妹花》（1933）表現的那樣。

因此，《迷途的羔羊》當中流浪兒童群體命運的主線表達，其實沒有什麼故事性可言的，僅限於現象的組合以及對《城市之光》在內的卓別林電影的模式借用或套用——所以，當時評論者才說劇本是「失敗的」，只是「一些素材的堆積」[3]。本來，一個從鄉下出來的、無家可歸的小乞丐被富人收爲乾兒子，這故事本身是有傳奇性的，是有看點和賣點的，但這兩點在影片當中沒有實質性的情節和高潮，也就是多少什麼藝術性的支撐表現。人們看到的，只是蹩腳的噱頭、鬧劇等等眞正孩子氣的胡鬧組合。

所以，《迷途的羔羊》中，沈太太與一個名爲任特猛的男小三這條線就被拿出來救急——這正是當年《漁光曲》斬獲票房的吸金利器，也就是眞正的影片看點和賣點。如果，《迷途的羔羊》和《漁光曲》一樣，眞的像研究者說的那樣「創空前的票房業績」[5]的話，那麼，原因就是在這兒，而不是在那兒——「紅杏出牆」戲份在兩部影片中的比重和影響不僅不低於主線，而且，始終是編導的眞正企圖——也就是新市民電影的精髓和本質所在。

《迷途的羔羊》是反映當時上海流浪兒童群體成爲社會現象的兒童片，編導的意圖是想用以觀照中國社會底層尤其是弱勢群體的生活狀態。本來，對弱勢群體的關懷是左翼電影最常見的視角和最擅長的題材之一。但問題是，隨著情節的推演，除了孩子氣/小兒科的打鬧和噱頭，任何人都會發覺影片的重心早已轉移到副線上，也就是說，老爺太太的家庭變故戲碼，實際上遠遠超過了對流浪兒童現象和問題的關注。所以，我才一直強調新市民電影對左翼電影思想元素有條件、有目的的抽取和借助這一初始性和歷史性特徵。就《迷途的羔羊》而言，這種抽取和借助還有一個最明顯的、可以直接判斷的外在標誌，那就是片頭的獻詞：

「謹以本劇，獻給關心兒童教養問題的國人，和每一個兒童的家長」。

需要說明的是，這種片頭獻詞在蔡楚生 1930 年代編導的影片中並非孤例。譬如，他 1934 年編導的《漁光曲》片頭題詞是：電光工友金傅松因為攝製「漁光曲」因公殞命，聯華同人，謹於片首向金君致追悼之敬禮；1937 年編導的《王老五》的片頭題詞是：本劇所描寫的全是些平凡渺小的人渣——他們生既不知其所自來，死也不知其所自去。這種做法多少有點主題先行的意味，而主題先行恰恰又是當年左翼電影的一個突出標誌。實際上，左翼電影的片頭獻詞更富於宣傳性。譬如《體育皇后》(孫瑜編導，聯華影業公司 1934 年出品)：獻給為體育真精神而努力的戰士們。又如《神女》(吳永剛編導，聯華影業公司 1934 出品)：神女……掙扎在生活的漩渦裏……在夜之街頭，她是一個低賤的神女……當她懷抱起她的孩子，她是一位聖潔的母親……在兩種生活裏，她顯出了偉大的人格……。

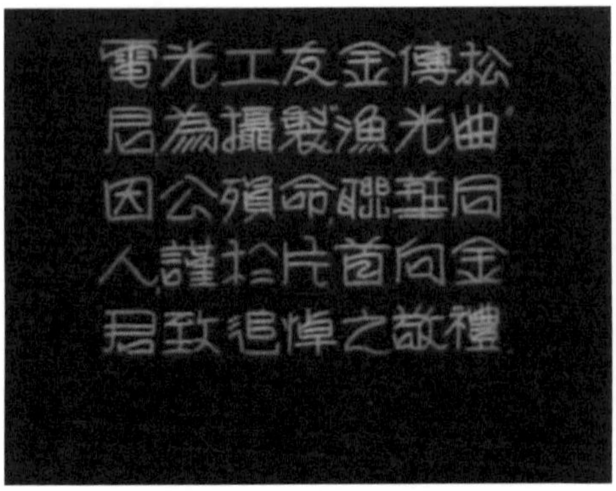

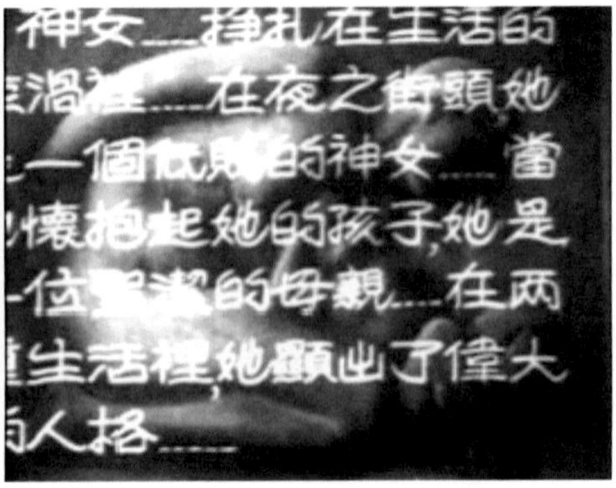

左圖：《漁光曲》片頭「題詞」截圖；右圖：《神女》片頭「獻詞」截圖。

丁、結語

對《迷途的羔羊》新市民電影的屬性指認，還有一個重要的原因：影片的出品時間是1936年，而這一年恰好是左翼電影落潮、國防電影（運動）開始興起的關節年份。現存的、公眾可以看到的影片文本表明，《狼山喋血記》（費穆編導）、《壯志凌雲》（吳永剛編導）以及《浪淘沙》（吳永剛編導）都屬於國防電影，《孤城烈女》（又名《泣殘紅》，朱石麟編劇、王次龍導演）屬於在國防電影（運動）和新市民電影潮流中存留的左翼電影殘餘，在當時的情形下也可以視爲泛國防電影。而同一年的《新舊上海》和《迷途的羔羊》證明，到了1936年，當年左翼電影、新市民電影、新民族主義電影共同構建的主流電影已然成爲歷史〔註7〕。

〔註7〕藝術創作上的不同形態、流派或類型之間的相互影響是常態，而更爲常態化的是，並不是某一種形態、流派或類型的終止會戛然而止，彼此或多種之間一定是在交集中此消彼長，因此會留下彼此疊加交錯的歷史性印痕。生產周期相對較長的電影尤其如此——從劇本到投拍再到上映，至少幾個月的時間。而新市民電影本就是抽取借助左翼電影而來的新電影形態，因此無論早期還是後來，並不能全然剔淨左翼電影的某些元素。譬如就《迷途的羔羊》而言，就像蔡楚生自己說的那樣，除了想隱喻抗戰、反對政府的「不抵抗政策」之外，還特意用「廣東的民歌體」寫了一首《月光光歌》，「全歌的內容著眼於暴露」，安娥則「根據流行於江浙間乞兒歌」改成一首《新蓮花落》，「內容是既暴露現實，又暗示反抗」，但「後者就因那點稀薄的反抗而遭到禁止」[7]，也就是被電影檢查當局剪掉了[4] P465。這些都說明編導對左翼電影思想元素的抽取和借助意圖。

影片中由陳娟娟演唱的《月光光歌》（蔡楚生詞，任光曲）歌詞如下：

月光光，照村莊，村莊破落炊無糧，租稅重重稻麥荒！

月圓圓，照籬邊，籬邊狗吠不能眠，飢寒交迫淚漣漣！

從中國電影發展史的角度上看，1936 年以流浪兒童爲題材的《迷途的羔羊》，在一定程度上其實可以看作是十三年後同類題材的兒童片《三毛流浪記》

月朗朗，照池塘，池塘水乾種田難，他鄉流落哭道旁！
月亮亮，照他鄉，他鄉兒郎望斷腸，何時歸去插新秧！
月依依，照河堤，河堤水決如山移，家家沖散死別離！
月暗暗，照荒場，荒場屍骨白如霜，又聽戰鼓起四方！
月涼涼，照羔羊，羔羊迷途受災殃，天涯何處覓爹娘？
月明明，照甜心，甜心不知兒飄零，風吹雨打任飄零！
月微微，照海水，海水奔流永不回，苦兒五家不得歸！
月淒淒，照破衣，破衣單薄碎離離，凍死路旁無人理！
月茫茫，照高房，高房歡箋如癲狂，苦兒飢餓正彷徨！
月慘慘，照海灘，海灘無人夜漫漫，苦兒血淚已流乾！

影片中被剪掉的《新蓮花落》(安娥詞) 如下：

我們都是沒飯吃的窮朋友，
飢餓道上一塊走，
天災使我們成一家，
人禍逼我們牽緊手！
…………
送飯的師傅請你慢慢走，
我們不是強盜手，
擔子裏的飯菜大家吃，
馬路上的太陽人人有！
(白) 別吵別吵！再吵我們要喊巡警捕了你們這些賤骨頭！
(白) 什麼？賤骨頭？沒來由！我們一不偷江山，二不盜公侯，
吃你碗剩飯爲著活命，爲什麼叫做賤骨頭？喂，兄弟們！
要吃飯大家一齊來下手，
沒人把糧食送上口，
那些唉聲歎氣求人救，
一輩子兩眼淚雙流！

需要說明的是，CCTV6 頻道播出的這個版本,只有一處有歌詞的地方。

的群戲版。換言之，崑崙影業公司 1949 年 12 月修改後上映的《三毛流浪記》（根據張樂平 1947 年開始的連載漫畫改編，陽翰笙編劇，趙明、嚴恭導演），在很大程度上是《迷途的羔羊》的獨角戲擴編加長版。這裏需要特別說明的是，由於新市民電影始終會在社會批判層面持保守立場、在意識形態上取中庸姿態，因此它很容易隨著社會與政治生態的變化，主動或被動地轉化成爲主旋律式的電影以規避任何意義上的風險、取得更大的市場生存空間並留下濃重的歷史文化信息。

譬如《三毛流浪記》1948 年 10 月開始拍攝，次年即 1949 年 8 月完成時正逢「上海解放」，同年年底正式公映時，「爲了表示對解放的慶祝，作者又在影片最後加上了一個三毛迎接解放的鏡頭」[4] P240～243，（這個情形與孫瑜編導的那部著名影片《武訓傳》類似）。如果從新市民電影形態的角度上說，《迷途的羔羊》和《三毛流浪記》一樣，都是品相不佳之作。如果說，《迷途的羔羊》和《三毛流浪記》存在著內在和外在的雙重邏輯關聯的話，那麼外在的一個最顯著的特徵，就是噱頭和鬧劇是兩部影片統攝全篇、貫穿始終的不二法則。

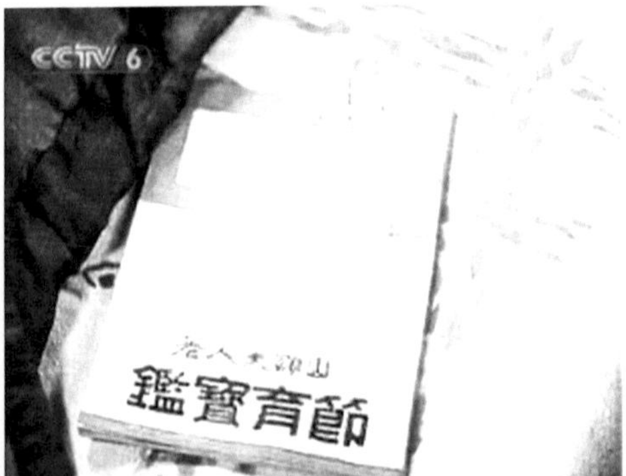

譬如，《迷途的羔羊》中的主人公和頑童（秦海郵飾演）的腦袋上都貼著兩大片膏藥，而《三毛流浪記》中的主人公則眞的給演員配裝了一個大鼻子、光腦袋上黏上三根頭髮——這不是表演和化妝問題，而是二者都具備新市民電影形態屬性的直接證據——僅此而言，除了抽取庸俗二字內中的平庸和低俗之義，實在沒有更多更好的注解言辭。就此而言，CCTV6 頻道播出《迷途的羔羊》時打上的「百年經典」字幕，倒的確是名副其實、如假包換。

如果將觀照視角稍作延伸就會發現，迄今爲止，現存的、公眾可以得見的影片文本表明，在 1937 年 7 月抗戰全面爆發之前，左翼電影除了殘片遺存——譬如個別短片被收進 1 月出品的有聲片《聯華交響曲》（華安影業股份有限公司出品）——1937 年出品的影片，新市民電影佔了多數，計有：明星影片公司出品的《壓歲錢》（2 月公映）、《十字街頭》（4 月公映）、《馬路天使》，新華影業公司出品的《夜半歌聲》（2 月），以及「華安」出品的《如此繁華》、《藝海風光》、《王老五》；國防電影只有《青年進行曲》（新華影業公司出品）、《春到人間》（「華安」出品），而屬於新民族主義電影形態的則有「華安」出品的《前臺與後臺》、《人海遺珠》、《新舊時代》（《好女兒》）等〔註 8〕。1930 年代中國電影製片生態和電影形態的繁榮和多元，從這些例證即可得窺一二。

根據《中國電影發展史》的介紹，《迷途的羔羊》最後的結尾是這樣的：

老僕人租得一間小屋，與小三子住在一起，並收容了那些流浪的小朋友。影片最後，老僕人被飢餓折磨，倒路而死了；孩子們也被房東趕出，又流浪街頭。他們因為飢餓，，偷了幾個麵包，被警察追捕，逃到一座沒有建築完成的摩天樓上。小三子和他的小朋友們，面對著茫茫上海，彷徨無路。這時，銀幕上映出了孩子們驚恐含淚的臉，接著推出如下字幕：「各位！假如這些『迷途的羔羊』——無告的孩子們。是你親愛的弟妹，或者是兒女，你應該有什麼感想？」〔4〕P462～463。

〔註 8〕此前我曾將《前臺與後臺》劃入新市民電影序列，現改正歸爲新民族主義電影形態。除了討論《人海遺珠》和《新舊時代》（《好女兒》）的文章尚未發表之外，對《壓歲錢》、《十字街頭》、《馬路天使》、《夜半歌聲》、《如此繁華》、《王老五》等個案討論的完全版，此前均收入《黑夜到來之前的中國電影——1937 年現存國產影片文本讀解》一書，其未刪節版則請參見本書其它各章。

問題是，CCTV6 頻道播出的版本，在老僕人收容孩子們住在一起並「約法三章」，表示要帶大家「去找工做」後即結束全片（如本章最後兩張截圖所示)。《迷途的羔羊》原有的結尾肯定存在，因爲身爲影片編導，蔡楚生同時又是審查過《中國電影發展史》初稿的領導之一[12]。顯然，電視臺放的是一個刪節版。爲什麼要刪掉這一段？這一段不是更符合 1949 年以後中國大陸意識形態話語體系即政治正確的要求嗎？是對「和諧」、「穩定」的體制慣性思維導致行爲慣性所致，還是有權力動剪刀的人也認爲刪節版的結局更符合新市民電影形態的內在要求？

戊、多餘的話

子、白銀和銀元，法幣和金圓券

《迷途的羔羊》中出現了一個貨幣計量單位，就是沈太太的情人任特猛跟她要錢時，說的是要 2400 兩白銀。1934 年的《新女性》當中也有一個類似的細節，女主人公的男朋友給她買了個戒指，價錢是 2000 兩而不是 2000 塊大洋。這個讓現在的觀眾有點兒困惑，不明白爲什麼到了 1930 年代還有白銀作爲貨幣單位計算。

實際上，清末即開始實行銀本位制，但 1911 年辛亥革命之前，市面上銀元和銀兩並用，之後政府雖然正式規定銀元爲貨幣單位，譬如人們熟知的鑄有袁世凱頭像、俗稱「袁大頭」的銀元，但銀兩和銀元依舊並用；1933 年國府曾實行「廢兩改元」，發行全國統一的銀幣即「孫中山頭像」銀元；到 1935 年又實行幣制改革，廢止銀本位[9]；同年年底又規定以中央銀行、中國銀行、交通銀行三家銀行（後增加中國農民銀行）發行的鈔票爲法幣，禁止白銀流通，取代銀圓；到 1948 年 8 月 19 日，法幣又被金圓券替代[10]。

換言之，銀兩和銀元並存使用流通，從官面上至少持續到 1935 年，但民間的使用延續到 1937 年年初——後一點，可以從當年的電影《壓歲錢》中看到民眾對此的困惑。至於法幣後來又被金圓券替代並造成民眾大規模的恐慌直至政府垮臺，那就是 1949 年以後完成上映的《烏鴉與麻雀》所反映的景象了。

丑、拍電影和吃東西

無論是幾十年前的老片子還是剛上市的新片子，所有的香港電影——無論什麼題材那個類型的電影——即使是黑幫片、武打片甚至還有一些神怪片和三級片，稍加注意就會發現，一定會有許多吃吃喝喝的場景。爲什麼？《迷途的羔羊》當中有大量的吃飯鏡頭，這個原因很簡單，因爲對流浪兒童來說吃飯吃東西當然是天大的問題。1930 年代中國電影中類似的吃喝尤其是吃飯吃東西的場景所在多見。譬如《迷途的羔羊》當中一大幫人在一個大廳裏頭圍著一個巨大的桌子吃飯，這個場景被後來的《如此繁華》（1937）借用，只不過重頭戲換成了殷秀岑扮演的胖頭司令勾引坐在旁邊兩個美豔太太。

香港電影爲什麼會有這麼多貌似跟情節沒有直接邏輯關係的吃飯吃東西的場景？而且不僅動不動就吃喝起來，還有與之相關的經典臺詞搭配，譬如「我給你下碗麵吧？」，或「要不要吃點東西？」我一向認爲，香港電影是 1949 年前中國電影的正宗傳人，直接承繼著中國電影的精神內涵、文化品質，以及因地制宜的產業製作和生存模式。因此，香港電影中常見的或日不可或缺的吃飯吃東西的場景和鏡頭，看上去是影片情節或者人物關係的一種必要修飾，其實它還有一個隱藏背後的、最直接和最功利的目的，那就是直接解決劇組演員的生存和生活問題。

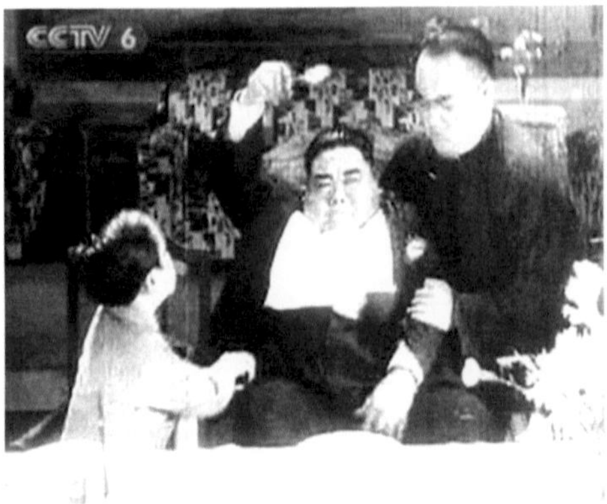

寅、人物姓名的傾向性與娛樂性

編導給沈太太（黎灼灼飾演）的婚外相好起名叫任特猛（劉瓊飾演），這是此人特別猛的縮略語，用在人名上，不僅好笑還不無情色曖昧。話說這本是左翼電影對人物的命名思路。因爲從起根兒上說，中國電影一開始對人物的命名總體上顯得比較隨意，但也不是全無褒貶。譬如演員姓什麼，人物就姓什麼。左翼電影承接了這一路數，但同時又開創了給人物姓名賦予階級含義和相關意識形態色彩的先河——這一點被 1949 年後的中國大陸電影全盤繼承，且至少持續四、五十年之久——新市民電影是緊隨左翼電影出現的又一個新電影形態，但命名思路走的不是這個路數，所以《迷途的羔羊》中才有這樣的人物姓名，這與其以喜劇爲主的藝術表現形式相得益彰，根本沒有左翼電影的階級倫理色彩。

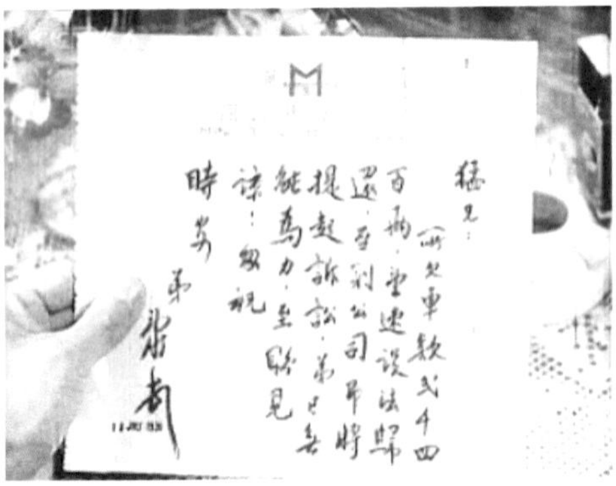

卯、葛佐治和秦海郵

影片中飾演小三子的葛佐治，名字在《中國電影發展史》中只出現了一次〔4〕P462。我很好奇這個演員後來都做了些什麼。在網上查了一下，「蕭雨夜話的博客」的博文《早期著名童星葛佐治》（2013-03-11 15：10：46）有所介紹：

「葛佐治（1923～1942？）原名葛喬治」，父母親分別是西班牙人和中國人，其母早逝，「他隨父來到香港。其父再婚後，他成了街頭流浪的‘野孩子’」；11 歲時，出演《黑心符》（香港「聯華」分廠出品，趙樹燊導演）的主角；1935 年（12 歲）在上海拍了《小天使》（「聯華」出品，吳永剛導演）；除了《迷途的羔羊》，1936 年他還參演了「民新」出品《靈肉之門》（鍾石根、趙策導演）、《母愛》（金肇宇導演）；1937 年上海淪陷後，「他回到香港，參加過一些影片的拍攝，在沒有拍片的日子裏，他的生活非常困難」，1938 年，他參演了《金屋十二釵》（香港「大觀」，湯曉丹導演）；（1941 年）香港淪陷後，「他無家可歸，成了眞正的流浪兒。最後走投無路，慘死在街頭」[11]。

這裏需要補充的是，1937 年年初，聯華影業公司出品一部由八個短片組合程度所謂集錦片《聯華交響曲》，葛佐治在其中的兩個短片《瘋人狂想曲》（導演：孫瑜導演）和《小五義》（編劇、導演：蔡楚生）都有角色出演。

但是，就《迷途的羔羊》的表演而言，我更欣賞飾演頑童一角的秦海郵。他的表演樸實、靈動，具備眞正的頑童和流浪兒的氣質，似乎更適合做男一號而不是配角之一。可惜的是，秦海郵的資料不僅在《中國電影發展史》中查不到，甚至連網上都杳無痕跡。唯一能知道的是，1937 年，他再次在蔡楚生編導的影片《王老五》中出境，飾演的是男主人公王老五的大兒子——作爲聯華影業公司的影片，這部片子後來被新股東吳性栽以華安影業股份有限公司的名義發行〔註 9〕。

初稿時間：2012 年 4 月 6 日
二稿改定：2015 年 9 月 20～9 月 30 日
圖文修訂：2016 年 2 月 5 日

參考文獻：

〔1〕蔡楚生，《迷途的羔羊》雜談〔J〕，聯華畫報，1936 年第 8 卷第 1 期//中國左翼電影運動（上）〔M〕，陳播主編，北京：中國電影出版社，1993：383～389。

〔2〕《迷途的羔羊》座談會（出席者：章乃器、王造時、吳清友、艾思奇、陸詒、孫克定、胡子嬰、王達夫、胡昌治、張庚、吳天、張諤、蔡若虹、金則人、蔡楚生、任光、安娥、孟君謀、司徒慧敏、鄭君里，記錄：張庚）〔N〕，大晚報「剪影」1936-8-21//中國左翼電影運動（下）〔M〕，陳播主編，北京：中國電影出版社，1993：583～596。

〔註 9〕本章收入本書前一年，文字的主體部分（不包括**戊、多餘的話**）約 10000 字，以及十六幅影片截圖，曾以**《1930 年代中國電影製片生態與電影形態概略——兼析 1936 年出品的配音片〈迷途的羔羊〉》**爲題向外投稿，年底被退稿，再投**《現代中文學刊》**，至本書一校時，尚未收到刊發許可。此外，除了有說明文字的兩張截圖，其餘圖片均出自《迷途的羔羊》。特此申明。

〔3〕塵無，《迷途的羔羊》試評〔N〕，大晚報「火炬」1936-8-16//中國左翼電影運動（下）〔M〕，陳播主編，北京：中國電影出版社，1993：597～603。
〔4〕程季華，中國電影發展史：第1卷〔M〕，北京：中國電影出版社，1963。
〔5〕李道新，中國電影文化史（1905～2004）〔M〕，北京：北京大學出版社，1993：154。
〔6〕胡霽榮，中國早期電影史（1896～1937〔M〕，上海人民出版社，2010：59。
〔7〕蔡楚生，從《迷途的羔羊》到共產主義接班人〔J〕，電影藝術，1960（6）：80～88。
〔8〕陳山，關於電影文化產業發展的幾點思考〔J〕，北京：影博・影音（中國電影資料館主辦），2009（1）：10。
〔9〕百度文庫〉專業資料〉自然科學〉金本位和銀本位，網址：http：//wenku.baidu.com/view/433bd219ff00bed5b9f31de6.html。
〔10〕百度百科〉法幣，網址：http：//baike.baidu.com/view/34016.htm。
〔11〕http：//blog.sina.com.cn/s/blog_9862f0550101i499.html。
〔12〕陳荒煤，重版序言//程季華.中國電影發展史：第1卷〔M〕，北京：中國電影出版社，1963：1。

Ecological Environment of Film Production, Mode of Film, and New Example of New Citizen Film in 1930s China— Lost Lamb （1936）：Sample Nine of New Citizen Film Analysis

Read Guide：An established argument on Chinese films is that a clear-cut line between traditional films and new films appeared in early 1930s. Another point needed to be supplemented is that still existing, shown, or will-be-shown films indicate the concept of Traditional Chinese Film just refers to traditional films, Left-wing Film as a typical new film appeared in 1932, not in 1933 as people usually think. In addition, new films include New Nationalism Film in 1932, New Citizen Film in 1933, and National Defense Film in 1936 derived from Left-wing Film. As for Traditional Chinese Film and New Citizen Film, 「Traditional」 and 「New」 means sequence and order, not completely opposite. Both of them are inevitable cultural landscape constructed by Chinese films in different historical periods. The time Lost Lamb shown was, when New Citizen Film was replacing

Traditional Chinese Film, the combination of New Citizen Film and Traditional Chinese Film constructed mainstream film in 1930s, and created great prosperity. Lost Lamb is a new example to prove New Citizen Film started thriving up at that time.

Key Words： Traditional Chinese Film; Left-wing Film; New Citizen Film; New Nationalism Film; National Defense Film; Ecological Environment of Film Production

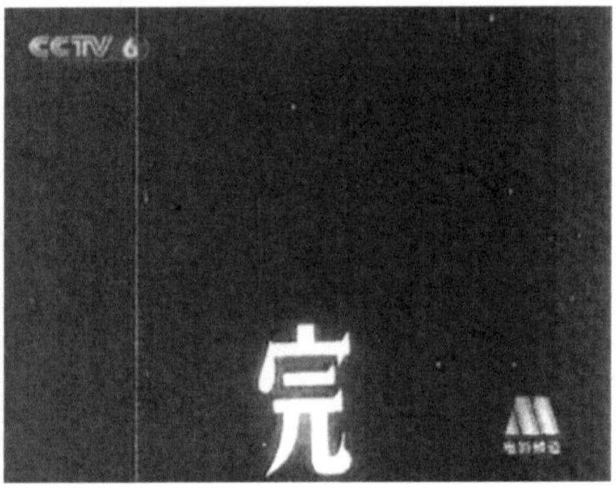

第拾章　《壓歲錢》（1937 年）——對意識形態的市場化規避

閱讀指要：

作為 1937 年的七部賀歲片之一，《壓歲錢》既不是左翼電影，也不是國防電影，而是多少與之相關聯的新市民電影：最大程度的強化歌舞元素，注重敘事策略，更強調電影視聽語言的娛樂功能；在反映現實人生的同時，保持溫和的政治批判立場。換言之，這部六十多年前的賀歲片，一方面以發掘、表現世俗趣味為主旨，規避政治風險成為影片主題思想的必要前提；另一方面，在完成對舊市民電影情色元素承接的基礎上，影片對左翼電影—國防電影思想元素的片段式的、有選擇的抽取利用，目的是更好地吸納市場的商業能量、增加市場賣點。影片至今仍然有極高的市場性和觀賞性，那就是喜慶性與和諧性的藝術結合。

關鍵詞：賀歲片；舊市民電影；左翼電影；新市民電影；國防電影；歌舞元素；

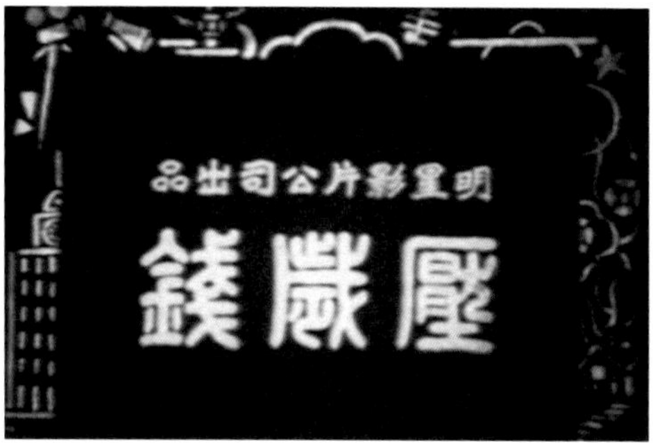

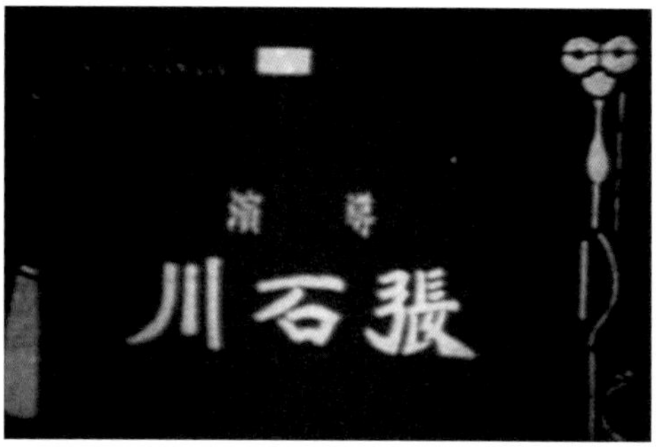

專業鏈接 1：《壓歲錢》（故事片，黑白，有聲），明星影片公司 1937 年出品，春節（公曆 2 月 11 日）公映。VCD（雙碟），時長：91 分鐘 9 秒。鏡頭數目：303 個。

〉〉〉**編劇**：洪深【夏衍】；**導演**：張石川；**攝影**：董克毅。

〉〉〉**主演**：胡蓉蓉、龔秋霞、龔稼農、嚴工上、黎明暉、王獻齋、英茵、吳茵。

專業鏈接 2：原片片頭字幕及演職員表字幕（標點符號爲錄入者添加）

明星影片公司出品。

《壓歲錢》。

編劇：洪深；

助理導演：鄭小秋、胡心靈；

攝影：董克毅；

收音：何兆璋；

置景：經禮庭；

作曲：賀綠汀；

劇務：陳紹明、張友芳；

印接：顧友敏、黃生甫。

導演：張石川。

演員表（以出場為先後）：

融　融……胡蓉蓉，

其　母……劉莉影，

秀　霞……龔秋霞，

孫家明……龔稼農，

融融祖——嚴工上，
老闆娘——黃耐霜，
煙紙店老闆——高步霄，
小娘姨——英　茵，
主　人——孫　敏，
主　婦——陸露明，
楊麗娟——黎明暉，
銀行行長——王獻齋，
大娘姨——吳　茵，
汽車夫——王若希，
阿　光——尤光照，
唱歌者——姚　萍，
張　曼——李麗蓮，
醫　生——徐萃園，
同居婦人——章曼蘭，
小三子——沈　駿，
其　父——謝　俊，
其　母——舒繡文，
醜舞女——柳金玉，
白相人——王吉亭，
鄉下人——謝雲卿，
流　氓——譚志遠，
融融父——王徵信。

專業鏈接 3：

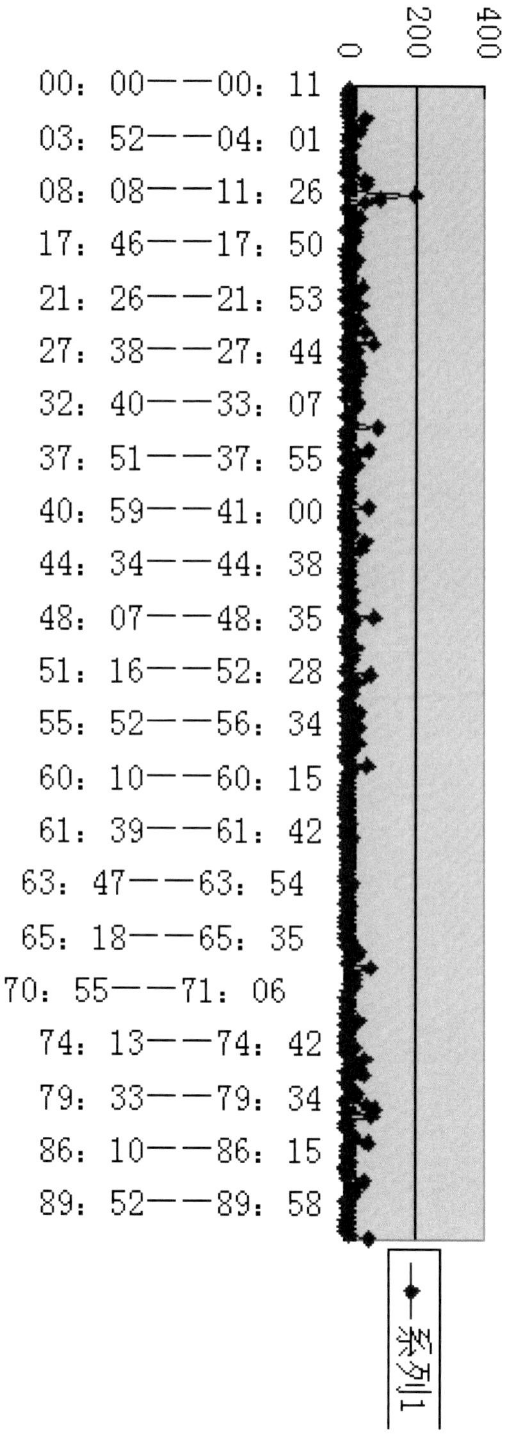
0
200
400
00：00——00：11
03：52——04：01
08：08——11：26
17：46——17：50
21：26——21：53
27：38——27：44
32：40——33：07
37：51——37：55
40：59——41：00
44：34——44：38
48：07——48：35
51：16——52：28
55：52——56：34
60：10——60：15
61：39——61：42
63：47——63：54
65：18——65：35
70：55——71：06
74：13——74：42
79：33——79：34
86：10——86：15
89：52——89：58
系列1

說明：《壓歲錢》全片時長91分鐘9秒，共303個鏡頭。其中：

甲、小於和等於5秒的鏡頭102個，大於5秒、小於和等於10秒的鏡頭69個，大於10秒、小於和等於15秒的鏡頭39個，大於15秒、小於和等於20秒的鏡頭16個，大於20秒、小於和等於25秒的鏡頭12個，大於25秒、小於和等於30秒的鏡頭16個，大於30秒、小於和等於35秒的鏡頭5個，大於35秒、小於和等於40的鏡頭12個，大於40秒、小於和等於45秒的鏡頭8個，大於45秒、小於和等於50秒的鏡頭1個，大於50秒、小於和等於55秒的鏡頭1個，大於55秒、小於和等於60秒的鏡頭7個，大於60秒小於和等於65秒的鏡頭3個，大於65秒小於和等於70秒的鏡頭3個，大於70秒小於和等於75秒的鏡頭2個，大於75秒小於和等於80秒的鏡頭1個，大於80秒小於和等於85秒的鏡頭2個，大於85秒小於和等於90秒的鏡頭1個，大於90秒小於和等於95秒以上的鏡頭1個，大於95秒小於和等於100秒的鏡頭1個，大於120秒的鏡頭有1個。

乙、片頭鏡頭8個，片尾鏡頭1個；字幕鏡頭0個，其中交代劇情的鏡頭0個，交代人物鏡頭0個，對話鏡頭0個

丙、固定鏡頭239個，運動鏡頭55個。

丁、遠景鏡頭2個，全景鏡頭48個，中景鏡頭121個，近景鏡頭65個，特寫鏡頭58個。

（圖表製作與數據統計：趙宇）

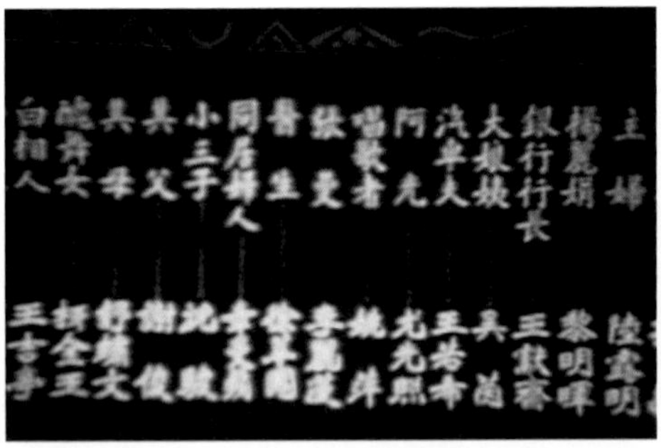

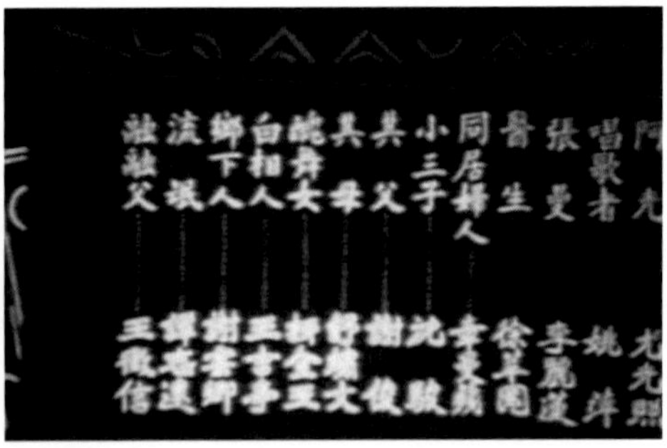

專業鏈結4：影片經典臺詞

「是不是唱《毛毛雨》這類的歌呀？」——「《毛毛雨》不准唱啦」——「我們唱的是新《毛毛雨》」。

「好頭彩，新年第一個生意就是塊喜字洋錢，這塊錢我要了！」——「新年第一注生意，你就想藏私房？」

「你不是說過等過年的時候，開個汽車帶我到大世界去玩嗎？」——「這很容易啊，只要我有空，只要老爺的汽車有空」。

「你瘦了，一向好嗎？」——「沒有什麼，我在滬東的一個小學校裏教書」。

「現在你做了歌舞明星，我呢，在小學校裏教孩子們唱歌」——「那比我好多了，小孩都很天真，可是戲園裏頭的看客實在太不天真了，老是愛看什麼肉感跳舞啦」——「對了，我也不懂這種人是什麼意思」。

「喂，你為什麼尋短見？」——「請您別管我，我實在活不下去了」——「好死不如賴活，你為什麼這個樣啊，你有什麼事情這麼傷心啊？」——「我的兒子出門做生意，已經幾年不回來了，我兒媳婦欺負我，不給我飯吃」——「可憐！可是你死不得，也許你兒子就會回來了」。

「爸爸，媽，一塊大洋錢！」——「大洋錢！大洋錢！！」——「哪裏來的大洋錢啊？」——「乖乖，真的是大洋錢！」——「真的是大洋錢！」——「給我！我的！我的！」——「我要做生意去呢！」

「小三哥撿了一塊大洋錢呢」——「真的嗎?」——「真的，我們去看看!」——「小三子哥哥賺了大洋錢了，快去看看……」

「只要肯吃苦，總可以過下去的」——「所以，我現在來找你，準備跟你一樣的吃苦！」——「真的？像我們這樣的生活你受的了嗎？」——「吃苦比出賣人格好得多了」。

「我告訴你，自昨天起，大洋錢不能用了，要用法幣，你懂不懂啊？」——「什麼話，洋錢不能用了？你騙誰？我活到六十歲了，我沒聽說過！」——「今天還好用，過了幾天，你帶在身上要犯法了」——「笑話！你騙傻子去，帶洋錢在身上也犯法嗎？」

「你說幾年比去年好嗎？比去年快活嗎？為什麼」——「今年爸爸回來了，大家都在一塊兒了」——「說得對，但願明年比今年更好，更快活，你也更聰明，更好看，更幸福了」。

專業鏈結 5：影片觀賞推薦指數：★★★★☆

甲、前面的話：

明星影片公司出品的有聲片《壓歲錢》，是在 1937 年農曆春節、也就是公曆 2 月 11 日上映的[1] P434。在現存的、公眾可以看到的 1937 年的國產電影公映順序中，它排在聯華影業公司 1 月公映的《聯華交響曲》之後。《壓歲錢》的開始和結尾緊扣兩個農曆的新年，影片歌舞元素俱備，喜慶的成分也比較多，時逢春節的放映時間也屬於所謂黃金檔期。實際上，《壓歲錢》是早期中國電影——也就是民國電影——歷史上「賀歲片」的一個代表作品。

圖片說明：早期中國電影的製作周期一般是幾個月，最短的甚至十天半月就能上市。所以 1930 年代的電影，往往能給出一些應景的畫面和字幕。譬如《壓歲錢》的劇本就是 1935 年寫的。

圖片說明：早期中國電影的賀歲片並不像今天這樣全是喜劇，也有悲劇，譬如《戀愛與義務》（1934）、《神女》（1935），甚至驚悚片（《夜半歌聲》，1937），但這部《壓歲錢》倒的確是喜劇。

一直到 1990 年代末期，相當多的中國大陸民眾還以爲，中國電影中賀歲片的概念和賣點，肇始於 1997 年春節上映的高票房電影《甲方乙方》（編導：馮小剛，主演：葛憂、英達、劉蓓、李琦，北京電影製片廠 1996 年攝製）。還有些人以爲，大陸的賀歲片是對 1980 年代香港「賀歲電影」的借鑒模仿。而實際上，無論是歷史還是概念，不論是內地電影還是香港電影，談這個問題都要回溯到早期中國電影——也就是民國電影——歷史的源流走向，尤其是 1930 年代——中國電影的黃金時代。

現在的專業研究表明：「賀歲片是在春節檔期放映的影片」，而在早期中國電影歷史上，1914 年～1921 年是「賀歲片萌芽期」：「1921 年 2 月 11 日（農曆正月初四）《申報》副刊上，第一次出現了有關『賀歲片』的廣告」；1922 年～1949 年是「賀歲片發展期」[2]；據不完全統計，1922 年至 1937 年的國產賀歲片依次有：

圖片說明：像《新女性》（聯華影業公司 1934 年出品）這樣的鏡頭、臺詞和沈重的社會性話題，無疑與新年氣氛相衝突。就此而言，那是中國電影市場的多元和觀眾的心理耐受力令人欽佩。

1922 年：《閻瑞生》；
1923 年：《張欣生》；
1924 年：《孤兒救祖記》、《孽海潮》；
1930 年：《大人國》；
1931 年：《野草閒花》、《強盜孝子》、《歌女紅牡丹》、《銀幕豔史》；
1934 年：《青春之火》、《鹽潮》、《人生》、《一個女明星》、《歸來》、《姊妹花》、《似水流年》、《戀愛與義務》；
1935 年：《飛花村》、《神女》、《大路》、《再生花》、《紅羊豪俠傳》、《新婚的前夜》、《新女性》、《空谷蘭》：
1936 年：《船家女》、《凱歌》、《花燭之夜》；
1937 年：《皆大歡喜》、《清明時節》、《壓歲錢》、《春到人間》、《人言可畏》、《滿園春色》、《夜半歌聲》〔註 1〕。

考察這份名單，並同時將其嵌入中國電影歷史的相關著述，就可以得出如下幾個結論：一是早期國產電影中的賀歲片並非只有喜劇類型，譬如《神女》和《新女性》就都是悲劇，《夜半歌聲》用現在的標準來劃分則是典型的驚悚片/恐怖片或曰鬼片；二是每一年用以賀歲的影片往往不止一部，本文所

〔註 1〕此後（至 1949 年爲止）每年度的賀歲片依次是：
1939 年：《楚霸王》、《大地》、《紅粉飄零》；
1941 年：《文素臣》、《雁門關》、《紅杏出牆記》、《天涯歌女》、《亂世佳人》、《啼笑因緣》；
1942 年：《鐵扇公主》、《恭喜發財》；
1943 年：《霓裳曲》、《水性楊花》、《香閨風雲》、《母親》、《夫婦之間》、《情潮》、《桃李爭春》、《芳草碧血》、《斷腸風月》；
1944 年：《何日君再來》、《義海恩仇記》、《不求人》、《鸞鳳和鳴》、《紅塵》；
1945 年：《鳳凰于飛》；
1946 年：《前程萬里》、《還我故鄉》；
1948 年：《四美圖》、《從軍夢》；
1949 年：《十二小時的奇跡》、《歡天喜地》〔2〕。

圖片說明：聯華影業公司 1934 年出品的《神女》，反映的是底層性工作者艱辛的生存狀況以及知識分子對她們的深切同情，但卻又是 1935 年的賀歲片——誰說市場經濟只是一隻無情之手？

討論的《壓歲錢》雖說是喜劇，卻只是當年七部賀歲片之一；第三，就現存的、公眾可以看到的早期中國電影文本而言，在時間排列的順序上，《壓歲錢》並非最早的賀歲片。

因此，雖然據說《壓歲錢》「創造了高額的票房價值」[3]，但回歸早期中國電影的歷史語境就會發現，《壓歲錢》要探討的問題並非是喜劇和賀歲片那麼表面和簡單。在我看來，它的出現，既是左翼電影與國防電影（運動）背景下新市民電影逐漸佔了上風的例證，也是新市民電影在 1937 年 7 月「七・七事變」爆發前一以貫之的表現。

乙、《壓歲錢》是左翼電影、新生電影、國防電影，還是新市民電影？

1937 年明星影片公司出品的《壓歲錢》，由夏衍編劇，張石川導演。現如今，影片的 VCD 和 DVD 版本在中國大陸音像市場可以很方便地買到，網絡上的推銷語中，有「標誌著革命的左翼電影走向成熟」的定語[4]。這種定性，應該是源於「以夏衍爲代表的左翼電影運動」的學術論斷，理由是，「無論是形態探索還是思想價值的呈現，……在《狂流》、《春蠶》、《上海 24 小時》、《風雲兒女》、《壓歲錢》等創作中，夏衍電影鮮明的時代特徵構成了左翼電影重要的組成部分」[5]。

還有一種意見，是將《壓歲錢》歸入「新生電影」行列中「充滿啓蒙精神和救亡意識的電影作品」[6]。「新生電影」這樣的提法在最近幾年大陸的中國電影史描述當中比較多見——更廣泛籠統的類似概念還有「新興電影」[7]或「新電影」[8]，有意識地去意識形態化，或者淡化以左翼爲代表的黨派理念，進而有意識地不具體觸及文本生成時期的左翼電影高潮和國防電影（運動）背景。至於電影百科知識性的總結，則宣稱《壓歲錢》是「國防電影」[9]。

圖片說明：左翼電影始終主張以暴力革命的方式反抗一切強權統治和階級壓迫，進而改變社會。這是聯華影業公司1932年出品的《母性之光》中的場景：勞工在資本家的皮鞭威逼下賣命。

其實，即使在夏衍健在並持續影響中國大陸電影生產與理論表述的六十多年前，代表官方立場的中國大陸權威電影史，也沒有遽然將《壓歲錢》劃入「左翼電影」或「國防電影」這樣高調的意識形態保險箱，而是字斟句酌地表示，夏衍《壓歲錢》一片中的劇作成就，體現在「對現實主義白描手法的運用」[1] P437。因此，才又有研究者至今對夏衍進入明星影片公司的參與創作，給予「開拍攝反映現實題材影片的風氣之先」[10]的美譽。

圖片說明：1936年興起的國防電影是左翼電影的升級換代產品，階級鬥爭和暴力革命被轉換提升爲反侵略的民族解放戰爭的啓蒙宣傳。圖爲國防電影《狼山喋血記》截圖（「聯華」出品）。

那麼，《壓歲錢》到底是一部什麼樣的電影？該如何化分類型或站隊歸類？

顯然，對《壓歲錢》的判別，無論是左翼電影、國防電影、新（興）電影，乃至賀歲片，都有各自的道理；換言之，這個影片多少都具備了上述電影類型或形態的某些內在與外在的特徵關聯。然而，如果還原歷史語境並認眞讀解文本就會發現，這是一部典型的新市民電影。

《壓歲錢》原是夏衍於 1935 年專門爲電通影片公司寫作的劇本；「電通」成立於左翼電影高潮期的 1934 年，共拍攝了《桃李劫》（1934 年）和《風雲兒女》、《自由神》和《都市風光》（後三部影片均爲 1935 年出品）等四部有聲片，（現在只有《自由神》公眾無從得見），《都市風光》是中國第一部音樂喜劇片〔1〕P391，《桃李劫》和《風雲兒女》則分別是左翼電影的經典之作〔11〕。

眾所週知，1930 年代初期中國左翼電影的興起，除了全球化的左翼思潮的文化背景和中國左翼文學的直接推動之外，還有一個電影製作層面的直接原因，就是大批左翼人士進入電影界或被製片公司延攬，成爲國產電影的新興力量。作爲新文學陣營的知名劇作家和電影編劇，夏衍是左翼電影運動中的著名領導性人物之一。

但由於「電通」在 1935 年 10 月即告解散，《壓歲錢》沒能投拍，夏衍（沈端先）便於次年（1936 年）將其修改後，提供給明星影片公司；爲規避政治

圖片說明：電通影片公司的存在和電影生產雖然只持續了一年半的時間（1934～1935），但卻是 1930 年代中國主流電影從左翼電影高潮期向新市民電影興盛期轉軌過渡的見證者和參與者。

圖片說明：《壓歲錢》的劇本，原本是夏衍在 1935 年專門爲電通影片公司寫的。電通影片公司解體後，他在 1936 年修改了劇本，然後提供給明星影片公司投拍，署名時借用了洪深的名號。

上的糾葛,遂使用了洪深的名號〔1〕P434。電通影片公司以拍攝左翼電影起家,當年又是左翼電影大行其道的時候,可以想見,當初的劇本如果投拍,無疑就是一個道地的左翼電影。

圖片說明:鑒於政府當局對左翼人士的警惕和打壓,電影公司和左翼編導不得不聯手自我保護。譬如明星影片公司1933 年出品的《脂粉市場》,片頭顯示的編劇和對白,其實都是夏衍化名。

明星影片公司是1920年代中國舊市民電影的製作中心之一,1933 年在嘗試拍攝左翼電影《春蠶》後,由於市場反響不佳〔12〕,遂從當年起改變製片方針,在繼承舊市民電影道德理念和抽取左翼電影思想元素的基礎上,開始了新市民電影的規模化製作〔11〕。事實證明,「明星」的轉型極爲成功,標誌之一,就是 1933 年出品的《姊妹花》成爲中國電影史上有聲片時代的第一部高票房影片,不僅影響波及海內外市場,而且也扭轉了公司面臨倒閉的局面〔13〕。因此,就明星影片公司的電影價值取向、審美趣味和製作歷史而言,1937 年的《壓歲錢》只能是新市民電影,而所謂賀歲片的稱謂只是其上映檔期的廣告招徠或商品分類標籤而已。

如果再從 1930 年代國產電影的發展歷史來看,這個問題背後的線索就更加清晰。無論是 1920 年代統攝中國電影的舊市民電影,還是 1930 年代初期新興的左翼電影、新市民電影乃至國防電影,其生成的文化背景和電影生產價值指向,無不在受制於市場反響的同時,又具備最大程度地滿足市場需求的天然商業屬性。因此,1930 年代初期,以左翼電影爲代表的新電影的興起,就是因爲既有市場賣點的存在,也有市場需求的制約。1932 年出現並持續幾年佔領市場主導地位的左翼電影,在 1936 年 1 月國防電影(運動)興起後,基本上被後者取代;或者說,國防電影是左翼電影在新時期的升級換代版本〔11〕。

圖片說明：左翼電影中的暴力與革命相關，它同影片中的情色元素一樣，既來源於舊市民電影傳統也來自於電影市場需求。圖爲黎莉莉扮演的舞女卸妝場景（《火山情血》，聯華，1932年）。

就現存的國防電影的主題思想來看，它所反映和表達的中日民族矛盾衝突和反侵略的民族抗戰號召，基本取代了左翼電影由階級鬥爭、階級對立表現所引發和宣揚的暴力革命。事實是，國防電影（運動）的出現，一方面已然基本上宣告了左翼電影的終結時期的來臨（政治勢力絞鬥與政策的調整，以及由此引發的市場急劇萎縮），另一方面又不能不在當時（1936年）和稍後（1937年抗戰全面爆發前）的電影製作中留下時代印痕。

實際上，就在1936年，從一開始就引領左翼電影規模化製作潮流的聯華影業公司出品了公司第一部有聲片《浪淘沙》，但影片站在知識分子獨立立場上所傳達的高端思想理念和卓爾不群的藝術品質，卻不僅沒有贏得市場反而加劇了公司已經出現的經濟危機，結果直接導致主導「聯華」的高層人士黎民偉和羅明祐的出局〔1〕P157～158。在我看來，《浪淘沙》才是眞正德藝雙馨的國防電影，但是影片大膽前衛的視聽語言，在展示國防電影高貴品質的同時，也造成普通觀眾信息讀解的困難。

換言之，《浪淘沙》的電影語言表達和高端理念訴求，在當時是小眾市場，在幾十年後的中國電影歷史研究中，也依然被視爲異端〔14〕，甚至被斥爲「宣傳的是一種荒謬、反動的思想」〔1〕P460。而在1934年靠拍左翼電影起家的電通影片公司，繼1935年出品了經典左翼電影《風雲兒女》之後，

立刻轉軌出品的新市民電影《都市風光》。這標誌著，晚於左翼電影一年出現的新市民電影，至此改變了先前兩強競爭的格局，呈現出取代前者、一家獨大的趨勢[11]。

而就 1936～1937 年（7 月之前）的現存的影片文本來看，國防電影對中國電影的影響雖然廣泛，但在抗戰全面爆發之前，國防電影只能說是與新市民電影共同成爲國產電影主流——另一支流是新民族主義電影[11]。

圖片說明：胡蝶（左、右）和宣景琳（中）主演的《姊妹花》（明星影片公司 1933 年出品），是新電影有聲時代的首部高票房影片，也是新市民電影從此與左翼電影共同成爲電影主流的標識。

圖片說明：《壓歲錢》既有左翼電影全景式的現實生活反應企圖，也有新市民電影溫和持重的社會批判立場，這有賴於導演張石川對劇本的精準把握定位，以及他一貫保持的電影營銷理念。

丙、新市民電影主要特徵在《壓歲錢》中的體現

子、技術主義原則指導下的歌舞元素與敘事策略

新市民電影和左翼電影一樣，都脫胎於舊市民電影[15]，但與左翼電影不同的一點，是新市民電影從一開始就不惜工本地奉行技術至上主義的製片方針，這與這兩類電影的出品製作公司自身的歷史傳統有關。作爲 1930 年代左翼電影最大的製片商和出品中心，聯華影業公司在 1936 年之前出品的影片不僅基本上是左翼電影，而且全部是無聲片，「有聲片」也只是成本低廉的配音片（與現代意義上的聲畫完全同步的有聲片有一定的技術差異和觀賞差距）。這固然與「聯華」高層的藝術理念有關，但更與公司對改造放映設備所需要的龐大經濟成本的顧慮有關[1] P159。

圖片說明：聯華影業公司出品的配音片雖然在技術指標低於完全意義上的有聲片，但其中的左翼歌曲卻在1949年後的中國大陸影響巨大，譬如1934年《大路》（如圖）裏的主題歌和插曲。

而早在1930年，明星影片公司就積極參與中國第一批有聲影片的製作[1] P161～162，其時正是世界有聲電影技術誕生三年之後，雖說是蠟盤發音的配音片，但對待新技術的態度顯然相對積極和急迫。至1933年，「全部對白歌唱有聲巨片」（片頭廣告）《姊妹花》在海內外受到的市場追捧，其實是「明星」公司雙重成功的說明：製片路線轉軌（從左翼電影轉向新市民電影生產）和有聲新技術（完全意義上的有聲片）的全面使用。

新市民電影和左翼電影一樣，同樣都要面對市場需求和經濟考量，但如果說左翼電影是以思想性取勝的話，那麼，新市民電影就是以技術性取勝。這裏的技術性首先是由純粹的電影新技術的運用而產生的直接結果，那就是影片中歌舞元素的大量使用。在現存的有聲片《姊妹花》當中，人們並沒有聽到歌唱，但對當時的觀眾來說，有「聲」已經是相當大的驚喜，何況故事還是那麼抓人。

圖片說明：聯華影業公司出品的配音片《新女性》(1934)，由孫師毅作詞、聶耳作曲的主題歌《新的女性》，在精神氣質上與1949年後中國大陸的革命歌曲存在著思想和文化上的邏輯關聯。

圖片說明：童星胡蓉蓉在《壓歲錢》中嚴重模仿美國童星秀蘭・鄧波爾的表演風格，這種形似的套用，雖說是好萊塢對中國電影深入影響的證據，但也不無中國電影歌舞元素本土化的努力。

重新審視1936年國產電影全面有聲化之前的賀歲片還會發現，1922年的《閻瑞生》、1924年的《孤兒救祖記》，以及1930年的《大人國》，分別以新聞性、道德教化和形象性取勝。而1931年的《野草閒花》，則以第一支國產電影歌曲[1] P161聞名。1934年「聯華」出品的《新女性》是一個社會性悲劇故事，按說不適合中國舊曆新年的喜慶氣氛，但其成爲賀歲片，其主題歌《新的女性》不能不是一個重要的市場賣點。

到了1937年的《壓歲錢》，不僅聲音不存在技術問題（如配音片的聲畫錯位），而且眞正做到了以歌伴舞，非常符合賀歲片的節日喜慶氣質和春節檔期的市場定位。《壓歲錢》的插曲有八首之多：既有現場的鋼琴伴唱，也有無線電中的播送；既有個唱，還有合唱；其中一個歌舞表演唱的形式，啓用胡蓉蓉扮演的小女孩其實是美國童星秀蘭・鄧波兒的中國版，這顯然也是製片方或者說編導的市場化考慮，所以刻意給這個人物安排了（片頭和片尾）兩場歌舞伴唱。這既是影片外在藝術形式上的呼應，也是影片的亮點即賣點之一。

中國有聲電影的出現源於來自日本和美國的電影有聲技術[1] P164～166，但在影片的類型化生產上，一直深受好萊塢電影的影響。然而，1930年代國產片中歌舞元素的大量使用以及在藝術領域和商業領域成功，不能不說還有中國本土流行音樂發育成熟的功勞。從1920年代中期到1930年的初期，上海的流行音樂和電影插曲不僅培養出大批的忠實聽眾，而且已經成爲都市流行文化的一個重要組成部分。就音樂創作而言，前輩黎錦暉、李叔同，新生代的聶耳、黃自、賀綠汀等新「老」作曲家，不僅在流行音樂的發展壯大上產生廣泛的社會影響，而且也是電影音樂創作的主要代表人物。

這些人當中，老前輩的黎錦暉（1891～1967）的影響最爲巨大。譬如僅 1931～1936 年間，他就曾爲十幾部電影配樂，「其中的大部分插曲是流行歌曲。同時，他也搞舞廳音樂，把民間旋律爵士化。當時的『百代』、『勝利』等唱片公司大量錄製出版他的流行歌曲。黎錦暉的流行音樂創作奠定了中國流行音樂的基本風格，即民間旋律與西洋舞曲節奏相結合」[16]。譬如「那首至今廣爲流傳的『小兔兒乖乖，把門兒開開，快點兒開開，我要進來！』（《老虎叫門》）就是黎錦暉最早譜寫的兒歌」[17]——這首兒歌，現在還在中國大陸傳唱不衰。

圖片說明：新市民電影和左翼電影同樣注重影片歌舞元素的配置，也同樣是應對市場需求和賣點的營銷舉措。圖爲黎錦暉的女兒黎明暉在《壓歲錢》中扮演歌星楊麗娟小姐，倒也名副其實。

圖片說明：電通影片公司以出品左翼電影起家，有聲片《風雲兒女》（劇本：夏衍；導演：許幸之）中的插曲《義勇軍進行曲》（田漢作詞，聶耳作曲），在 14 年後成爲新生政權的代國歌。

黎錦暉在 1920 年代後期與 1930 年代初期，先後創辦的「明月歌舞團」（前身稱「明月社」）和「聯華影業公司音樂歌舞班」，培養出一大批包括自己女兒黎明暉在內的著名歌星和影星，有「黎家班」之稱：「明月社成就了中國最早的歌舞『四大天王』黎莉莉、王人美、薛玲仙、胡笳；後來 1934 年上海《大晚報》舉辦中國首屆歌星大賽，前三名——白虹、周璇、汪曼傑——全部來自『黎家班』，可謂『歌臺盡是黎天下』」[17]。

需要強調說明的是，上述名人絕大多數是橫跨歌壇和影壇的雙棲明星，黎錦暉最著名的學生是聶耳，聶耳譜寫的最著名的作品，是爲《風雲兒女》（電通影片公司 1935 年出品）譜寫的插曲《義勇軍進行曲》。

圖片說明：新市民電影與左翼電影一樣，歌舞元素是其主題思想的延伸，但幾乎不涉及意識形態表達，具有更世俗化的都市文化消費和審美特徵。（圖爲《壓歲錢》中飾演江秀霞的龔秋霞）

因此，這些歌舞元素的技術和人才保障同樣也體現在《壓歲錢》中，其歌舞豪華陣容自然也順理成章：不僅有已經成名的當紅歌舞明星胡蓉蓉和黎明暉，還有飾演江秀霞一角的龔秋霞也因此片走紅[4]。對歌舞元素的強化使用還體現在歌舞場景的有意轉換上，從客廳到跳舞場，再到演唱會現場。全片一共五大段落的歌舞表演唱，時間分別是 3 分 45 秒、2 分 35 秒、3 分 40 秒、6 分鐘和 6 分鐘，總時長計約爲 22 分鐘，占全片時長 92 分鐘的 24%，幾近四分之一。

新市民電影奉行的技術主義原則在第二個層面的表現，就是對包括敘事結構在內的敘事策略的重視和強化。一般來說，1930 年代的左翼電影注重理念傳達和社會批判，進而相對忽略包括情節構建和細節刻畫，有時直接借用舊市民電影的敘事框架（譬如 1932 年的《野玫瑰》）。新市民電影短於社會批判和理念宣傳，在政治立場上持保守立場，即使對社會現實有所批判和指責，也儘量保持溫和、中立和低調姿態，但絕對關注故事的元敘事功能，重視由此生發的娛樂功能和情趣開發，並將其貫穿始終。

圖片說明：圖爲《壓歲錢》中江秀霞的歌舞海報。新市民電影中，包括這種軟情色畫面在內的情色元素，基本不會中斷影片的敘事流程，而左翼電影就不是這樣：這種有趣的區別值得注意。

圖片說明：《壓歲錢》中的兩個女傭因太太賞賜的這塊喜字銀元大打出手。新市民電影知道觀眾喜歡看什麼，而左翼編導和左翼電影則都是對希望觀眾知道什麼和看到什麼做出明確的指示。

《壓歲錢》用一塊洋錢串聯起一連串的故事，試圖全方位地展示芸芸眾生、大千世界。這塊刻有「喜」字的銀元從一開始作爲新年壓歲錢出現，到最後被海關沒收，前後倒手凡二十五次之多，既串聯起各個階層的生活場景，也展示了五光十色的人生百態：富家孩童、小店夫妻、二奶、傭人、白相人、報販、流氓、劇院經理、銀行家、門童、遊醫、騙子、黑心老闆、職員、小商販、拾荒小孩、民工、包工頭、舞女、小學教員、革命者、房東、扒手、鄉下人、切彙者（倒賣外匯和兌換新舊貨幣的人）、代表國家機器的海關稽查人員——如此種種、不厭其煩、津津樂道。其收放反覆、曲折跌宕，無非是爲了使敘事功能最大化。

敘事功能的強化有一個最直接的、最硬的指標就是電影的觀賞性和娛樂性，而這兩者實際上還可以換成另外一個詞，要麼叫做商業性，要麼叫做市場性，也就是影片的賣點。對比一下左翼電影，是不會這麼費心編排的——左翼電影不需要依靠如此豐富的敘事資源來強化故事本身，因爲左翼電影是以立場激進和理念傳達見長，或曰以思想性、鼓動性和革命性、批判性取勝。換言之，左翼電影大行其道的1930年代，觀眾對左翼電影中故事的眞與假不是特別計較，要提取和讀解的是故事背後所要傳達的理念，或者借助人物之口所要標榜的立場、呼號。

譬如聯華影業公司出品的無聲片《野玫瑰》（1932）、《火山情血》（1932）、《母性之光》（1933）、《小玩意》（1933）、《體育皇后》（1934），配音片《大路》（1934）、《新女性》（1934）；電通影片公司的有聲片《桃李劫》（1934）、《風雲兒女》（1935）等〔註 2〕。而明星影片公司出品的新市民電影代表作品譬如《姊妹花》（1933）、《脂粉市場》（1933）、《女兒經》（1934）、《新舊上海》（1936），以及聯華影業公司出品的配音片《漁光曲》（1934）等，無不以故事性佔領和獲得市場。

圖片說明：左翼電影中經常會有一個知識分子身份的人物成爲勞工大眾思想的指路人。所以《壓歲錢》中這個宣講抗日救亡的小學教員，就是新市民電影抽取左翼電影思想元素的一個證據。

丑、以發掘、表現世俗趣味和規避政治風險為主旨的精神內核

《壓歲錢》中那塊多次倒手的銀元，其軌跡流轉貫穿上海社會的各個階層和現實生活空間。這種幾乎全景式描述和揭示，其實是受到左翼文藝影響的體現。當年左翼文學達到高潮的時候，一個重要特徵就是長篇小說的發達及敘事特徵，代表作就是茅盾的《子夜》（1933 年初版）。本來作者最擅長的是描寫上海十里洋場的男女情懷，但爲了達到全景式描述的目的，硬是加了

〔註 2〕其中，《風雲兒女》是比較特殊的一部影片。一方面，影片的左翼立場和左翼電影所有的在重要特徵表露無遺，另一方面，它又最大程度地汲取了新市民電影注重故事性即敘事層面的技術性。就後一個特點而言，《風雲兒女》在上述所有的左翼電影中是最好看的，情節和敘事也比較曲折豐富，比較眞實地進入了人物的心理世界。這個原因其實非常簡單，《風雲兒女》是電通影片公司轉軌生產新市民電影的前奏：「電通」的下一部影片就是著名的音樂喜劇片《都市風光》。對《風雲兒女》的特殊性的詳盡分析以及左翼電影與新市民電影的關聯，請參見拙作：《左翼電影的藝術特徵、敘事策略的市場化轉軌及其與新市民電影的內在聯繫》（載《湖南大學學報》2008 年第 3 期）；對本段中提到的其它左翼電影，其個案討論文字，祈參見拙作《黑白膠片的文化時態——1922～1936 年中國早期電影現存文本讀解》（上海三聯書店 2009 年 10 月第 1 版），或《黑馬甲：民國時代的左翼電影——1932～1937 年現存中國電影文本讀解》（上下冊，臺灣花木蘭文化出版社 2015 年版）一書。

一章敘寫農村當中的武裝暴動。顯然，這種百科全書的描寫手法固然是由長篇小說的體裁所決定的，但是直接原因卻是左翼文藝思潮的理念性指導。空間與時間是相互聯繫才存在的，因此，《壓歲錢》中的敘事時間長度就從1934年跨入1935年，整整一年。

藝術作品的外在形式，在本質上只是爲內容服務的道具，所以，無論《壓歲錢》如何借助左翼文藝元素，但新市民電影的精神內核卻只能是非左翼的。這就是以發掘、表現世俗趣味爲主旨——這一點，左翼電影和國防電影並非沒有，但從來都是相對弱化。所謂左翼，就是思想理念上的前衛、先鋒和新潮，因此它有很多新的東西灌注其中：新的理念、新的人物，新的社會觀、價值觀、人生觀。人活著爲什麼？投入到時代的洪流當中去。

圖片説明：左翼電影中的民眾/群眾及其集體行爲，往往是被啓蒙的對象和暴力革命的中堅。但是在新市民電影《壓歲錢》中，他們卻表現出愚昧、庸俗、可笑的眞面目，譬如爭搶這塊銀元。

譬如《風雲兒女》中最激動人心的一句臺詞就是「爲民族爭獨立，爲國家爭疆土」，這話到今天還依然有現實意義。左翼電影的出現，直接針對的就是九・一八事變後國土日漸淪陷、異族侵略步步進逼，而國內兩大政治軍事集團因意識形態的不同追求纏鬥不已導致的各個階層矛盾對立、階級鬥爭日漸激化的現實狀況。

圖片説明：1936年的兩部國防電影，吳永剛編導《壯志淩雲》之所以勝過費穆的《狼山喋血記》，除了出品公司的不同這個原因之外，人物與故事的豐滿也是一個指標。(《壯志淩雲》截圖)

因此，1936年的國防電影（運動）之所以能取代4年前出現的左翼電影、左翼電影之所以開始消亡，就是因爲國防電影用民族矛盾取代了階級矛盾、用反侵略的國家立場取代政治集團的意識形態分歧；左翼電影強調的是窮人（工農階級即無產階級）與富人（資產階級即反動階級)你死我活的關係，國防電影強調的是不分階級、不分貧富的一致抗敵對外。這種觀念體現的證據，就是聯華影業公司 1936 年出品的寓言故事《狼山喋血記》(配音片)、新華影業公司同年出品的有聲片《壯志淩雲》，以及聯華影業公司的第一部有聲片《浪淘沙》。

新市民電影從一問世，就立足於主題思想的庸俗性並以此取勝。就現存的、公眾可以看到的影片而言，「明星」在 1933 年出品的《姊妹花》、《脂粉市場》，1934 年的《女兒經》，1935 年的《船家女》，1936 年的《新舊上海》，以及「電通」1935 年出品的《都市風光》，概莫能外。這裏所謂的庸俗性，指的是對世俗人生的關注，以及對蘊含其中的世俗趣味的著力表現和廣泛開掘。

譬如《姊妹花》用親情化解由貧富差距引發的殺人悲劇，《脂粉市場》以一廂情願的理想化設計解決女性獨立的社會問題，《女兒經》以道德指標感慨和總結世俗人生，《船家女》在左翼的標簽下演繹富家少爺和貧家美女的香豔故事，《都市風光》用插科打諢展示城市中扭曲的金錢意識，《新舊上海》在庸常人生中提取世俗智慧。從這個意義上說，新市民電影彌補了左翼電影，尤其是早期左翼電影注重理念傳達而相對忽略敘事和藝術趣味的弱點——經典左翼電影譬

圖片說明：左翼電影以人物的階級性定義、區分革命與否，因此，《風雲兒女》中的資產階級少婦在必將被正面人物拋棄的同時，其美貌也被醜化。圖爲女明星談瑛扮演的妖嬈富姐史太太。

如《神女》和《風雲兒女》則圓滿的解決了這一痼疾〔註 3〕。

1937 年 1 月，聯華影業公司公映了一部由八個短片組合在一起的所謂集錦片《聯華交響曲》。這樣史無前例的影片結構是「聯華」爲了彌補黎民偉和羅明祐等主創人員被趕出公司以後形成的公司氣場空白，既是創作上修復公司形象的急就章，也是凝聚公司人氣、穩固市場、進而改變被動局面的一種商業策略。這部影片雖然在總體上體現出左翼電影餘緒與國防電影雙重疊加的特徵，但八個短片的主題、題材和風格不盡相同。其中的《兩毛錢》就是用一張紙幣見證現實人生的悲歡離合：

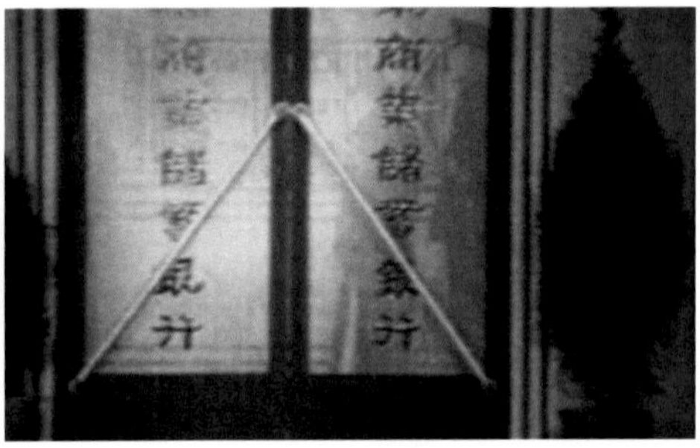

譬如，老媽子揀到這張富人點過香煙後丟棄的兩毛錢殘幣去買菜，流浪漢偷了這兩毛錢飽餐一頓，胖店主拿它付給拉洋車的小孩，小孩交給母親時被放高利貸的搶去，放高利貸的用它來雇用一個不知情的貧困車夫送「貨」，結果車夫被警察抓住後以販毒罪名被判 8 年徒刑。在一定程度上，《兩毛錢》的線索情節是《壓歲錢》的微縮版；或者換個角度說，時長 92 分鐘的《壓歲錢》是只有 11 分鐘時長《兩毛錢》的超長擴編版。

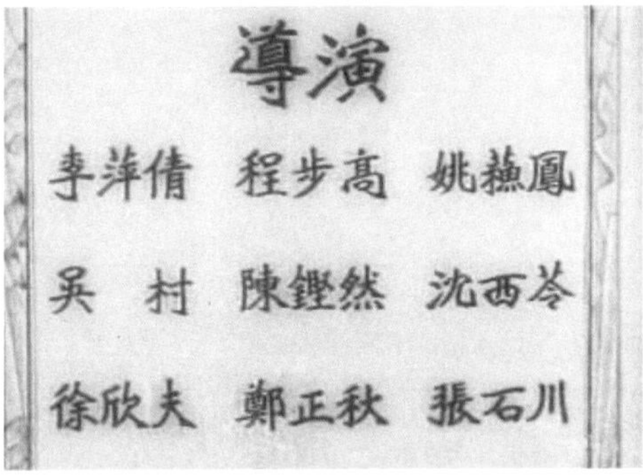

圖片說明：1934 年，明星影片公司集合全體編、導、演，拍攝了一部長達 160 分鐘、由八個故事串聯成的有聲大片《女兒經》。1937 年，聯華影業公司借鑒其結構拍攝了《聯華交響曲》。

〔註 3〕1949 年以後，中國大陸電影片面繼承發揚了左翼電影的內在精神和藝術特徵，成爲共和國文化主要的和強有力的宣教工具，譬如主題先行和嚴重的公式化、模式化。在 1980 年代所謂第五代導演出現之前，一個電影你看了前面就知道結局，或者只看名字就知道結果……。譬如好人一個都不死，即使負傷也在左胳臂——留下右手開槍幹掉對手。現在的電視連續劇如《風聲》和《潛伏》之類不過是這種形式的變種——用左手幹掉右手。

但在主題思想上對比兩部影片就會發現,《兩毛錢》是貨眞價實的左翼電影,強調貧富對立,展示階級矛盾,收束於社會批判:有錢的都是壞人,錢在他們手裏只是享受和奴役別人的玩具;沒錢的都是好人,兩毛錢既是勞動所得,也是希望所在,(流浪漢偷錢,也就是拿去塡飽肚子,說到底還是窮人)。而可憐的車夫代人領罪的悲劇,是社會貧富不均導致的惡果,所以車夫妻子在法庭上一再申冤:他是無罪的——影片對社會的控訴和批判顯而易見、貫穿始終〔註 4〕。

然而,在《壓歲錢》中,你看到的是這塊喜字銀元從一開始現身就引發的一系列鬧劇,最後則以一個大團圓的喜劇結尾,在歌舞聲中辭舊迎新。相對於《兩毛錢》結尾時車夫一家在法庭上的哭訴和在監獄鐵窗內外的哀歎,《壓歲錢》的精神內核,實際上就是新市民電影一以貫之的製片方針:不挑戰主流價値,在社會體制的批判上持相對溫和的保守立場。

圖片説明:藍蘋(江青)在《聯華交響曲》短片之一的《兩毛錢》中扮演的這個哭訴者的角色,是 1930 年代左翼電影與 1949 年以後的中國大陸紅色經典電影之間文化邏輯關聯的一個關鍵。

〔註 4〕 對《聯華交響曲》及《兩毛錢》的詳細討論,請參見拙作《〈聯華交響曲〉:左翼電影餘緒與國防電影的雙重疊加——1937 年全面抗戰爆發之前中國國產電影文本讀解之一》(載《浙江傳媒學院學報》2010 年第 2 期)。這篇文章的完全版作爲第一章收入《黑夜到來之前的中國電影——1937 年現存國產影片文本讀解》(中國廣播電視出版社 2012 年 1 月第 1 版)一書,題目是:《〈聯華交響曲〉:爲什麼成爲左翼電影和國防電影的合成灌裝——1937 年 7 月全面抗戰爆發之前國產電影主流的複雜面貌》。

所以，同樣是用金錢反映社會現實，《壓歲錢》的基調是由滑稽、噱頭、打鬥、插科打諢、歌舞和鬧劇，以及左翼標簽等元素構成，最終處理成一齣所謂喜劇。譬如爲了爭奪這一塊錢，先是安排一對夫妻鬥嘴，然後是兩個女傭的廝打；那有點兒二的傻男人，爲了得到這塊錢，在哥嫂面前裝瘋賣傻醜態百出時，導演還要加上強化效果的畫外音；最有「觀賞」效果的，是這一塊錢被拾荒的小孩帶到棚戶區後引發的男女老少大混戰——不僅人爲之瘋狂，連牲口都瘋了：貓狗豬鴨橫衝直撞亂成一團，典型的舊市民電影形態的鬧劇手段。

實際上，1930年代的國產電影——無論是左翼電影還是新市民電影，其喜劇化的處理表現手法，均在不同程度上受到美國好萊塢電影的影響。譬如《壓歲錢》中本土版的秀蘭・鄧波兒形象，還有滑稽演員的角色戲份配置。事實上，當時的喜劇明星韓蘭根就被中國觀眾看作「中國的卓別林」，成爲電影市場的一個賣點。然而，就《壓歲錢》而言，不論它在怎樣的程度上借用或受到同時代美國電影元素的影響，它的思想性和藝術性都不能和以卓別林（Charles Chaplin）爲代表的美國喜劇電影相比較。

圖片說明：左翼電影中的丑角式人物雖然也是影片賣點所在，但往往是理念、宣傳的調節閥門和藝術補丁，而新市民電影如《壓歲錢》中尤光照扮演的阿光，卻是影片主題思想的賣點之一。

當年進入中國上映的卓別林的電影，譬如無論是 1920 年代的《小孩》即《尋子遇仙記》(THE KID，1921)、《大馬戲團》(THE CIRCUS，1928)，還是 1930 年代的《城市之光》(CITY LIGHTS，1931)、《摩登時代》(MODERN TIMES，1936)，他的滑稽、打鬥、鬧劇以及幽默僅僅表現手段，或者說是思想內核的外在體現，而不是目的。而其思想內核既是人性的底色，又是直擊人心深處最柔軟之處的利器，揭示和賦予觀眾的是恒長永久的東西。譬如親情、愛情和善良的人性，而《壓歲錢》這樣的新市民電影恰恰缺乏內在的思想穿透力。

圖片說明：革命與性，一直是左翼電影不可或缺的思想主題，而且相輔相成。圖爲《風雲兒女》中，袁牧之扮演的革命青年，享受富姐體貼溫柔的同時，卻始終難忘出身無產階級的前女友。

就社會批判而言，在當時的中國電影當中，類似的思想力度和銳利除了出類拔萃、極具現代品位的國防電影《浪淘沙》(1936) 之外，只存在於一些經典左翼電影當中，譬如《神女》(1934)、《桃李劫》(1934) 和《風雲兒女》(1935)。《神女》如果放在 1920 年代舊市民電影一統影壇的時代，無非是美麗窯姐謀財害命的故事，一如當年的《閻瑞生》(只不過將殺人犯換成女主角)；《桃李劫》放在今天也會引起爭議，難怪現在的在校學生在我的課堂上居然稱之爲「憤青」電影。

從人物的成長與性格上說，《桃李劫》的男主人公未必沒有可以檢討的地方，但若將你自身的飯碗和幾十條鮮活人命做一個二選一的選擇的話，它要拷問的，就是人性和道德的底線——新市民電影絕對做不到這一點。而《風雲兒女》將民族和國家命運置於個人愛情之上的境界，又是新市民電影無力或不願觸及的高度。這就是新市民電影和左翼電影最重要的分水嶺和臨界點：新市民電影中無論展示多麼尖銳的矛盾，最後一定要以大團圓收尾，譬如《姊妹花》(1933)；新市民電影的功力更多地表現在庸俗層面的開掘，但也就止於庸俗，譬如《新舊上海》(1936)。

寅、對舊市民電影情色元素的傳承和對左翼電影——國防電影思想元素的片段式借用

任何新的東西都是在舊的基礎上生成、發展起來，並最終自成一體、另立門戶的。因此，討論《壓歲錢》中技術主義原則指導下的歌舞元素與敘事策略，以及以發掘、表現世俗趣味和規避政治風險爲主旨的精神內核，不能不涉及與之同時期的左翼電影、國防電影的類型特徵，不能不涉及在此之前的舊市民電影及其傳統特徵。這也是爲什麼時至今日，還有人把《壓歲錢》看作是左翼電影或國防電影的根本原因之一。

圖片說明：新市民電影雖然持保守立場，但因爲有條件地抽取、借助左翼電影思想元素且共處同一時代，因此《壓歲錢》的抗日救亡啓蒙宣傳，既是借助、抽取的證據，也是責無旁貸之舉。

所謂新電影是相對於舊電影而言的。作爲新電影，左翼電影和新市民電影都是在舊市民電影的基礎上發展而來的，新、舊之間既有區別又有聯繫；作爲綜合藝術的電影，新舊之間的聯繫更是如此。舊市民電影的基本元素，除了道德說教之外，還有一個共同的元素就是情色。如果說，左翼電影、新市民電影與舊市民電影最本質的區別是主題思想的話，那麼，情色元素基本被新電影繼承下來，區別只在於比重多少、配置目的爲何而已。

圖片說明：孫瑜首倡的左翼電影，捧紅了王人美和黎莉莉，也拓展了女性身體的意識形態表達空間，兩位新女星的健美體格是其取之不盡的身體資源。圖爲黎莉莉在《體育皇后》中的出鏡。

這種情況在 1932 年的早期左翼電影中，相對比較明顯。譬如《野玫瑰》（編導孫瑜）對新生代女星王人美一雙茁壯美腿的反覆展示，《火山情血》（編導孫瑜）借助大段熱辣草裙舞，充分展覽另一位被編導捧紅的新生代女星黎莉莉的健美雙腿。1934 年，《新女性》（導演蔡楚生）強調阮玲玉的高跟美腿，《大路》（編導孫瑜）和《體育皇后》（編導孫瑜）更是有意識地、大面積的裸露男

女兩性的健美身材。這些包含情色意味的影像如果出現於舊市民電影時代，只能屬於俗文化的視覺消費，但在左翼電影中都被置換爲意識形態話語功能。

新市民電影在這方面的傳承也不遜色，譬如 1933 年的《脂粉市場》（編劇夏衍、導演張石川）中甚至出現了 3P 的暗示；在身體的裸露方面，1935 年的《船家女》（編導沈西苓）刻意爲女主人公安排了一個模特的職業背景，1936 年的《都市風光》（編導袁牧之）中，性指示的手法相當成熟。所有這些，與舊市民電影中慣用的鬧劇、打鬥、噱頭以及丑角的配置手法一樣，並無優劣妍媸之別，只有高下精妙與否之分，因爲它的最終指向不能不顧及或著眼於電影的商業功能，也就是所謂的賣點和看點〔註 5〕。

在《壓歲錢》當中這個特點顯而易見，譬如那個白相人拿著騙來的一塊錢去跳舞場鬼混，無非是藉此展示舞女的現場職業生態。最能說明這種傳承的，是《壓歲錢》刻意反覆爲二奶歌星楊小姐編排的豔舞場面，時長 3 分多鐘——嚴格地說，歌舞戲中的踢踏舞一節也屬於這種性質，更不用說，影片爲三點式招貼畫給出的特寫鏡頭——縱觀 1930 年代的中國電影，形體展示和裸露程度，遠遠超出局外人的想

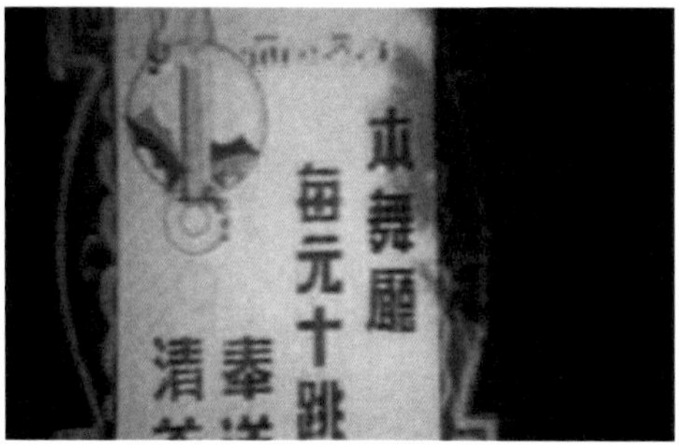

圖片說明：《壓歲錢》中的這張招貼畫，與其說是用來轉場，不如說本身就是影片的賣點之一。然而從實際情形上看，新市民電影的這類花頭，其實比不上左翼電影視覺衝擊上的熱辣生猛。

〔註 5〕本章中提及的、出品於 1937 年之前的所有國產影片，我都有具體的分析意見，請參見拙作《黑白膠片的文化時態——1922～1936 年中國早期電影現存文本讀解》，未刪節版祈參見《黑棉襖：民國文化中的舊市民電影——1922～1931 年現存中國電影文本讀解》（上下冊，臺灣花木蘭文化出版社 2014 年 9 月版），以及《黑馬甲：民國時代的左翼電影——1932～1937 年現存中國電影文本讀解》等兩書。

像。這原因其實很簡單，新、舊電影的交替承接只存在於 1937 年抗戰全面爆發之前短暫的六、七年間。

新市民電影之所以不是舊市民電影，或者說，不是 1920 年代舊電影簡單的新時期升級版，就是因爲新市民電影先後借用和嵌入了左翼電影和國防電影的些許思想元素，而且是片斷式的借用和有選擇地嵌入，《壓歲錢》就是一個明顯的例證。譬如那個最終被富人拋棄、打回舞女原形的楊小姐，本是一個典型的洋場二奶形象，分明是銀行家包養的外室。但影片特意給她安排了一個有左翼思想、身份是小學教師的閨密同學，還安排她去同學授課的小學校扶危濟困，順便協助從事民眾的抗戰救亡啓蒙工作。這種編排的目的有兩個。

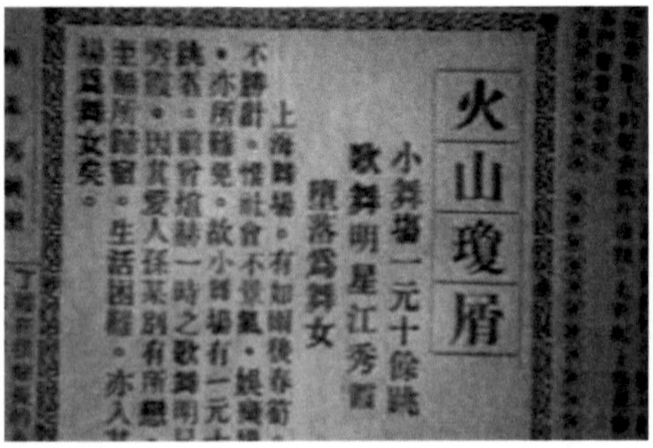

第一，是爲了讓在她和小學教師的談話中表達女性獨立的思想。因爲先前她寄食於有錢人，當銀行家捲款潛逃（實際上她被拋棄）之後，來找她的閨蜜同學懺悔，發誓自己今後即使以賣唱爲生，也不再做出賣人格的事情了——這個本身就很搞笑，顯然是說給觀眾聽的；第二，編導在這裏可以要把鏡頭轉移給她那個具有先進思想的小學教師，由於這個小學教師在整個影片中僅僅是一個配角，所以爲了凸顯左翼思想和抗日救亡的啓蒙宣傳思想，便讓這個小學教師在黑板上寫出八個大字：團結救亡，保衛國土。（見右圖）

圖片說明：有些人認定《壓歲錢》爲左翼電影或國防電影最重要的原因，是影片的編劇是夏衍。但他們不甚明白的是，把左翼-國防電影元素處理成外挂配置，向來是導演張石川的拿手戲。

這個例子顯然是著名的左翼編劇和著名的非左翼導演不謀而合的用心所在。一方面，這顯然是夏衍當初爲「電通」寫就的劇本當中的點題之筆，另一方面，影片的點題之筆雖然不在這裏，但對導演來說卻是不可或缺的標簽，或曰左翼電影－國防電影思想元素的高端外掛兜售軟件。因此，楊小姐這個人物的設置與表現並非是人格分裂，恰恰是編、導有意爲之：在影片結尾之前加入的這場戲，是左翼電影－國防電影在政治訴求上的最直接體現。左翼電影之所以不同於新市民電影，就是因爲倡導階級矛盾、階級鬥爭，以及暴力革命的解決方式，進而對現行社會體制做出否定性的批判。

而《壓歲錢》的思想深度也就是它的底線所在，即止於展示現實人生的光怪陸離、表演社會人情百態。因此，貼上標簽的目的也是顯而易見的：盡可能擴大觀衆的接受層面，畢竟，市場一直在發揮著硬性的規範作用。雖然《壓歲錢》去掉這個標簽依然好看，但肯定要失去了一定的思想內涵，這也就是爲什麼時至今日還有許多電影史研究者把影片定性爲左翼電影或國防電影的一個重要原因；這也是我爲什麼一再強調，新市民電影中的左翼電影－國防電影思想元素，其使用從來都是片段式地嵌入、有選擇地抽取借助。也正因爲如此，許多新市民電影看上去很像是左翼電影或者國防電影。

圖片說明：圖爲《壓歲錢》中這一塊喜字洋錢（銀元）引發的街頭風波，這種場景和表現手法，讓人們依稀感受到來自舊市民電影的藝術表現傳統：賣點是鬧市區的白相人與底層民衆百態。

其實，最能證明 1930 年代的一部影片是否具備新市民電影屬性的，還有一個可以操作的衡量指標，那就是在政策上的投機性，而這一點和影片所塗抹的左翼色彩或嵌入的左翼電影——國防電影思想元素並不矛盾。新市民電影從出現之日起，就是一方面借助左翼元素打擦邊球，爭取觀眾、佔領市場；另一方面，它對政府倡導的主流價值觀，包括意識形態，都不會形成有任何實質性的衝突和挑戰。事實上，新市民電影特有的政治投機性或曰立場保守性，在《壓歲錢》中就已顯露無疑。

譬如《壓歲錢》的結尾收場，那塊喜字銀元被海關沒收後換成了法幣（民國政府法定貨幣），而法幣的推廣時間恰恰與電影中的時間背景吻合：「1935 年 11 月 4 日，（政府）規定以中央銀行、中國銀行、交通銀行三家銀行（後增加中國農民銀行）發行的鈔票爲法幣，禁止白銀流通，發行國家信用法定貨幣，取代銀本位的銀圓」[18]。當然，你也可以選擇這樣的結論：「暗示出影片所描寫的一切社會罪惡現象，就是四大家族利用其反動的政治特權與經濟特權，對廣大人民巧取豪奪、無恥欺騙和瘋狂壓榨所造成的結果」[1] P436。

圖片說明：1935 年年底，民國政府發佈《金融改革令》，宣佈「白銀國有」，實行「法幣」政策。《壓歲錢》圍繞著一塊銀元講述的故事，客觀上爲政府法令的推行實施做了義務普及宣傳。

因此，1935 年夏衍爲「電通」提供的劇本或許沒有這個細節，這是劇本轉投「明星」時適應新東家的要求即時補充的；或者說，是編、導的二度創作。在這方面，明星影片公司是有先例的：1934 年出品的《女兒經》最後的結尾就是響應國民政府的號召，男女主人公帶領眾人在陽臺上觀賞民眾爲慶祝「雙十節」舉行的提燈遊行，直接爲當局提倡的「新生活運動」做廣告宣傳——按照中國大陸以往電影史的說法，這是國民黨檢查機關強行修改的結果〔1〕P315。就這一點而言，《壓歲錢》的新市民電影性質應該是確立無疑的，「明星」公司的傳統也是一以貫之的：不論從大的方向還是小的細節上，與市場、更與政府保持一致。

圖片說明：《女兒經》這個革命化的結尾，據說是政府電影檢查機構強令出品公司修改的結果。但這恰好證明了新市民電影對左翼電影思想元素有條件、片段式地抽取借助的市場營銷策略。

丁、結語

如前所述，1937 年新電影範疇中的新市民電影已經成爲電影主流，或者是主流電影的代表之一，例證是同年出品的《十字街頭》和《馬路天使》（均爲明星影片公司出品），以及當年與《壓歲錢》同爲賀歲片的驚悚影片《夜半歌聲》（新華影業公司出品）。這些影片都或多或少地借助、援引了左翼電影－國防電影的思想元素，例如社會批判、階級意識、抗日救亡乃至女性獨立口號等等。然而這些元素的借助使用，在提取搭配時就是片斷式的、標簽化的。所以，這也就是爲什麼以往一些教科書、研究著作，以及現今許多民眾認爲這些影片是左翼電影或國防電影的理由和原因。

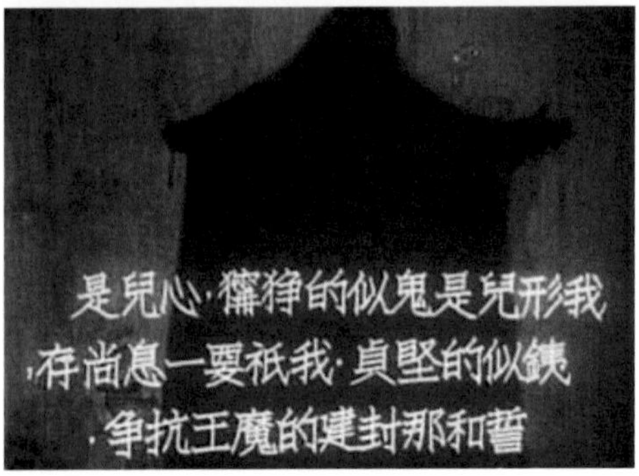

圖片說明：作爲新市民電影新標號產品，新華影業公司 1937 年出品的《夜半歌聲》，除了片斷抽取、借助左翼-國防電影思想元素之外，還使用驚悚/恐怖元素有效擴大了其硬盤存儲空間。

這樣如此細微地區別左翼電影、國防電影與新市民電影之間的關係，並不是要得出一個新市民電影沒有理想追求，或者說乾脆缺乏愛國主義情懷的所謂結論。顯然不是如此，因爲即使是 1920 年代由舊文化和舊文學爲最大取用資源的舊市民電影也不具備如此反動落後的思想藝術品質[15]。作爲早期中國電影多元化的組成部分之一，新市民電影只不過具有相對不同的思想和藝術特質而已。

所以，《壓歲錢》雖然它配備了賀歲片的外掛標簽，但它的新市民電影屬性是沒有問題的。這部熱辣上市的賀歲片裏面，包含著從舊市民電影到左翼電影和國防電影當中有選擇抽取的諸多片段式元素，但是絕不能因此把它定性爲國防電影或者左翼電影，更不能把它回歸到舊市民電影序列。因爲到了 1937 年，就現存的、公眾可以看到的影片而言，新市民電影已經成爲電影主流最主要的代表；或者倒過來說，是主流電影的標示性作品。

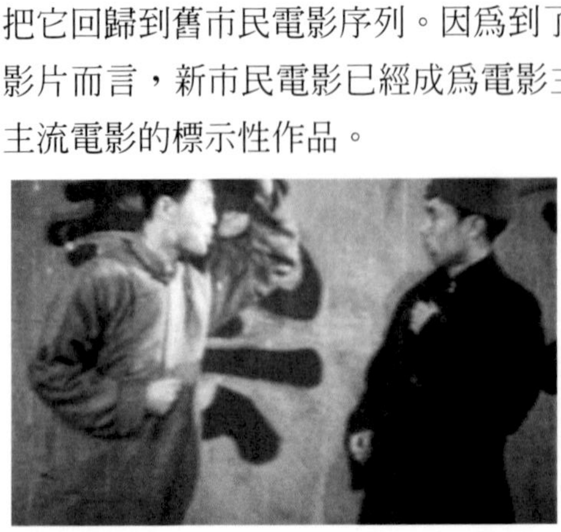

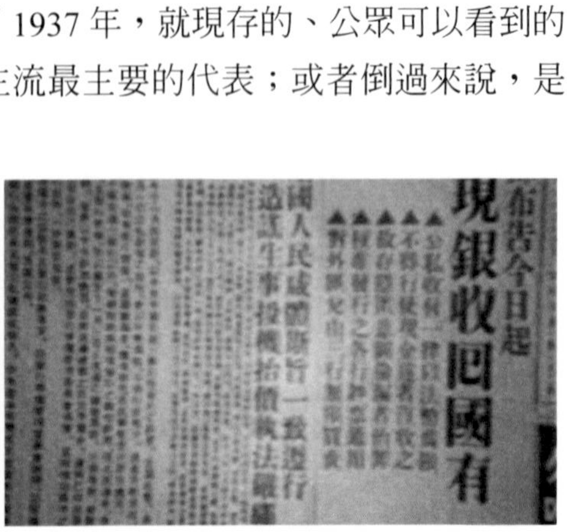

譬如至今許多中國大陸觀眾相對比較熟悉的《十字街頭》和《馬路天使》(均為明星影片公司出品),在我看來都是新市民電影。即使是作為賀歲片的驚悚電影《夜半歌聲》(新華影業公司出品),也是新市民電影——你不能把任何一部所謂有思想,或者追求進步的電影都歸於左翼電影。這個推論或公式是不成立的。因為,即使是 1920 年代的舊市民電影,你也不能說它是沒有思想、沒有追求,更不能說沒有些許進步的因素在裏面。

也正因如此,從 1935 年夏衍寫就的左翼電影劇本,到 1937 年張石川導演的新市民電影《壓歲錢》,既可以看到中國電影在黃金時代的歷史變遷軌跡,也可以看到新市民電影之所以能夠一統影壇,是由於其價值取向、審美趣味和市場需求的合力完成的。所以,1937 年明星影片公司投拍的《壓歲錢》,其新市民電影的性質,既源於原作者的修改之力,也是出品方理解把握的二度創作之功。至於以往的電影史指責導演張石川「由於思想藝術水平的限制,在許多地方對原作的思想意圖和藝術構思缺乏應有的理解」[1] P437,顯然是既委屈了屁股,也找錯了板子,更讓現今的普通觀眾莫明其妙。

圖片說明:《壓歲錢》裏流轉眾人之手的一塊銀元,不僅與升鬥小民的日常生活相關,甚至還與他們的身家性命相連。這是新市民電影溫和的社會批判立場與庸俗人生觀、世界觀的合流體現。

戊、多餘的話

子、「一元開戶」

2007 年，中國大陸放開了外資銀行進入內地的限制，匯豐、渣打等外資銀行進入後，先後打出「一元開戶」的廣告，引來許多媒體爭相報導。實際上，你在《壓歲錢》中就已經發現，在 1949 年前的中國，這是一個連普通上海市民都耳熟能詳的詞彙，而且是一個技術門檻極低的普通銀行業務。所以看《壓歲錢》這樣的老電影，是讓人長見識的——知道自己曾經是多傻、多天真。

你還可以在影片中發現類似的「見識」，譬如在當時的上海舞廳，一塊錢可以「十跳」或「十五跳」。這意思是，顧客花一塊錢，就可以和舞女跳十或十五支曲子的意思。前些年據說上海恢復了這個職業，只不過不叫舞女叫「舞師」。說起來，中國大陸有世界上最複雜和最有特色的職稱系列，譬如除了「工程師」、「會計師」、「教師」系列，先前還有做政治工作的「政工師」，大體相當於現在外企的「人力資源管理」（HR）——因爲過去每個機關、單位、企業、都有一個叫做「政工科」的部門……。

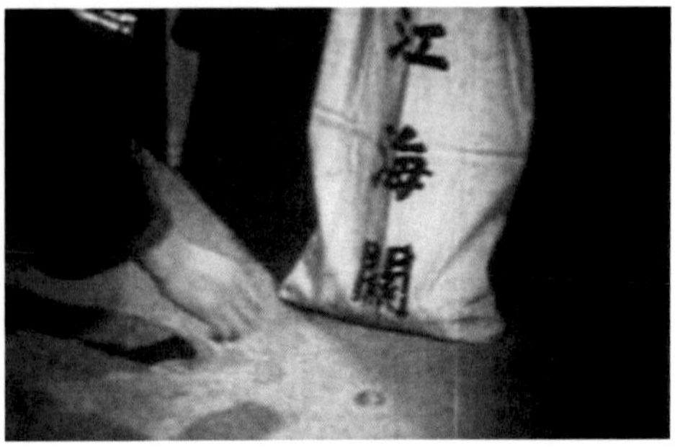

丑、結尾和楊小姐

其實，就敘事而言，《壓歲錢》並非沒有缺陷。譬如影片的結尾完全可以放置在至少兩個地方。一是在眾人爭搶著觀賞那塊喜字銀元引發火災燒毀棚戶區的時候，影片此時收束，故事性與象徵性其實可以很好地結合：多少人爲了這點錢費盡心思、因此喪命、家破人亡，結果最後是燒出了一片白茫茫大地眞乾淨。第二個可以收束的地方，是那塊洋錢最終被海關沒收的時候。現在的影片結尾，是小女孩的祖父在有一個新年到來之際，把紙幣的壓歲錢包好放在孫女的枕頭下面。這個結尾實際上還有一個背景性的前提設置，那就是讓已經從二奶淪爲低級舞女的楊小姐回到小學校，看革命者在黑板上書寫救亡口號，然後在集體歌唱中迎接新的一年到來。這樣看上去，無論故事敘述的封閉性還是文化層面的民族性都很圓滿。但仔細思量就會發現，這其實是《壓歲錢》導演爲觀影配備的一個與左翼電影-國防電影元素相關的外掛配置。

寅、親情與愛情

談到卓別林的電影，譬如《小孩》(The Kid，1921)——坊間一直譯爲《尋子遇仙記》——就不能不談到親情。流浪漢收養了那個被未成名的女演員拋棄的孩子，相依爲命地將孩子養大。當孩子的媽媽最終成爲明星貴婦找回來的時候，流浪漢主動把孩子送回了回去。顯然，女演員和孩子之間只有血緣沒有親情，至少在孩子成長的過程中，親情是雙向缺失的。由此可見，血緣只是親情的非必要條件，血緣不等於親情，而親情卻可以取而代之。這其中的關鍵，就是孩子成長的過程中你是否在場，並與他共同成長。所以，那孩子眞正的親人就是那個流浪漢。影片到現在依然會打動觀眾——那些因爲給孩子做了DNA親子鑒定而打得一場糊塗的夫妻、父母，應該看看這部電影：是誰生的固然很重要，但這不是決定性的問題；因爲即使你不是我的骨血，但你我相依爲命這麼多年，你不是我的親人又是什麼？那個孕育了你卻壓根兒就沒爲你付出愛過你的人，他或她配作你的親人麼？

若再談到卓別林的《城市之光》(City Lights,1931)，就不能不談談他揭示的愛情本質——什麼是愛情？愛情就是奉獻，就是犧牲；而且它還有一個條件，就是無條件。在這一點上，親情和愛情是一樣的。許多年前考古學者發掘被火山爆發摧毀的龐貝城遺址，發現在一個房間裏，有一家三口的遺骸保持著這個姿勢：男人的肩上扛著女人，女人雙手高舉，舉著他們的孩子。這就是親情，這就是父母。千百年來，人類的愛就是這樣一代一代向下傳遞過來的，所以人類才可以延續至今。這是這個世界上最可寶貴的東西。卓別林的許多電影之所以是經典，就是看似陳舊，但卻永遠維繫著人，人的親情，還有愛情。你可以不同意我的觀點，因爲在大學裏我不要求你同意我的觀點，我只負責告訴你，我是這麼想的。

卯、左翼編劇與小學女教師

在明星影片公司 1933 年出品的《脂粉市場》中，面對經理和少東家的潛規則威脅利誘，女主人公李翠芬向小學教師楊小姐（胡萍飾演）請教以後才最終決定了自己的人生方向，那就是辭職並自食其力。本片的編劇是化名丁謙平的夏衍，（導演是張石川）。在聯華影業公司 1934 年出品的《新女性》（編劇：孫師毅；導演：蔡楚生）中，女作家韋明面對有錢的壞男人王博士的利誘，以及自己無法解決人生苦痛時，得到了在補習學校教唱歌的女工李阿英（殷虛飾演）的熱情關懷。在明星影片公司 1937 年出品的《壓歲錢》中，淪爲低級舞女的前二奶楊小姐，去向小學教師張曼（李麗蓮飾演）尋求精神上的指引。本片的編劇是借用洪深名號的夏衍，（導演還是張石川）。這說明，小學教師是左翼人士尤其是左翼編劇，特意在作品中爲自己留下的身份識別路由器，新市民電影有意識地利用，恰恰成爲抽取、借助左翼電影元素的直接證據〔註 6〕。

〔註 6〕本章的文字（不包括戊、多餘的話之子、寅、卯），最初曾分爲兩大部分分別先行發表。第一部分約 7500 字，即甲、之第二自然段、乙、之全部及丙、新市民電影主要特徵在《壓歲錢》中的體現：子、技術主義原則指導下的歌舞元素與敘事策略，以及丁、結語和戊、多餘的話之丑、，以《新市民電影〈壓歲錢〉：中國早期電影中的賀歲片》爲題，刊於《浙江傳媒學院學報》2010 年第 4 期。第二部分約 7600 字（主要包括丙、新市民電影主要特徵在《壓歲錢》中的體現：丑、以發掘、表現世俗趣味和規避政治風險爲主旨的精神內核，寅、對舊市民電影情色元素的傳承和對左翼電影——國防電影思想元素的片

初稿日期：2007 年 5 月 12 日
二～六稿：2010 年 4 月 23 日～12 月 19 日
圖文配校：2011 年 2 月 2 日～5 月 17 日
圖文增訂：2015 年 10 月 3～16 日

參考文獻：

〔1〕程季華，中國電影發展史：第 1 卷〔M〕，北京：中國電影出版社，1963。
〔2〕佚名，賀歲片是什麼——中國大陸賀歲片研究〔EB/OL〕，http：//www.wdfww.com/Article/xslw/ys/dy/200807/Article_31762.html（2008-7-2）〔登陸時間：2010-4-23〕。
〔3〕語出張大偉：《論左翼文藝作品的商業價值》〔EB/OL〕，http：//www.lunwenworld.com/Article/jiaoyuxue/200808/1429.html〔登陸時間：2010-4-23〕
〔4〕有啊：百度旗下購物網站> 所有分類 > 音樂/影視/明星/樂器 > 電影>商品詳情〔EB/OL〕，http：//youa.baidu.com/item/f536a31ffb59e220965dd73a〔登陸時間：2010-4-23〕
〔5〕論夏衍電影劇作的現實主義價值〔EB/OL〕，http：//www.studa.net/Movie/060619/11315729-2.html，來源：中國論文下載中心（2006-06-19 11：31：00）〔登陸時間：2010-4-23〕

段式借用），以《新市民電影的世俗精神及其對意識形態的市場化規避——以 1937 年的賀歲片〈壓歲錢〉爲例》爲題，刊於《河北師範大學學報》2011 年第 2 期。以上兩部分文字的完全版和有**說明文字**的圖片，作爲第二章收入拙著：《黑夜到來之前的中國電影——1937 年現存國產影片文本讀解》（中國廣播電視出版社 2012 年版），題目是：《〈壓歲錢〉：1937 年的賀歲片呈現出怎樣的精神面貌——國防電影（運動）背景下新市民電影對意識形態的市場化規避》。現在的**閱讀指要**：是兩處雜誌版和後來成書版的合成；下方沒有說明文字的圖片均截自《壓歲錢》，且爲本次修訂時新增。特此申明。

〔6〕李道新：中國電影文化史〔M〕，北京：北京大學出版社，2005：128～129。
〔7〕丁亞平：影像時代——中國電影簡史〔M〕，北京：中國廣播電視出版社，2005：51。
〔8〕李道新：中國電影藝術史〔M〕，北京：北京大學出版社，2005：60。
〔9〕中國電影－百度百科－左翼電影運動〔EB/OL〕，http：//baike.baidu.com/view/125697.htm〔登陸時間：2010-4-23〕
〔10〕李少白，中國電影史〔M〕，北京：高等教育出版社，2006：62。
〔11〕袁慶豐，1922～1936年中國國產電影之流變——以現存的、公眾可以看到的文本作爲實證支撐〔J〕，學術界，2009（5）：245～253。
〔12〕程步高，新年的感想，申報：電影專刊〔N〕，1934-1-1//葛飛，市場與政治：1930年代的左翼電影運動〔J〕，文藝理論與批評，2005（5）：24。
〔13〕何秀君，張石川和明星電影公司（肖風整理）〔J〕，文化史料叢刊，1980（1）//張大偉，論左翼文藝作品的商業價值〔EB/OL〕，http：//www.lunwenworld.com/Article/jiaoyuxue/200808/1429.html〔登陸時間：2010-4-23〕
〔14〕袁慶豐，新浪潮——1930年代中國電影的歷史性閃存——《浪淘沙》：電影現代性的高端版本和反主旋律的批判立場〔J〕，南京藝術學院學報－音樂與表演，2009（1）：100～104。
〔15〕袁慶豐，20世紀30年代中國電影文化生態的低俗性及其實證讀解〔J〕，杭州師範大學學報，2009（4）：51～55。
〔16〕百度百科.http：//baike.baidu.com/view/86119.htm?fr=ala0_1_1〔登陸時間：2010-4-29〕
〔17〕新浪→新聞中心→文化新聞→新民周刊專題→記者／錢蕉，撰稿／王悅陽（記者）.http：//news.sina.com.cn/c/cul/2007-10-17/120414106201.shtml〔登陸時間：2010-4-27〕
〔18〕百度百科→法幣：http：//baike.baidu.com/view/34016.htm〔登陸時間：2010-4-29〕

New Citizen Films Bypass Ideological Issue with Commercial Elements in National Defense Film Campaign——Lucky Money（1937）： Sample Ten of New Citizen Film Analysis

Read Guide：As one of seven New Year Films in 1937, Lucky Money is neither a left-wing Film, nor a national defense film, but close to a new citizen film. It best reinforced elements of dances and songs, concerned narrative tactic, emphasized more on entertainment function of film audio and video language. The film held an attitude of soft criticizing politics while reflecting real world. In another word, to bypass political risk of its theme, the 60-year-old film worked at digging out and displayed vulgar taste, while it inherited sexy elements from traditional Chinese films, and some thoughts from left-wing films and national defense films, in order to accumulate commercial energy and increase selling points. So far it is enjoyable and has commercial value due to the combination of joy and harmony.

Key Words：New Year Film；Traditional Chinese Film；Left-wing Film；New Citizen Film；National Defense Film； elements of dances and songs；

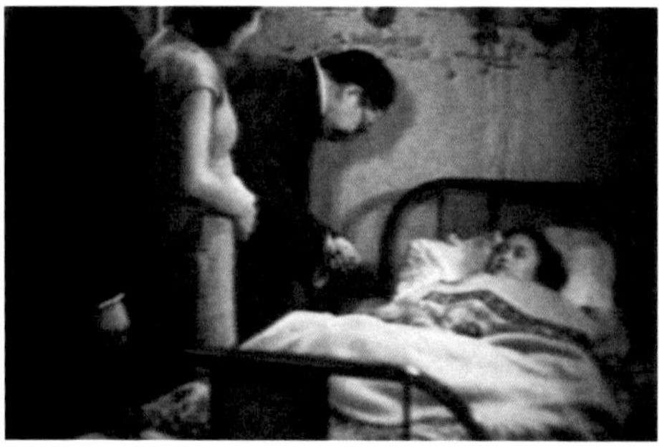

第拾壹章 《十字街頭》(1937年)——「蟻族」的生活寫照

閱讀指要：

大學生「畢業即失業」並非今天才有的社會現象，1937 年的《十字街頭》說的就是當年漂在上海的「蟻族」群體。本來，編導當初是想把它拍成一部左翼電影的，但最終成就的卻是一部新市民電影。影片性質不一樣了，影片的意圖也就不同：面對吃不上飯、住不起房的殘酷現實，青年知識分子有的自殺，有的回到家鄉投身抗敵（抗日）隊伍，也有的終於找到了自己的愛情。十字街頭上演的，最終是愛情和喜劇的勝利。《十字街頭》與 1937 年所有的新市民電影一樣，既有左翼電影元素的片段式借用，又有國防電影的時代背景點綴。相對特殊的一點在於，由於編導的個人原因，左翼電影轉型痕跡相當濃重。以往對影片「生動明朗」和喜劇化的藝術表現風格的論斷，其實已經觸摸到了新市民電影典型套路的軟肋：以世俗的愛情和喜劇化處理面對慘淡無望的社會現實，成功地為 1930 年代中期以大學畢業生為代表的低收入聚居群體，即「蟻族」族群的歷史性存在顯影定格。

關鍵詞：國防電影；新市民電影；左翼電影；「蟻族」；「畢業即失業」；

專業鏈接 1：《十字街頭》(故事片，黑白，有聲)，明星影片公司(二廠)1937 年 4 月出品。VCD(雙碟)，片頭預告片時長：1 分 42 秒，正片時長：103 分 48 秒。

〉〉〉**編導**：沈西苓；**攝影**：周詩穆、王玉如。

〉〉〉主演：趙丹、白楊、英茵、呂班、沙蒙。

專業鏈接 2：原片片頭字幕及演職員表字幕（標點符號爲錄入者添加）

預告片字幕

預告。新的題材，新的演員，造成了《十字街頭》。明星公司新出品。

是我們幾個主演的——趙丹；新人：白楊；新人：呂班、英茵；

新人：沙蒙：新人：伊明。

動亂的時代下萬數青年人的悲喜劇。

戀愛問題。失戀。生活問題。失業。彷徨，彷徨，在，十字街頭。

你會遇到戀愛，你會遇到失業。你會苦悶，苦笑。你該同情他們。

《十字街頭》。沈西苓的第五個創作。會給你一點安慰和暗示。

請記著不久在本院開映〔註 1〕。

丑、正片片頭字幕及演職員表

明星出品。明星影片公司攝製。《十字街頭》。

職員表：攝影：周詩穆、王玉如；置景：楊鏡心；收音：戴述周；
劇務：洪鏞；場記：畢鑫章；場務：倪安東；洗印：顧友敏；
剪接：錢筱璋；歌曲：賀綠汀；【作詞：關露】。

〔註 1〕《十字街頭》的預告片，是前幾年學生在網上看到後爲我下載的，(視頻來源：優酷網：http：//v.youku.com/v_show/id_XNTU1MzQwNTI=.html，登錄時間：2011-04-13：15：00)。

編劇、導演：沈西苓。

演員表（以出場先後為序）：

A母——薛秋霞，

房東——尤光照，

房東太太——吳 茵，

當店店員——陳毅亭，

肉店店員——馮志成，

乞丐——趙 明，

房東小孩——袁筱梅，

鄰家婦——王飛娟，

賣糖者——崔嵬，

賣氣球者——劉茫，

主筆——孫敬，

校對——錢千里，

鄰家女——康健，

廠長——唐巢父，

秘書——朱孤雁，

流氓——王庭樹，

老書記——趙明。

B【老趙】——趙丹，

女——白楊，

C——呂班，

女友——英茵，

G——沙蒙，

A——伊明〔註2〕。

〔註2〕職員表中【作詞：關露】的添加，是我根據如下資料補出的：《中國傳奇2010之我的抗戰》節目組：《我的抗戰》，中國友誼出版公司，轉引自《北京青年報》2011年2月15日C7版。至於演員表，應該做下列補充說明：A母【小徐母】——薛秋霞……B【老趙】——趙 丹，女【楊芝瑛】——白 楊，C【阿唐】——呂 班，女友【姚大姐，楊芝瑛女友】——英 茵，G——沙蒙，A【小徐】——伊明。放在【 】括號內的文字，係我根據程季華主編之《中國電影發展史》第一卷及其它相關資料的補注說明。

專業鏈接 3：鏡頭統計

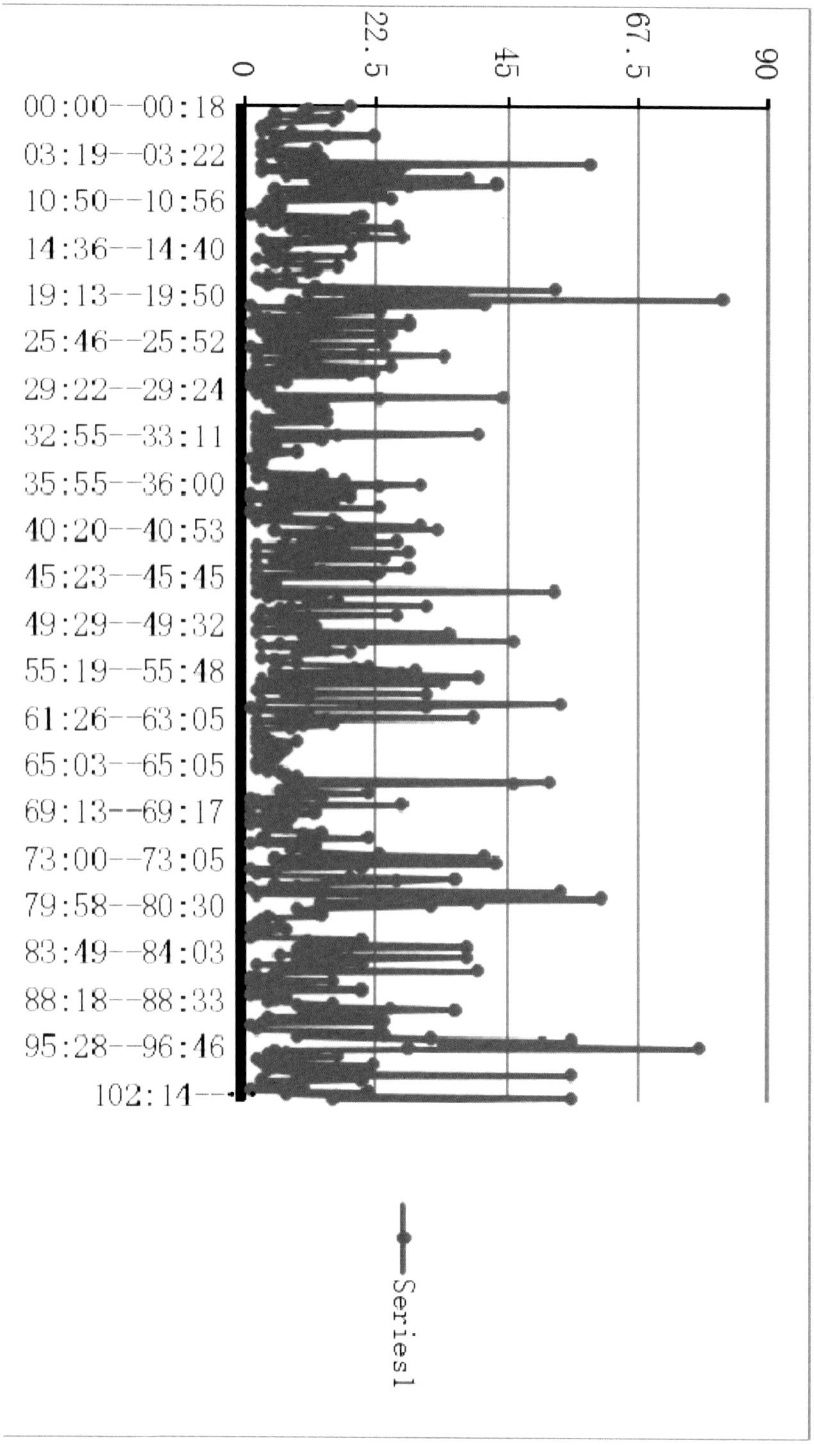
0
22.5
45
67.5
90
00:00--00:18
03:19--03:22
10:50--10:56
14:36--14:40
19:13--19:50
25:46--25:52
29:22--29:24
32:55--33:11
35:55--36:00
40:20--40:53
45:23--45:45
49:29--49:32
55:19--55:48
61:26--63:05
65:03--65:05
69:13--69:17
73:00--73:05
79:58--80:30
83:49--84:03
88:18--88:33
95:28--96:46
102:14--
Series1

說明：全片（正片）時長103分鐘48秒，共計487個鏡頭。其中：

甲、小於等於5秒的鏡頭196個，大於5秒、小於和等於10秒鏡頭97個，大於10秒、小於和等於15秒鏡頭62個，大於15秒、小於和等於20秒鏡頭35個，大於20秒、小於和等於25秒鏡頭30個，大於25秒、小於和等於30秒鏡頭20個，大於30秒、小於和等於35秒鏡頭11個，大於35秒、小於和等於40秒鏡頭11個，大於40秒、小於和等於45秒鏡頭6個，大於45秒、小於和等於50秒鏡頭2個，大於50秒、小於和等於55秒鏡頭10個，大於55秒、小於和等於60秒鏡頭4個，大於60秒、小於和等於65秒鏡頭1個，大於65秒、小於等於70秒鏡頭0個，大於70秒、小於和等於75秒鏡頭0個，大於75秒、小於和等於80秒鏡頭1個，大於80秒、小於和等於85秒鏡頭1個。

乙、片頭鏡頭14個，片尾鏡頭1個；字幕鏡頭15個。

丙、固定鏡頭300個，運動鏡頭172個。

丁、遠景鏡頭25個，全景鏡頭99個，中景鏡頭138個，近景鏡頭123個，特寫鏡頭82個。

（圖表製作與數據統計：劉曉琳）

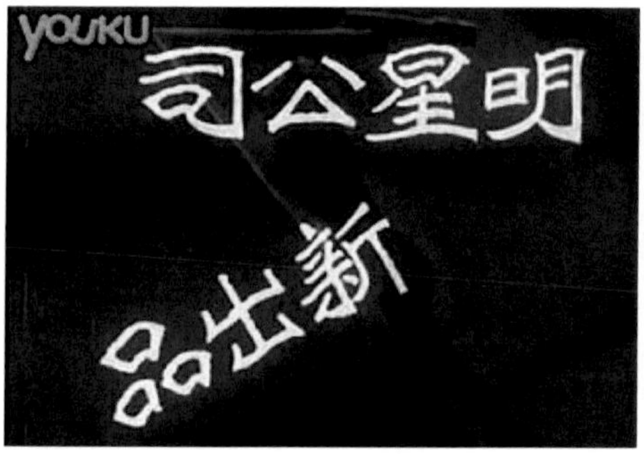

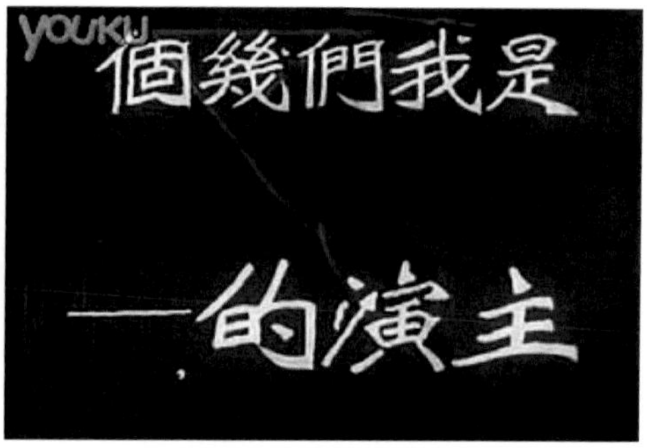

專業鏈結4：影片經典臺詞

「金錢，愛人，名譽跟地位……這一切我們是永遠都得不到的，你也不用著去想它，可是我總覺得我們還有一個使命在的。雖說我說不清這個使命是什麼東西，但是我總覺得我們是有著這麼一個使命的。在這個使命還沒有做到一丁點的時候，我們是不能夠把生命給拋棄掉的！」

「我們的使命、希望，就像這些影子，怎麼都是渺茫的、琢磨不到的。事實勝過一切。我活著，像這樣一個方式，國家、家庭，我待它們一點好處也沒有，現在連自己也顧不到自己了」。

「明天，明天，總是明天，我也曉得明天是過不完的」。

「哎，我現在簡直成了無冕皇帝了嘛！……」——「好！我們恭賀無冕皇帝：一、將來敢說敢幹，不要欺騙民眾；二、不要為官家說話；三、始終站在大眾的地位，作為民眾的喉舌！」

「那麼大的個子還玩這些玩意，真不害羞」——「我害什麼羞呢？你才害羞呢！那兒鼓得大大的，聽說沒有愛人」。

「對不起得很，老太太，我已經有了職業了，瞧，我剛從報館回來。這意思就是說，房錢是不會少你的！」。

「媽的，這個世界，金錢萬惡的世界，你怕我不會反抗嗎你？」

「問他要錢吧，他總是說明天明天，要是趕他搬吧，我的房錢就沒辦法了。他說他是大學學生，我看他簡直就像個流氓」。

「媽的，你發瘋了，看見女人，什麼都是香的!」——「別假裝正經好不好，你不喜歡女人啊？你問問你自己，心裏喜歡不喜歡？」

「媽的，她簡直是《水滸》裏的母夜叉、雌老虎！」

「房東太太，你怎麼不到月頭上就來要房錢，你懂得上海灘的規矩懂吧，啊？」

「房東太太，趙先生從前是英雄落難，現在你曉得他幹什麼？你曉得他每天晚上幹什麼？你不知道？他現在做報館的總編輯，什麼叫總編輯你懂不懂？一個月有一百五十塊錢的薪水，他會短你這幾個房錢？虧你還有面孔天天來要。老實說，這個月底你不要他都會給你。大家客客氣氣的多麼好呢。你要是老是這個樣子討厭啊，他下個月就搬到霞飛路洋行去住了，老趙，對不對？」

「哎，老趙，你不是不想女人嗎？」——「那也不見得的」——「老趙，今天可說了實話了，我想天下的男子也不會不想女人的!」——「我想是想，可是沒你那麼發狂！」——「什麼？我狂？我狂在嘴裏頭，你他媽狂在心裏頭!你他媽的！」

「趙先生，你怎麼了？」——「我，看見河裏有條很好看的魚」。

「你，怎麼曉得我住這裏的呢？」——「趙先生，我早已知道您是住在這兒的」——「那麼你為什麼，你、你為什麼你……請坐，請坐，請坐，請坐……」——「趙先生」——「我實在是住在這個肮髒的地方，我並不是騙你。不過因為我那個朋友愛吹牛，我後來沒有法子把它改過來。我誠心沒……嗚嗚。你要不要吃水果？我去買去！」

「我不曉得怎麼樣才好了，楊小姐，我每次都對不起你，我剛才還把肮髒的東西丟到你那邊去呢，你應當早點告訴我的，你，你使我這樣難過你……」——「我本來想永遠都不告訴你，我希望你永遠也不知道我。但是，我今天已經不能這樣做了，我用了很大的勇氣，才能打你的門的。」

「你是發神經啊，她走她的，關你什麼事啊？人家付好房錢了，你的呢，你的房錢拿來，你看人家！咦？，你幹的好事情，怪不得楊小姐她要走呢，還有臉皮問我呢。板壁破了是要賠的。從來沒看見像你這樣的人，換了別人，早就報了捕房了。不要臉的東西！」

「啊，是薪水，我們有錢了！我們有錢了！你等一下，我現在有錢了，我現在什麼都不怕了！趕快叫人來，我們四個人可以一塊住了！我有錢了，我什麼都不怕了！」

「自己生活都顧不到，講什麼戀愛呢！」

「我們要做人，就得像大個，小徐太軟弱」——「我們現在要生活下去，不是像小徐一樣，就得像大個！」

「我們上哪去啊？」——「向前走啊，世界上不會多我們四個人的！」——「失業不止一次了，餓飯也是常有的事情，走吧！」——「好，只要我們有勇氣，像大個一樣，我們總可以活下去的！」

專業鏈結5：影片觀賞推薦指數：★★★☆☆

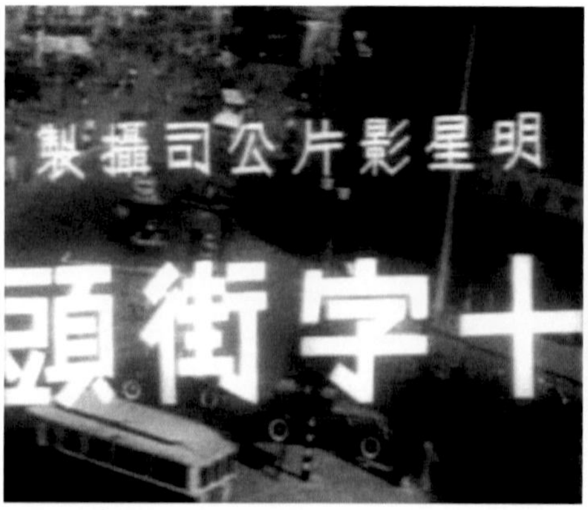

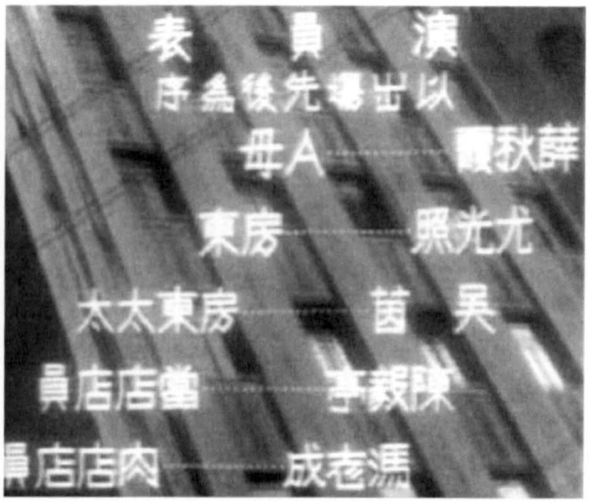

甲、前面的話

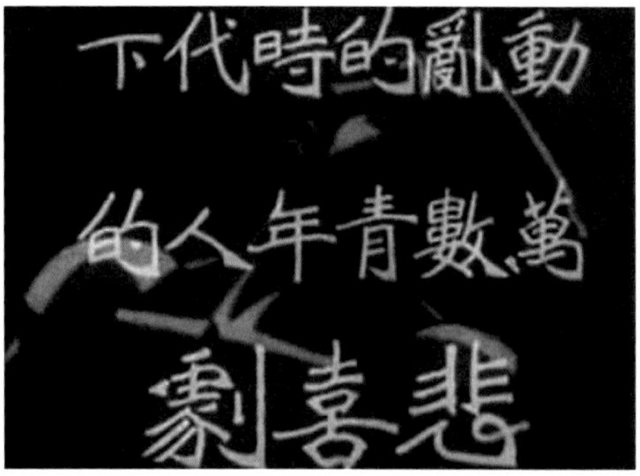

圖片說明：當年《十字街頭》預告片之鏡頭 13，此前的鏡頭字幕是：新的題材、新的演員、造成了十字街頭、明星公司新出品：以及主演趙丹、白楊、呂班、英茵、沙蒙、伊明的特寫鏡頭。

1936 年 6 月，爲了應對一個月前電影界提出「國防電影」口號〔1〕P418 所形成的紛繁複雜的國產電影市場，明星影片公司再次與左翼電影人士合作並改組公司，原「明星」班底組建成一廠，以電通影片公司爲主轉入「明星」的其它人員，主要是當初的左翼電影編、導、演，組成二廠〔1〕P425。1937 年 4 月，二廠出品了有聲片《十字街頭》。這一年，是中國電影史上重要的分水嶺：7 月 7 日「盧溝橋事變」(「七・七事變」）之後的中國電影，屬於抗戰時期電影；在此之前的中國電影，一方面是從 1936 年興起的國防電影運動背景，另一方面，又是左翼電影被國防電影吸納整合、基本消失後〔2〕，新市民電影、國防電影（運動），以及新民族主義電影共同成爲主流電影的時期〔3〕。

1960 年代的中國大陸電影史研究認爲，《十字街頭》是一部「反映青年出路問題」的影片〔1〕P439，「生動地反映了三十年代知識青年的精神面貌」〔1〕P440，藝術上則「別具生動明朗的風格」〔1〕P441。迄今爲止，後來研究者的思路和表述，基本上都是由此生發〔4〕，譬如有研究者指出，影片「好看」的原因，在於其「喜劇風格和明朗格調」〔5〕；至於影片的類型，似乎只有一位將其放置在「新生電影」的名目下並引用導演的話，說明最初影片的用意是想表現「整個的社會問題」，進而指出：「《十字街頭》……既承載著新生電影的社會『意識』，又隱含著的較爲新鮮的文化命題」〔6〕。

而在我看來，所謂「新興電影」，是泛指 1932 年左翼電影出現以後的新電影，包括新市民電影和新民族主義電影[3]。《十字街頭》生成出品的年代，雖然國防電影運動已經興起一年有餘，但顯然不屬於國防電影的範疇和類型；同時，它也不是更早的左翼電影形態——只是由於導演的原因，影片與之關聯甚多——更不會是新民族主義電影。從影片的主題思想及其藝術表現方式和視聽風格來看，這是一部典型的新市民電影；或者反過來說，是影片所具有的新市民電影屬性，決定了它在內容和形式上的統一。

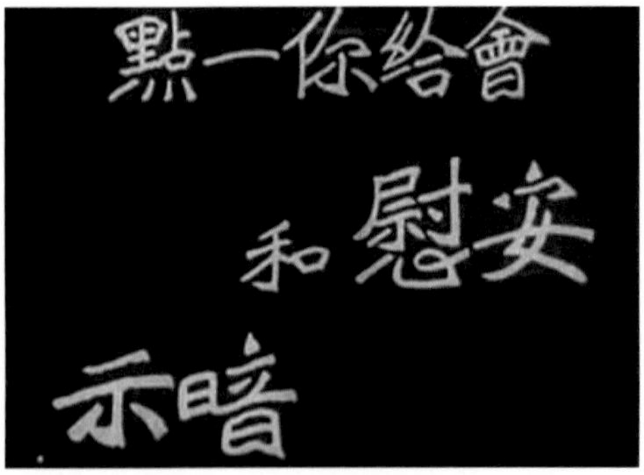

圖片說明：這是預告片鏡頭之 29。此前的字幕依次是：戀愛問題、失戀、生活問題、失業、彷徨，彷徨、在、十字街頭、你會遇到戀愛、你會遇到失業、你會苦悶、苦笑、你該同情他們……。

乙、《十字街頭》：與左翼電影和國防電影的敘事關聯

本片的編導沈西苓（1904～1940），早年留學日本學習美術，後轉入話劇界；1928 年回國後，先是在天一影片公司從事美工布景工作，1932 年轉入明星影片公司[1] P214。次年，沈西苓編導了第一部影片《女性的吶喊》[1] P542，影片以上海女包身工，(即「罐裝了的勞動力」[1] P216) 的悲慘遭遇爲題材。從背景資料和以往電影史上的研究定性上看，影片的主題側重表現「階級矛盾」和「革命鬥爭」[1] P214～216。1933 年，沈西苓導演了夏衍編劇的《上海二十四小時》，「揭示了三十年代都市生活尖銳的階級矛盾和階級對立，暴露了買辦資產階級依附帝國主義壓迫剝削工人的罪惡和他們荒淫無恥的生活，展現了工人和城市貧民的被剝削、被壓迫、貧困受苦、掙扎於死亡邊緣的災難」[1] P219。

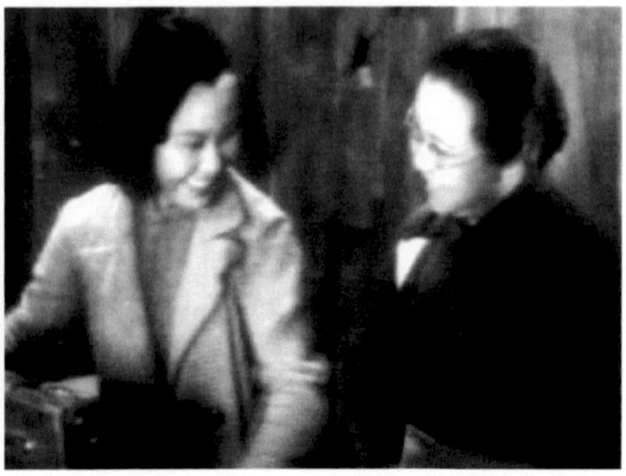

圖片說明：沈西苓 1936 年前編導的影片，如今只有 1935 年的《船家女》可以得見（如圖）。《女性的吶喊》（編導，1933）、《上海二十四小時》（導演，1933）、《鄉愁》（編導，1934）等均闕如。

1934 年，沈西苓編導《鄉愁》(配音片)，「眞實地描寫了『九・一八』日本帝國主義侵佔東北後東北同胞流亡生活的苦痛，憤慨地揭露了國民黨統治下達官貴人置民族危亡於不顧、驕奢淫逸、醉生夢死的罪惡，宣泄了作者在當時情況下憂國憂民的苦悶和激憤」[1] P321。在五個月後的 1935 年 11 月，「沈西苓又根據他十年前學生時代見聞的船家生活」[1] P219，編導了《船家女》(有聲片)，「沉痛地描繪了在不公平的社會制度下中國窮苦婦女的悲慘命運和血淚生活，激憤地揭露了紳士、流氓、少爺、警察互爲一體壓迫窮苦人民的罪惡，從一個角度反映了當時廣大人民的痛苦和災難」[1] P322。

上述四部影片中，《女性的吶喊》和《上海二十四小時》應該是無聲片；更重要的是，前一個影片的劇本，是在夏衍兩次直接的幫助下完成[1] P214，而後一個影片的編劇，則由夏衍自己擔任[1] P217。這兩部影片和沈西苓獨立編導的《鄉愁》，現在公眾都無從見識，能夠看到的只有《船家女》。從相關的介紹以及 1930 年代初期中國電影歷史的發展來說，前三部影片都應該屬於左翼電影或左翼電影序列。

圖片說明：編導將人物的階級性、階級對立，乃至個體暴力編織進《船家女》，但影片以上海讀者讀解新聞故事的演繹方式，恰恰證明了新市民電影對左翼電影元素一貫有限的抽取和借助方針。

依據和理由在於，首先是三部影片的內容、題材，以及與此相關的批判立場和現實視角；其次，從1932年到1935年，正是左翼電影的興起和高潮時期，而夏衍則是最有代表性的左翼文藝界人士，他化名「丁一之」編劇的《狂流》(1933年3月出品)，被譽爲明星影片公司的第一部左翼影片〔1〕P203～204；再次，這三部影片在反映階級矛盾、對立和階級鬥爭的同時，其主題的展示和情節的構成、發展與結局處理，無不具有革命暴力色彩：思想暴力、語言暴力和行爲暴力，這些都是左翼電影典型的思想藝術特質。唯獨《船家女》不屬於左翼電影行列。

圖片說明：1930年代的中國電影，基本上就是上海電影的同義詞。《船家女》是爲數不多的將故事背景設置於外埠的影片，因此，影片不無獵奇的視角又是新市民電影淡化左翼色彩的手段。

沈西苓的職業生涯，起始於夏衍指導下的左翼電影編導，如果僅僅依據上述對《船家女》的資料性描述，這部影片很容易被看作是左翼電影，或被歸於左翼電影序列。然而，只要看過影片就會發見，《船家女》絕對不是左翼電影而是新市民電影。這是因爲，影片對人物的階級性、革命性，雖然有所發掘、肯定和讚揚，貌似符合左翼電影階級性與革命性相等同的特質要求，但它的「英雄救美」模式，卻顯然是舊市民電影中打鬥元素的套用，並不符合左翼電影的暴力革命模式；更重要的是，影片主題思想的改良色彩和旁觀視角，正是新市民電影的特有品質〔註3〕。

〔註3〕我對《船家女》的具體討論意見，請參見本書第七章《〈船家女〉(1935年)——借左翼電影的名頭》。

實際上,從現存的、公眾可以看到的影片來看,自 1933 年明星影片公司的《姊妹花》成爲第一部國產高票房電影之時,就標誌著有選擇地借用左翼電影元素的新市民電影,已經和左翼電影、新民族主義電影並駕齊驅,成爲中國主流電影[3]。

因此,無論是《船家女》還是《十字街頭》,影片的左翼電影痕跡就顯得既正常又自然。換言之,從《船家女》開始新市民電影創作時,沈西苓就一直在左翼電影—新市民電影的形態轉換中摸索前行,留下相當濃重的轉型痕跡。譬如《十字街頭》的前 4 分鐘,基本上是連續的背景音樂鋪陳和匹配的畫面,幾乎可以看作是蘇聯電影《戰艦波江金號》(導演:愛森斯坦,1925 年出品)的模仿拍攝;而女主人公遲至第 17 分鐘才出場到位,在此之前的敘述,過多地黏著於以男主人公爲首的四個大學畢業生身上。這意味著,影片開始的本來是左翼電影的格調,編導試圖以全景式的掃描來表明其社會批判立場。

首先,這是左翼電影一貫的藝術表達模式。其次,在有聲片時代(包括配音片在內),左翼電影的音樂配置從一開始就是主題思想的形象說明。但影片最終的新市民電影屬性——它的主題歌詞就能說明:「啦啦啦,啦啦啦,沒有錢也得吃碗飯,也得住間房,哪怕老闆娘做的怪模樣;啦啦啦,啷哩個啷……貧窮不是從天降,生鐵久煉也成鋼。只要努力向前進,哪怕高山把路擋」——迫使其轉換格調:《十字街頭》的主題音樂,顯然是其主題歌(《春天裏來百花香》)的旋律擴展而不是前 4 分鐘的音樂基調。

圖片說明：《十字街頭》結尾處這樣的人物造型，可謂深得左翼電影思想的精髓。因爲編導沈西苓的電影創作深受夏衍的影響，而後者的創作思想和藝術理念又對新中國電影傳統影響巨大。

再次，影片的主題是圍繞著男女主人公的愛情線索展開完成的，但在左翼電影中，愛情從來就不像新市民電影那樣，是主題思想的必要組成，而只具備推進情節的功能，譬如電通影片公司出品的《桃李劫》（1934）和《風雲兒女》（1935）。又次，事件和情節構建從來不是左翼電影最重要的組成，理念傳達和社會批判才是其核心要素〔註 4〕。因此，《十字街頭》的音樂錯位和敘事遲鈍，其根本緣由就是導演不流暢的類型轉換造成的。至於影片結尾的設計——四個青年男女滿懷希望地向著太陽升起的方向走去——則是對左翼電影慣常模式的套用。

同樣，由於左翼電影中革命的暴力模式涵蓋之下的階級矛盾、階級對立以及階級鬥爭，基本上被 1936 年興起的國防電影（運動）整合，轉換爲民族矛盾和民族解放戰爭〔3〕。因此，才有《十字街頭》中，四個失業青年之一的劉大個最終回到家鄉、走上抗日前線的線索和背景性交代，這也是 1937 年新市民電影的新特點。就現存的、公眾可以看到的影片而言，在新市民電影最初出現的 1933 年和 1934 年，它側重借用的是左翼電影中的階級性思想元素，譬如《姊妹花》（1933）與《女兒經》（1934）；在 1937 年，則又有選擇地加入了有關抗敵（抗日）的人物線索和相關背景：《十字街頭》如此，稍後袁牧

〔註 4〕《桃李劫》（故事片，黑白，有聲），電通公司製片廠 1934 年出品；編劇：袁牧之，導演：應雲衛，攝影：吳蔚雲、李熊湘，作曲：聶耳；主演：袁牧之、陳波兒、張志勳、周伯勳、李寶泉。《風雲兒女》（故事片，黑白，有聲），電通影片公司製片廠 1935 年出品；原作：田漢，分場劇本：夏衍，導演：許幸之，攝影：吳印咸，作曲：聶耳，主演：王人美、袁牧之、談瑛、顧夢鶴、陸露明。我對這兩部影片的具體討論，請分別參見拙作：《黑白膠片的文化時態——1922～1936 年中國早期電影現存文本讀解》第二十六章：《批判、否定、抗爭、毀滅——〈桃李劫〉（1934 年）：有聲片時代經典左翼電影樣本讀解之一》、第二十九章：《宣傳性、思想性、藝術性及其基於市場性的敘事策略——〈風雲兒女〉（1935 年）：有聲片時代經典左翼電影的巔峰絕唱和文化遺產》，這兩篇文章的未刪節版則請參見拙著：《黑馬甲：民國時代的左翼電影——1932～1937 年現存中國電影文本讀解》之第拾叁章、第拾肆章。

之爲明星影片公司編導的《馬路天使》，亦是這般配置〔註 5〕。

而在 1936 年，新市民電影的「質地」卻顯得相對「純淨」，譬如同樣是明星影片公司出品的《新舊上海》，就專注於市井人生的哲理性描述和世俗化的藝術展示〔註 6〕。這種情形的根本原因大致是：首先，就電影生產質量而言，國防電影運動的成就一方面不及左翼電影成功，另一方面，力氣多用在在對後者的整合轉換上；其次，新市民電影自《姊妹花》開始，走的就是一條以市場回報爲唯一製片指導方針的投機主義路線，在技術上是如此，在思想主題上也是如此。

圖片說明：《十字街頭》中這樣的報紙新聞插入畫面，既可以看作是新市民電影對左翼電影思想元素的抽取借用，更可以看作是夏衍及其報告文學《包身工》對影片內在和外在影響的證明。

而說到底，《新舊上海》的這兩點特徵也是左翼電影與新市民電影的本質區別所在：前者的以思想性、前衛性和宣傳性即革命性取勝，後者擅長的是世俗性、庸常性和娛樂性，即革新性和改良性並舉。因此，在左翼電影消失、國防電影未能完全取代左翼電影的市場佔有率的時候，新市民電影自然可以不再借助外力而可以自保品格、一時無雙。《十字街頭》就是這樣的代表之一。

圖片說明：《十字街頭》以及隨後的《馬路天使》，男女主人公因爲比鄰而居所構建的關係，無論故事環境還是表現手法，其實都直接借用了電通影片公司 1935 年出品的《風雲兒女》(如圖)。

〔註 5〕我對《姊妹花》的具體討論意見，請參見本書第二章《〈姊妹花〉(1933 年)——雅、俗互滲與高票房電影》，對《女兒經》的具體討論意見，請參見本書第四章《〈女兒經〉(1934 年)——依託舊電影的新賣點》，對《馬路天使》的具體討論意見，請參見本書第十二章《〈馬路天使〉(1937 年)——左翼—國防電影背景下的經典》。

〔註 6〕我對《新舊上海》的具體討論意見，請參見本書第八章《〈新舊上海〉(1936 年)——轉型、分流中的趁勢崛起》。

圖片說明：左翼電影當中，包括三角關係在內的愛情和人物模式均源自舊市民電影，但影片配置充分的意識形態色彩和時代精神卻讓後者黯然失色。譬如《風雲兒女》的抗日救亡宣傳（如圖）。

現存的、公眾可以看到的1937年的國產電影共有12部，均爲有聲片。其中，屬於聯華影業公司的有7部：《聯華交響曲》、《春到人間》、《前臺與後臺》、《如此繁華》、《人海遺珠》、《新舊時代》（《好女兒》）、《王老五》；明星影片公司的3部：《壓歲錢》、《十字街頭》和《馬路天使》；《夜半歌聲》和《青年進行曲》則爲新華影業公司出品。在我看來，作爲集錦片的《聯華交響曲》，是聯華影業公司爲了凝聚公司人氣、鞏固市場佔有率的急就章，8個短片分屬於左翼電影和國防電影〔註7〕。此外，《春到人間》和《青年進行曲》屬於國防電影，《前臺與後臺》、《人海遺珠》、《新舊時代》（《好女兒》）屬於新民族主義電影形態，其餘影片則均具備新市民電影屬性特徵。

1932年之前的電影之所以被看作是舊電影，即我所謂的舊市民電影，就是因爲它取用和依賴的文化資源是舊文化與舊文學，觀眾從中可以獲取的信息過於陳舊，在思想和藝術兩方面都與時代精神脫離了密切的互動關聯。左翼電影和新市民電影先後出現於1932年和1933年，之所以被當時和後來包括研究者

〔註7〕我對《聯華交響曲》、《春到人間》、《青年進行曲》和《前臺與後臺》的具體討論意見，請參見拙著：《黑夜到來之前的中國電影——1937年現存國產影片文本讀解》第一章：《〈聯華交響曲〉：爲什麼成爲左翼電影和國防電影的合成灌裝——1937年7月全面抗戰爆發之前國產電影主流的複雜面貌》、第九章：《〈春到人間〉：左翼電影是怎樣被強行轉化爲國防電影的——最新公諸於世的1937年孫瑜早期代表作》、第八章：《〈青年進行曲〉：爲何說左翼電影與新中國電影存在著血統淵源——兼及新市民電影精神對國防電影的外在輻射》、第六章：《〈前臺與後臺〉：如何承載與展示民族精神和文化傳統——1937年抗戰全面爆發前新市民電影的內在品質》。需要在此說明的是，先前我《前臺與後臺》視爲新市民電影，現今覺得劃分有誤，應歸於新民族主義電影序列——而我對於《人海遺珠》、《新舊時代》（《好女兒》）的讀解意見尚未發表，但會在我的新版結集中向讀者報告，敬請關注）。此外，我對《如此繁華》、《王老五》、《壓歲錢》、《馬路天使》、《夜半歌聲》的具體討論，請參見本書第十四章、第十六章、第十章、第十二章和第十三章。

在內的人們視爲新電影，就是因爲它們的新文化和新文學視角，更貼近人們的現實人生和當下社會面貌[3]。二者的本質區別在於態度、立場和解決方式：

在左翼電影看來，1930 年代中國社會的動蕩和人民生活的苦難，其根源在於階級，以及由此生發的階級矛盾；它站在社會革命的立場上，同情和支持一切弱勢階層和群體——工農階級和失去土地、進城謀生的農民工，尤其是靠出賣肉身的女性民工；反對包括外國侵略勢力和本國政府在內的一切強權政治和強權階層——帝國主義、資產階級、地主階級和富有群體；它給出的解決方式就是暴力反抗——對外反抗侵略、對內摧毀和消滅不合理的社會體制和剝削階級。日本在1931 年佔領東北的「九・一八」事變、1932 年的進攻上海的「一・二八」事變，以及國內不同政治集團的暴力角鬥等，均是左翼電影生成的現實背景，所以它迅速取代舊市民電影，成爲主流國產電影。

圖片說明：《十字街頭》片頭的外景拍攝，其構圖和影調可以明確地感受到來自《戰艦波江金號》的影響，這是因爲，當時的中國左翼電影運動背後始終有蘇聯文藝思想的直接牽動和規範。

丙、《十字街頭》：「蟻族」生活的即時反映與世俗表達

新市民電影之所以能在一年之後崛起，並迅速與左翼電影、新民族主義電影形成鼎足競爭的格局，重要原因之一，就是它有選擇地抽取、借助左翼電影思想元素——譬如反對外國侵略和階級壓迫，而這種抽取、借助是在反映現實人生和當下社會面貌的基礎上取得的。但如何反映，尤其是如何解決，是左翼電影和新市民電影的本質區別所在。

聯華影業公司 1932 年出品的左翼電影《野玫瑰》和《火山情血》，1933 年的《天明》、《母性之光》和《小玩意》，1934 年的《大路》、《新女性》和《神女》，以及電通影片公司出品的《桃李劫》(1934)和《風雲兒女》(1935)，無不是以階級鬥爭和暴力反抗爲主旨〔註 8〕。

〔註 8〕我對這些左翼電影的具體討論意見，請參見拙著《黑白膠片的文化時態——1922～1936 年中國早期電影現存文本讀解》，以及《黑馬甲：民國時代的左翼電影——1932～1937 年現存中國電影文本讀解》。

圖片說明：《新舊上海》的主題和新市民電影主旨，最能體現明星影片公司的製片趣味。從這個意義上說，一年之後的《十字街頭》，不過是增添了些許左翼電影思想元素的新《新舊上海》。

圖片說明：同樣是反映「畢業即失業」的現實、蝸居城市淪爲「蟻族」的生存困境，「電通」的《桃李劫》主旨是男女主人公以毀滅抗爭社會的不公，《十字街頭》則以喜劇和愛情化解危機。

而新市民電影，如明星影片公司1933年出品的《脂粉市場》和《姊妹花》，1934年的《女兒經》、1935年的《船家女》，1936年的《新舊上海》，1937年年初的《壓歲錢》，以及電通影片公司1935年出品的《都市風光》，無不是在暴露、批評之際，以溫和、改良的態度和立場對待一切社會現象、化解現實人生問題。

譬如同樣是反映階級矛盾和階級對立，《火山情血》、《天明》和《母性之光》的態度和解決方式是以暴力反抗不合理的社會體制，《姊妹花》和《船家女》則分別以人倫親情和愛情化解危機。同樣是反映女性在社會和職場上的悲苦命運，《新女性》、《桃李劫》和《神女》是以死抗爭，《脂粉市場》和《女兒經》給女主人公設置的出路，卻分別是理想化的另立門戶與親情超越法律的喜劇化解決。同樣是反映貧富差距和世俗生計，《小玩意》講的是沒有民族工業的振興就沒有個人擺攤謀生的可能，《新舊上海》演示給人們的，是在無法維持生存時可以回到鄉下老家休養生息，留在城裏的失業者，一旦工廠復工便一切都有了轉機。同樣是反映知識青年、大學生畢業之後在社會上的生存問題，《桃李劫》對現實社會體制性的罪惡和不人道的倫理綱常給予冷酷的抨擊與徹底否定，而在《十字街頭》中，人們看到的是無巧不成書的愛情以及由此生發的希望和未來。

左翼電影和新市民電影都是試圖貼近人生的藝術反映和現實性表達，也自然都是時代的產物。左翼電影的興起，與 1930 年代初期日本全面侵略中國日漸迫近、國內階級衝突加劇、城市迅速發展、大批農民進入城市成為農民工的歷史相對應，而它所承擔的主題思想是沉重的，因此左翼電影的藝術表現方式尤其是結局指向，很少是喜劇化的或大團圓處理。新市民電影多少也分擔、表述著這份沉重，但它更願意把這份沉重作為背景，並分派給次要人物幕後演繹，更擅長用世俗化和喜劇化、乃至娛樂化，來處理和總結一切社會矛盾，並為人物和觀眾指出一條更為光明和相對輕鬆的解決道路。譬如面對「畢業即失業」的社會性問題。

「蟻族」這個詞彙出現於《十字街頭》公映後 60 多年的中國大陸，指的是大城市中「高校畢業生低收入聚居群體」[7]。用這個定義比套一下 1930 年代的中國電影就會發現，從 1932 年到 1935 年的左翼電影，影片中的主人公，總有一個或幾個是這樣處於「畢業即失業」困頓狀態中的大學生，在面對和解決這個社會性問題的時候，無不是以暴力反抗、至少是積極進取的方式。譬如，《野玫瑰》和《風雲兒女》中的男主人公是在愛情的召喚下走上抗敵（抗日）前線，《新

圖片說明：國產玩具不僅要把外國玩具擠出中國市場，還要佔領外國市場，這是聯華影業公司 1934 年出品的左翼電影《小玩意》中女主人公葉大嫂對戀人學成歸國的唯一期望，這在今天已經實現。

女性》和《桃李劫》中的女主人公則是不惜犧牲生命反抗現實中的「潛規則」——來自強權階層的性剝削和性掠奪，《小玩意》中的留學生則是投身工業救國事業。

而從 1933 年到 1937 年，在新市民電影中，相同的「蟻族」身份和相同的現實問題，無論是展示還是解決，都停留在世俗層面——親情，尤其是愛情，是其最終和最佳解決方式。就人物身份、人物關係和生存環境而言，1935 年的《風雲兒女》和 1937 年的《十字街頭》有太多驚人的相似之處，用「蟻族」來表達再確切不過，但人物最終的出路走向卻如此相異：《風雲兒女》的男主人公在同學被捕入獄後，追隨相愛的女友走上抗敵（抗日）戰場；《十字街頭》中的四個大學畢業生，卻是在一個同學看不到出路最終成功自殺、另一個同學忍無可忍回到家鄉參加抗敵（抗日）之後，男主人公和女友以及其它同學一起，繼續留在「罪惡的都市」。因爲有了愛情，所以就有「希望」，於是「合著步伐，堅定地向前走去」[1] P440。

圖片說明：《十字街頭》披的是左翼電影的迷彩外衣，它的製成與其說來自編導沈西苓的手工，不如說是得益于夏衍的創意指導，而出品時間和出品公司則決定它包裹的內核是新市民電影。

這種選擇和藝術表現，不能遽然說是對與錯、是合理還是虛構，但你會發現，這種面對相同現實的藝術處理，從 1933 年到 1937 年的新市民電影，其精神實質確實是一脈相承的。如果從男女主人公都是青年知識分子的角度看，1935 年的《都市風光》和 1937 年的《十字街頭》堪稱異曲同工。二者唯一的區別，就是前一個影片中，貧窮落魄的青年作家不僅沒有收穫「愛情」，還落得個雞飛蛋打、人財兩空的結局；後一個影片中的大學畢業生，雖

圖片說明：電通影片公司 1934 年出品的有聲片《桃李劫》（編劇：袁牧之；導演：應雲衛；主演：袁牧之、陳波兒），講的也是大學畢業生在城市的生活，他們也同樣有過美好的青春歲月。

然還是不能擺脫「畢業即失業」、就業復失業的厄運,但在經歷了一連串的波折、巧合乃至鬧劇之後,愛情最終名至實歸,皆大歡喜。再對比一下《桃李劫》和《風雲兒女》更會發現,同樣是面對現實,左翼電影中的青年知識分子,他們的選擇和決斷是多麼地決絕與慘烈。

圖片說明:然而畢業走入社會後,愛情、良知和學識,不僅沒有成就他們自身的幸福,反而成爲毀滅他們的根源。這與其說是的《桃李劫》的批判立場,不如說這就是左翼電影的現實精神。

實際上,《十字街頭》的價值在於對當時社會熱點的關注,即對青年知識分子命運——「畢業即失業」的關注與展示。這一點與其說是影片的敘事重點,倒不如說是當時電影市場的賣點之一。這個原因原本簡單:1930年代新興電影的「新」,其中之一就是以青年知識分子爲主體的新觀眾群體的出現,進而引發全社會對精英群體生存狀態的關注。在「七・七事變」之前的上海,尤其是在文化和經濟領域,實際上存在著兩類數量巨大的外來流動人口或外地流入上海的低收入謀生群體。前一類是 1931 年「九・一八事變」後,大量湧進上海的東北難民,主要是由失學的流亡青年和不甘作亡國奴的底層民眾,《十字街頭》中的劉大個就是其中最典型的代表。另一類群體,就是來自全國各地進城務工出賣包括自身的男女農民。

抗戰全面爆發前的中國,正處在一個經濟高速發展階段,上海是最有代表性的經濟熱點地區,更是巨量而廉價的勞動力的需求中心。而這個城市無論是作爲唯一的超大型都市所具有的文化魅力,還是作爲中國經濟中心、商業中心和電影製作與消費中心,其價值指向和審美品位,都具有不可替代的標杆意義與心理凝聚力。對於失去家園的流亡青年、對於失去土地進城改變了社會身份的農民工而言,一方面,他們融入城市的程度絕不低於現今(1990年代以後的中國大陸),這個動力和原因僅僅是源於生活或者生存本身;另一方面,他們的存在和發展本身,就成爲諸多藝術表現譬如電影生產的熱點或曰賣點之一。

如果說，工廠和主要由農民轉化構成的工人階級，是當時中國社會正處在上陞趨勢的一個熱門行業和職業的話，那麼，大學畢業生即青年知識分子的生存與發展，自然也是全社會關注的一個焦點。這也是爲什麼 1930 年代的中國電影，一般都會把故事發生地設置在上海的一個原因——《十字街頭》也不例外。

圖片說明：同是街頭跑的電車，但奇怪的是，北平的電車讓人感受到的只是皇城的悠久和平靜，但上海的電車，卻總與摩登時代的急促相銜接。這恐怕也是《十字街頭》編導要傳達的氣息。

《十字街頭》把大學畢業生即「蟻族」情感的糾葛和命運的改變放在上海，著力生發和表現的是上海獨特的地域文化特徵和獨特的人文心理特徵。這又與上海作爲當時中國最大的電影生產和消費中心有關：電影業的編、導、演，以及數量龐大的觀眾群體，雖然大多也是外地人，但他們在上海的生活與行業性融入，很快使他們成爲標準配置的「上海本地」，成爲較之以新進入人群的老資格上海人。《十字街頭》對上海獨特的生存環境的強調，可以說達到一個極致。

實際上，《十字街頭》的高潮就在於一板之隔所形成的男女關繫上。如果沒有上海這種獨特的居住環境和人文環境，影片的地域文化品位便無從談起，至少會大打折扣。從製作上說，《十字街頭》最大的貢獻，是爲 1937 年又一批新市民經典影片的出現，提供了新一代明星——生於江蘇揚州的趙丹（原名趙鳳翔）[1] P447 與北京姑娘白楊（原名楊成芳）[1] P441。

圖片說明：「蝸居」當然不是「蟻族」的理想人生狀態，但大城市卻是他們可以實現人生夢想的首選之地。所以，《十字街頭》不僅僅是歷史的寫照，還是當下現實的翻版：雖然時過境遷。

作爲在電影史上有一定影響的影片，《十字街頭》的價值還體現在歌舞元素對電影主題思想的烘託闡釋上——這本是新市民電影一向尊奉的技術主義路線的具體體現之一，但在「七・七事變」之前，即使是相對遠離政治話語的新市民電影，也難免政府檢查當局對電影製作中涉及抗敵（抗日）宣傳和階級鬥爭信息的嚴密掌控、動則刪剪的手段，本片中包括一首插曲在內的許多篇幅就是這樣被取消的[1] P441～442。而這個影片能夠在公映 40 餘年後重映並迅速在內地產生廣泛影響，在一定程度上要歸功於男主人公反覆吟唱的主題歌《春天裏來百花香》。

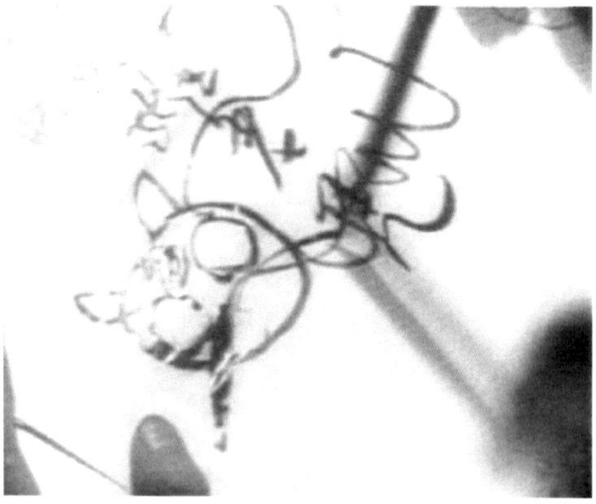

其實，《十字街頭》的歌舞元素並沒有得到充分有效的開發，原因之一是女主演白楊沒有演唱功底，這對影片的票房號召貢獻甚少。因爲，無論是舊市民電影時代，還是左翼電影時期，許多大牌明星往往是同時在歌壇和電影界大放光芒。譬如無論是白光、白虹、龔秋霞，還是新一代影星譬如黎莉莉、王人美，以及後起之秀的周璇，都是名副其實的雙棲明星——這也是許多人經常把《十字街頭》與《馬路天使》混爲一談的原因：後一部影片男主人公的扮演者，就是曾經在《十字街頭》中首次作爲男主演與白楊配戲的趙丹。

圖片說明：《十字街頭》的喜劇性和愛情戲，既是化解高學歷青年人淪爲城市「蟻族」危機的手段，也是影片思想主題亦即市場賣點的源代碼，17 歲的新人白楊和 23 歲的新人趙丹對此都傾情投入。

丁、結語

圖片說明：《十字街頭》對新生代女主演的啓用，顯然有來自左翼電影影響的考量：楊成芳（白楊）的臉型，既有承接左翼電影明星大臉模式的意圖，也有製片方以力借力的市場規劃效應。

以現今的電影類型來劃分，《十字街頭》還可以被視之爲都市言情劇。然而，在抗戰全面爆發的 1937 年前後，它的作用和影響又是有局限的，至少在出品方來看是如此。據（「明星」公司）二廠負責人周劍雲透露，「一廠出品的《永遠的微笑》（劉吶鷗編劇、胡蝶主演）在南京一地就賣到 5 萬元，《十字街頭》在滬寧兩地才賣了 3 萬元。他『請了幾位朋友的太太和小姐去看，結果他們都嚷著看不懂，或太無劇情等話，故上映未及半小時，就退出去』。他哀歎道：『落後』的觀眾仍占多數，『照目前情形看，製作一部片子，要把前進，半弔子，落後的三種人都能抓住，實在是不容易的一件事』」[8]。

因此，與其說《十字街頭》是一個於抗戰有關的作品，倒不如說，抗戰或者中日關係的緊張，僅僅是作爲故事敘述的背景之一。影片強調的更多的是青年知識分子個體命運的發展，雖然表達了主人公對未來充滿信心的希望和決心，但是觀眾感受更多的倒是大學生們「畢業即失業」的生存狀態，也就是人生之痛。所以它是新市民電影而不是國防電影，更不是左翼電影。而這，正是一年前「明星」改組後提出的「爲時代服務」的新製片方針[1] P425的最好體現。

從一個單一文本的角度展開對 1930 年代中國電影的討論，尤其是有關左翼電影、國防電影和新市民電影的排比比較，並不是要得出哪一類型優秀、先進，或者哪一種形態落後乃至反動的結論：那是幾十年前中國大陸電影研究的路徑依賴和慣性思維，對審視中國電影歷史沒有太大幫助。就 1937 年以《十字街頭》爲代表的中國影片而言，思想性的豐滿，並不意味著它必須在意識形態上符合或違反一個既定的要求，而是說，一部影片的思想內涵決不是一個簡單的口號宣傳或人物設置所能概括或填充的東西。譬如不能簡單地說，因爲《十字街頭》中有一個關於抗戰的次要人物和一條相關的邊緣線索，就認定它是一個抗日題材的電影，進而推論它「優秀」或「進步」。

另一方面，也不能簡單地將一部反映生活在社會底層，譬如反映「蟻族」群體掙扎於生存的電影——擴大地說，就是新市民電影——因爲它面對和展示的是民生問題，沒有站在階級解放或民族解放的高度，而降低對影片的歷史性評價。原因很簡單：沒有對民生問題的關注，就沒有任何解放一說：無論階級還是民族、個人還是團體，莫不如此。

圖片說明：如果放在左翼電影興盛的前幾年，一個來自鄉下的弱女子在大城市裏的闖蕩，不知有幾多辛酸可以控訴，但《十字街頭》的表達讓你安心：蟻男及其愛情改變了這個蟻女的命運。

戊、多餘的話

子、趙丹與白楊

趙丹（1915～1980）在《十字街頭》中對老趙這個角色的心理把握，尤其是面部豐富的表情，拿捏得非常到位。據說趙丹生前有個心願一直未了：他一直想在銀幕上扮演一個人，魯迅。這兩位雖說是大師與後輩的關係，行業和背景迥異，但大致可以算作是上海灘上滾打過來的人。我個人認爲他們在心理氣質上多少有相通相近的地方，譬如不吐不快的骨氣。所以就演員來說，以前還眞難以找到比趙丹更適合的人選。對於趙丹在《十字街頭》中的藝術成就，以往的電影史研究中曾認爲，趙丹是在《馬路天使》中「已經開始形成了它自己的表演風格」[1] P448。現在來看，這種風格應該說在《十字街頭》中已經形成，在隨後拍攝的《馬路天使》中的出色表演，應該說是更趨成熟、老道。

白楊（1920～1996）的出道時間比趙丹晚，作爲新生代影星，白楊是在《十字街頭》中嶄露頭角，或者說一舉成名的。這是她第一次擔任女主演〔1〕P441，她的成功，很大一部分要歸功於影片的題材和角色定位，以及趙丹的襯托。以往中國大陸的電影史研究，對白楊的表演也有批評，說她的表演有「舞臺（表演）的痕跡」〔1〕P440。但在我看來，這種電影中的不成熟或者說生澀，恰恰成爲影片的亮點，符合熱戀中人的智商和情商同時高開低走的特徵，爲「蝸居」環境中形成的喜劇「扣」錦上添花。

丑、新聞的時代差異

當老趙在報館終於謀到一份差使的時候，朋友劉大個興奮至極，大聲說：「好，我們恭賀無冕皇帝！一、將來敢說敢幹，不要欺騙民眾；二、不要為官家說話；三、始終站在大眾的第一位，作為民眾的喉舌」。想想六十幾年前「蟻族」從事新聞業的正義感和對媒體基本的、熱切的要求，放到今天，都是一個令人夢魂縈繞、求之不得的企盼啊。

寅、演員與人物的姓名對應

《十字街頭》雖然完成於 1937 年，但在影片人物的命名思路上，還是多少保留了早期中國電影的特色，即人物姓名與扮演者姓名之間的密切關聯。譬如趙丹飾演的男主人公 B，就叫老趙，扮演女主人公楊芝瑛的白楊，在影片中就叫小楊（白楊是楊成芳的藝名）。這一點，也可以看作是製片方出於提攜新人與市場推廣的意圖考量。更令人驚奇的是，楊小姐對老趙講述身世時說，自己 11 歲時失去了母親，而這一點恰恰是白楊自身的眞情實況〔1〕P441。

卯、「預告片」的消失

我依據的版本，是 1990 年代中期在北京市場上買到的 VCD 碟片，其中並沒有《預告片》（也就是現如今所謂的「片花」）。1980 年代中國大陸民眾在電視上看到的影片播映，也是只有正片。由此推測，1949 年後在中國大陸公映的《十字街頭》都應該是這個格式，因爲我的學生直到 2011 年才偶然在網絡上發現了預告片。由此推斷，這種片花式的預告片當年所在多見，並非最近幾年才被電影界廣泛應用。爲什麼 1949 年後在中國大陸公映的影片取消了這個預告片？時過境遷是一個原因，更重要和最主要的原因是，1949 年後的中國大陸電影生產取消了其商品性能，這種打明星牌、推出新人的廣告做法有違所謂行業的「精神文明建設」，是「舊社會」的遺留物〔註 9〕。

〔註 9〕本章文字的主體部分（不包括**戊、多餘的話**）約 9000 字，最初曾以《〈十字街頭〉：1930 年代國產電影中的「蟻族」生活寫照與喜劇化處理》爲題，先行發表於 2010 年第 6 期《浙江傳媒學院學報》，2012 年作爲第四章收入《黑夜到來之前的中國電影——1937 年現存國產影片文本讀解》一書，題目是：《〈十字街頭〉：是否可以看作 1930 年代的「蟻族」生活寫照——新市民電影對左翼電影元素和國防電影背景的世俗補充》；現今的**閱讀指要**：是成書版和雜誌發表版的合成；本章沒有**圖片說明**的截圖均出自《十字街頭》，且爲此次新增。特此申明。

初稿時間：2005年4月29日
二稿時間：2010年9月17日～10月7日
三稿配圖：2011年6月1日～6月4日
圖文增訂：2015年10月17～25日

參考文獻：

〔1〕程季華，中國電影發展史：第1卷〔M〕，北京：中國電影出版社，1963。
〔2〕袁慶豐，國防電影與左翼電影的內在承接關係——以1936年聯華影業公司出品的《狼山喋血記》爲例〔J〕，佛山科技學院學報，2008（2）：17～19。
〔3〕袁慶豐，1922～1936年中國國產電影之流變——以現存的、公眾可以看到的文本作爲實證支撐〔J〕，學術界，2009（5）：245～253。
〔4〕李少白，中國電影史〔M〕，北京：高等教育出版社，2006：68。
〔5〕周星，中國電影藝術史〔M〕，北京：北京大學出版社，2005：100。
〔6〕李道新，中國電影文化史〔M〕，北京：北京大學出版社，2005：159。
〔7〕「蟻族」一詞的誕生：源於好奇的專項社會調查〔J〕，北京青年報2009～12～10//http：//www.chinanews.com.cn/cul/news/2009/12～10/2010202.shtml
〔8〕葛飛，市場與政治：1930年代的左翼電影運動〔J〕，文藝理論與批評，2005（5）：25～26。

A Real Picture of 「Ant Tribe」: Sociological Supplements for Left-wing Film And National Defense Film —— Crossroads (1937): Sample Eleven of New Citizen Film Analysis

Read Guide: Unemployment upon graduation is not new, which appeared in 1937 film Crossroads— describing an 「ant tribe」 in Shanghai. The playwright and director had thought to produce a left-wing film, but ended in a new citizen film. Different nature results in different intention— facing the suffering situation of no food, no room, some young intellectuals suicided, some devoted to counter-Japanese war, others found their beloved finally. The play shown at Crossroads means victory of love and comedy. The same as other new citizen films in 1937, Crossroads not only partly borrowed some elements from left-wing films, but added historical background as national defense films did. The special is, due to playwright and director's personal reasons, a trace of Left-wing Film was very obvious. The viewpoint that New Citizen Film holds the style of vividness, brightness and comedy, has touched Achilles' heel： with worldly love and comedy dealing with cold real world, the film drew a historical portrait of 「ant tribe」 which consisted of middle 1930s' graduators who represented low-income group.

Key Words：National Defense Film；New Citizen Film；Left-wing Film；ant tribe；unemployment upon graduation ；

第拾貳章　《馬路天使》(1937 年)——左翼—國防電影背景下的經典

閱讀指要：

《馬路天使》的新市民電影屬性，決定了影片中左翼電影思想元素和國防電影(運動）背景性的呈現。而影片對歌舞元素尤其是主題曲的強化運用，不僅鞏固了新市民電影在 1937 年抗戰爆發前後的主流地位，而且擴大了其世俗主題思想的傳播和影響。更重要的是，1930 年代流行音樂的興盛和中國電影有聲技術的普遍使用，促使有聲電影的視聽語言發生巨大的變化。就出品於 1937 年的《壓歲錢》《夜半歌聲》《十字街頭》和《馬路天使》而言，這四部現存的、公眾可以看到的影片，大比例的歌舞元素配置和新生代作曲家與雙棲明星的完美結合，在構成電影市場賣點的同時，又促進了具有現代風格的本土音樂的發展。這意味著，新市民電影的製作模式和對民族精神的承載，成功地避免了戰爭對陷期區電影民族文化及風格的摧殘，為戰後中國電影的全面復興奠定了思想和藝術基礎。

關鍵詞：左翼電影；國防電影（運動）；新市民電影；歌舞元素；民族風格；傳播效果；

專業鏈接 1：《馬路天使》(故事片，黑白，有聲)，明星影片公司 1937 年出品，7 月公映。VCD（雙碟），時長：89 分 58 秒。

〉〉〉**編劇、導演**：袁牧之；**攝影**：吳印咸。

〉〉〉**主演**：趙丹、周璇、魏鶴齡、趙慧深、王吉亭、柳金玉。

專業鏈接 2：原片片頭字幕及演職員表字幕（標點符號爲錄入者添加）

明星出品。

《馬路天使》。

明星影片公司攝製。

攝影：吳印咸；置景：馬瘦紅；收音：陸音鏗；劇務：劉托天；場記：錢千里；洗印：顧友敏，洗印：陳福庭；剪接：錢筱璋；作歌：田漢；作曲配音：賀綠汀；音樂師：林誌音，音樂師：黃貽鈞，音樂師：秦鵬章，音樂師：陳中。

演員表（以出場先後為序）：

吹鼓手——趙　丹，報　販——魏鶴齡，小歌女——周　璇，琴　師——王吉亭，流　氓——馮志成，寄生蟲——陳毅亭，剃頭司務——錢千里，剃頭店老闆——唐巢父，小　販——沈　駿，失業者——裘元元，小孤孀——袁紹梅，野　雞——趙慧深，鴇　母——柳金玉，律　師——孫　敬，落難公子——謝　俊，落難千金——劉莉影，警　察——韓　雲，經租帳房——李濨之，花花公子——姚　萍，汽車夫——袁阿發。

編劇、導演——袁牧之。

專業鏈接3：鏡頭統計

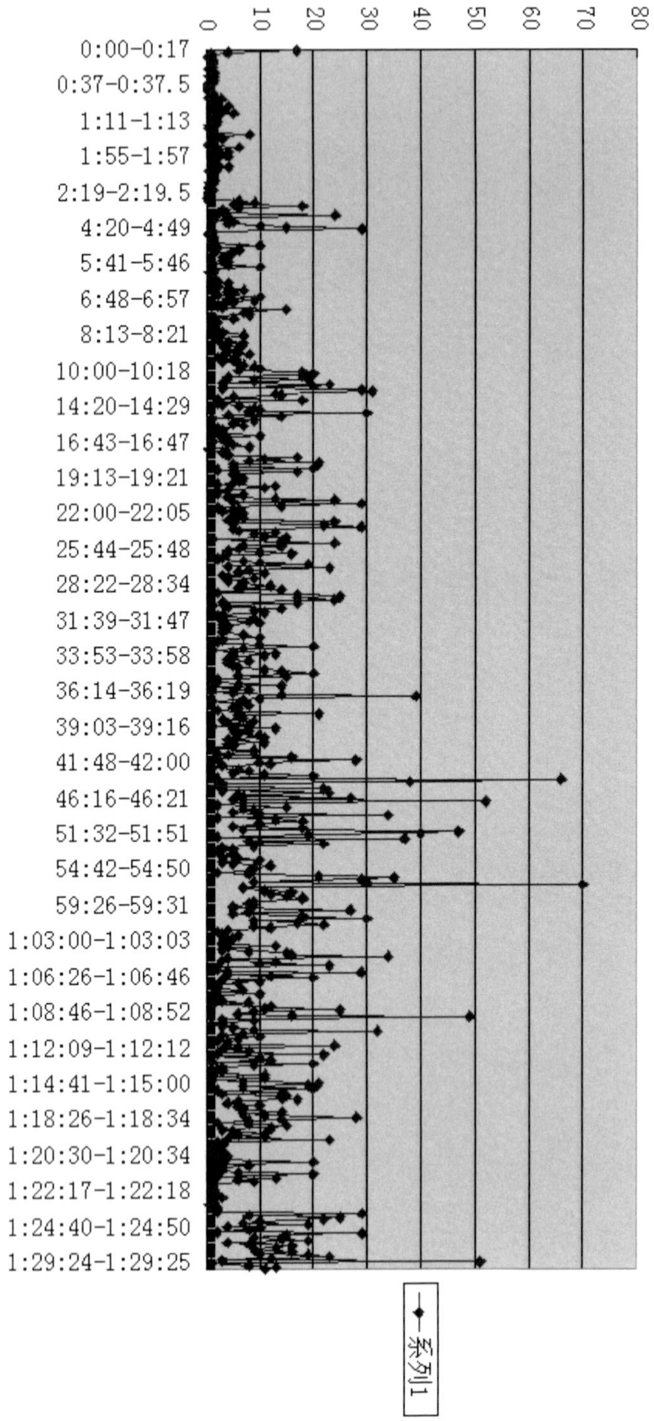
0
10
20
30
40
50
60
70
80
0:00-0:17
0:37-0:37.5
1:11-1:13
1:55-1:57
2:19-2:19.5
4:20-4:49
5:41-5:46
6:48-6:57
8:13-8:21
10:00-10:18
14:20-14:29
16:43-16:47
19:13-19:21
22:00-22:05
25:44-25:48
28:22-28:34
31:39-31:47
33:53-33:58
36:14-36:19
39:03-39:16
41:48-42:00
46:16-46:21
51:32-51:51
54:42-54:50
59:26-59:31
1:03:00-1:03:03
1:06:26-1:06:46
1:08:46-1:08:52
1:12:09-1:12:12
1:14:41-1:15:00
1:18:26-1:18:34
1:20:30-1:20:34
1:22:17-1:22:18
1:24:40-1:24:50
1:29:24-1:29:25
系列1

說明：《馬路天使》全片時長 89 分 58 秒，共 684 個鏡頭。其中：

甲、小於和等於 5 秒的鏡頭 359 個，大於 5 秒、小於和等於 10 秒的鏡頭 162 個，大於 10 秒、小於和等於 15 秒的鏡頭 65 個，大於 15 秒、小於和等於 20 秒的鏡頭 43 個，大於 20 秒、小於和等於 25 秒的鏡頭 25 個，大於 25 秒、小於和等於 30 秒的鏡頭 15 個，大於 30 秒、小於和等於 35 秒的鏡頭 5 個，大於 35 秒、小於和等於 40 的鏡頭 4 個，大於 40 秒、小於和等於 45 秒的鏡頭 0 個，大於 45 秒、小於和等於 50 秒的鏡頭 2 個，大於 50 秒、小於和等於 55 秒的鏡頭 2 個，大於 55 秒、小於和等於 60 秒的鏡頭 0 個，大於 60 秒、小於和等於 65 秒的鏡頭 0 個，大於 65 秒、小於和等於 70 秒的鏡頭 2 個，70 秒以上的鏡頭 0 個。.

乙、片頭鏡頭 88 個，片尾鏡頭 1 個；字幕鏡頭 0 個，其中交代劇情的鏡頭 0 個，交代人物鏡頭 0 個，對話鏡頭 0 個，黑屏鏡頭 2 個。

丙、固定鏡頭 411 個，運動鏡頭 182 個。

丁、遠景鏡頭 2 個，全景鏡頭 56 個，中景鏡頭 64 個，近景鏡頭 416 個，特寫鏡頭 55 個。

（圖表製作與數據統計：玄莉群）

專業鏈結 4：影片經典臺詞

「死鬼，把他嚇死了」——「寶寶別嚇別嚇哈」——「寶寶聽見你老遠的喇叭聲就知道你回來了」——「哦是嗎？寶寶真乖啊」——「寶寶你瞧，陳叔叔的外國衣服好看不好看」——「不好看哦」——「寶寶你瞧，陳叔叔像不像外國兵？」——「像不像？……哎！寶寶！陳叔叔操操給你看好不好，一、二、一、二……」——「立正！寶寶，喊呀，寶寶，叫陳叔叔抱抱！」——「我不會抱，我不會抱，那麼讓我親一親吧」——「寶寶，不要他親，他嘴臭的，別讓他親，他嘴臭的哦，是不是啊？」——「阿嚏……」

「這位房東太太對你真有意思」——「小陳，你嘴臭不臭，她怎麼知道呢？」——「滾嘍滾嘍……」

「我……我……我……我……」——「夠了！不會說話就不要說！」

「小紅！我恨你！」——「我也恨你！」——「你不應該！」——「沒什麼應該不應該！」——「讓我走！」——「我不許你走！」——「我偏要走！」——「好了，你要是走了從此以後你就不要再來了你！」——「好！放手，放手，放手！」

「你不恨我嗎小紅？」——「嗯……我恨你，要不是我姐姐叫我來，我早就不想再看見你了！」

「我們已經站在雲頭裏啦！」——「這真是天堂啊」——「真是！」——「天堂比我們家裏熱嘛！」

「你們是不是預備要起訴啊」——「不，我們是來打官司的！」——「起訴就是打官司！」——「哦，是的，我們是來起訴的」.

「對不起，照我們這兒規矩，五兩銀子一個鐘頭的通話費，寫一封律師信是十五兩銀子，幫辦出庭是一百兩銀子，我本人出庭是五百兩銀子，我看你們還是去斟酌斟酌吧!」——「五百兩銀子！」——「五百兩銀子是幾塊錢吶！」——「媽的，打官司還要錢吶！」——「這我倒沒想到」。

「你整天在外頭打牌倒還要怪我，家裏的事情難道還要我們男人來管嗎？」——「說得多麼像樣啊，有志氣，也不會跟老娘要一輩子的銀子！……我打牌？是打我自個兒的錢吶！你管得著？那小的跟著你學唱，跟著你跑館子，本來就應該你管的！」

「你活了大半輩子，就今天這句話說得對！」

專業鏈結 5：影片觀賞推薦指數：★★★★★

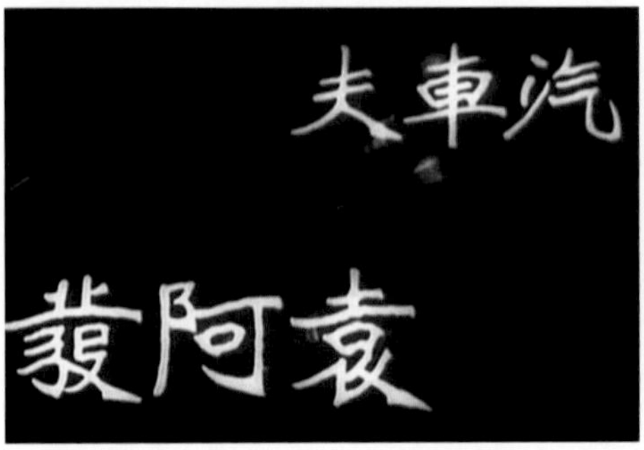

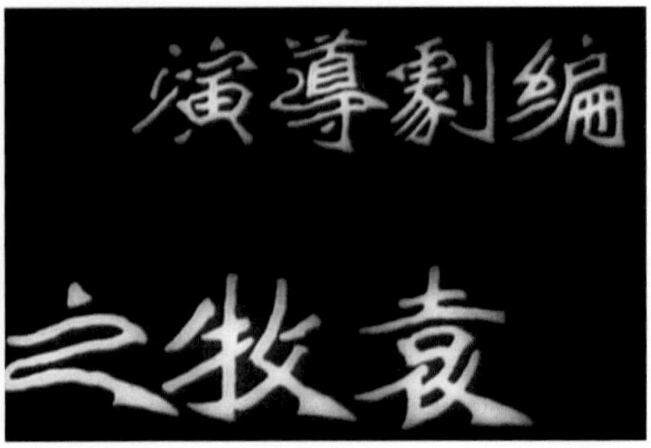

甲、前面的話

《馬路天使》的公映時間是 1937 年 7 月[1] P443，根據當年 7 月 25 日上海《大公報》刊登的讚揚影片的評論[1] P443，可以判斷它在市面上的公映時期，應該是在「七・七事變」即全面抗戰爆發前後的這一個月——這樣不證自明的繁瑣羅列，首先是想說明，從該片的攝製完成時間來說，它依然屬於抗戰爆發之前的中國電影歷史；其次，就影片的新市民電影屬性而言，無論是抗戰開始前期譬如「八・一三」淞滬會戰期間，還是在上海成爲」孤島」之後，都不會影響《馬路天使》在電影市場的後續營銷。

圖片說明：對實在性（Reality）和定域性（Locality）的突破，一直是 1930 年代電影公司規避當局對電影檢控的常用手段，而新市民電影絕對不比左翼電影遜色。（《馬路天使》片頭截圖）

我所看到的資料表明，就 1949 年後中國大陸的電影史研究而言，對《馬路天使》最早、最權威的論斷和表彰，來自 1960 年代官方組織編撰的《中國電影發展史》:「通過對當時生活在社會『底層』的人們：妓女、小歌女、吹鼓手、報販、失業者、剃頭司務、小販們等的悲慘命運的描繪，尖銳地抨擊了半殖民地半封建的黑暗」[1] P443。三十多年後中國大陸的電影史研究，其貢獻一方面是去掉了意識形態色彩，稱《馬路天使》是「一部描寫上海下層市民的悲喜劇」[2] P56，另一方面又深入指出，影片表達了「深刻的人性關懷」[3]。

圖片說明：《馬路天使》和女主演周璇，這部影片和這個演員，在中國電影史上的影響和傳播，其實一直是有兩個不同的歷史時空並存，一個是 1949 年前，一個是 1976 年以後的中國大陸。

近十年來，還有研究者在繼續闡發「現實主義的深刻性意義」[4] P102 的基礎上，認爲影片是「30 年代左翼電影創作的最後一部影片」[4] P101，因爲它「不僅僅表現人們的不幸，還著意對下層人民優美的品質作了眞實動人的表現」[4] P103。持相同觀念的研究者還認爲，「影片揭露並批判了社會制度的黑暗，展示了社會底層小人物的貧苦生活，富於人道情懷地展示了他們相濡以沫的情感和與惡勢力的抗爭。同時通過畫面和對話進行政治諷刺」[5]。

新一代研究者們，則在把影片歸結爲「民族電影的經典作品」[6] P9 的同時，指出其「充滿啓蒙精神和救亡意識」[6] P129 的內涵，並放置在「浸潤著民族關懷、階級對比、時代特徵與社會話語的新生電影作品」[6] P151 序列中，因此，影片不僅是「30 年代初中期掀起的新電影運動的最後一部影片」[7] P78，還具備「時代賦予《十字街頭》、《馬路天使》以電影轉折階段的身份」，它「敘寫中國社會的底層世界，反映了中國電影關注民生問題的傳統，體現著一種民生意識、民生思維，是現實主義風格的作品，同時又融有輕喜劇色彩（但並不誇張）」[7] P79。

圖片說明：電通影片公司 1935 年出品的《風雲兒女》中，這類借助報紙新聞引入抗日宣傳的鏡頭很多，這是左翼電影從一開始就大量使用的手法，左翼的劇作家田漢和夏衍就是個中高手。

上述對《馬路天使》的歷史性評價，一部分可以歸結到「現實主義」和左翼電影名下，其社會批判和階級制度的理念，總的來源在於《中國電影發展史》；而對其「民族風格」的論斷，來源在於 1950 年法國電影史學家喬治・薩杜爾的評價：「風格極爲獨特，而且是典型的中國式的」影片[8]。另一部分，「新電影」以及「啓蒙精神和救亡意識」和「民生意識、民生思維」的分析，則不僅具有新意，而且在還原歷史語境的同時觸及影片的實質。

圖片說明：《馬路天使》中這個因爲查問「難」字的寫法進而引申出的「國難當頭」的橋段，就是左翼電影當年的慣用手法。這並不奇怪，因爲編導袁牧之就是當年拍攝左翼電影起家的老手。

但問題是，《馬路天使》不是左翼電影，因爲已經時過境遷；同時，它也不是國防電影，雖然影片產生於國防電影（運動）興起後的一年裏。在我看來，《馬路天使》是新電影序列中的經典之作：在思想主題上借助左翼電影和國防電影的某些思想元素，在藝術表現上則是強化其視聽語言優勢——後一點，即是以往研究者們都有所提及的藝術「表現風格」，我稱之爲新市民電影佔領市場的技術主義路線；同時，影片中的插曲又具有相對獨立的藝術傳播功能和影響效果，直接影響著抗戰爆發後淪陷區中國電影的生產面貌。

乙、《馬路天使》的愛情主題與左翼電影同類主題及人物的屬性差異

圖片說明：新市民電影的「新」，是相對於 1920 年代的舊市民電影而言：《馬路天使》中的這些社會底層，既不是舊電影中被取樂的對象，也不是左翼電影中被刻意塑造並歌頌的群體形象。

1937 年 7 月 7 日抗戰全面爆發前，雖然左翼電影的高潮已經過去四年，在發展邏輯和主題思想上承接接替它的國防電影（運動）在一年前已然興起[9]，但中國電影主流幾乎成爲新市民電影的一統市場的格局[10]。由於政府當局在此之前一直奉行嚴厲的電影審查制度，不允許涉及與抗日有關的電影製作[1] P293，到 1936 年，雖然也曾經提出「發揚民族意識」[1] P422 的主導思想，但在具體政策上，依然像當年禁止左翼電影一樣對國防電影多予打壓[1] P422～423。因此，作爲新市民電影的出產中心，明星影片公司在同年提出的「爲時代服務」的製片方針[1] P425，具體在《馬路天使》中時，左翼電影思想元素和國防電影（運動）的背景，實際上只能以隱約的形式出現。

新市民電影的特徵之一就是表現庸常的人生狀態和思想感情〔註 1〕，而左翼電影中的人和事基本上不同尋常。在左翼電影、新市民電影和新民族主義電影之前的舊市民電影時代，底層民眾只是被嘲笑或施捨憐憫的對象。是左翼電影徹底改變了這種情形，將其作爲肯定和歌頌的主要對象，體現出不同

〔註 1〕從這一角度對新市民電影的具體討論，請參見本書第八章：《〈新舊上海〉(1936 年）——轉型、分流中的趁勢崛起》。

流俗的主題思想。新市民電影在片段借助左翼電影思想元素以保證市場性的同時，繼承了舊市民電影世俗化的主題思想和人物關係，並借用有聲電影新技術，進一步提升了電影的娛樂性比重。

如果根據《馬路天使》的插曲《天涯歌》中「家山呀北望，淚呀淚沾襟」的歌詞和《四季歌》的演唱，配合了「日寇侵略和義勇軍抗戰的畫面」[1]P425，以及其它類似片段，就因此斷定這是左翼電影的話，那顯然只看到了表面現象；如果再據此上陞到民族層面指稱其爲國防電影的話，那就顯得更不靠譜。

圖片說明：《馬路天使》中的這些壞人們，其實與主人公一樣都是窮人，只不過是窮壞了的傢夥而已。僅此一點就可以看出，此片和以階級性來區分好人與壞人的左翼電影有著本質的不同。

應該看到的是，雖然新市民電影不具備左翼電影激進的革命立場和國防電影旗幟鮮明的抗日宣傳主旨，但由於它們共生於同一個時代背景當中，因此，它的商業化追求，就與民族主義和愛國主義存在著必然的邏輯關聯——即使是被人詬病已久的舊市民電影，也同樣具備這樣的思想和道德前提與基礎，並無諸如「賣國」之類的反動本質。《馬路天使》的新市民電影屬性，說到底，是它的愛情主題及其內在結構決定的。

圖片說明：在1935年電通影片公司出品的有聲片《風雲兒女》（原作：田漢，分場劇本：夏衍；導演：許幸之；主演：袁牧之、王人美、談瑛）中，17歲的周璇不過是飾演一個無名舞女。

首先，影片中的那些社會底層的小人物及其生活的場域，並沒有像左翼電影那樣，有兩個截然對立的階級及其階級鬥爭——無產階級VS資產階級，或農民階級VS地主階級，亦即先進階級VS反動階級，或革命階級VS反革命階級。左翼電影中的階級關係表現，在政治上是壓迫與被壓迫、經濟上是剝削與被剝削、男女關繫上是掠奪與反抗。

而《馬路天使》中的男女主人公在愛情的追求上並不存在階級層面的鬥爭，即使在以階級分析主導所有文藝思想的 1960 年代，中國大陸的研究者也承認：「作者只用了幾個流氓人物如古成龍和琴師來代表當時社會的黑暗勢力，從而還不能從根本上揭出當時社會最惡毒根源」[1] P444。實際上，即使是以壞人面目出現的流氓和琴師夫婦(女主人公的養父母)，也同屬於貧民階層。

其次，在左翼電影中，男女主人公們的愛情，只是過程，並不是目的，眞正的「結局」是追求革命和革命的隊伍，也就是革命階級所認可的共同歸屬。譬如《野玫瑰》(聯華影業公司 1932 年出品)，出身富有的男主人公敢於衝破世俗阻力終於與自己所愛的女子走到一起，不是要結婚而是加入抗日遊行隊伍。《天明》(聯華影業公司 1933 年出品)的女主人公對男主人公的愛以及生死同心的結局，爲的是革命成功與否而不是限於私情。《大路》(聯華影業公司 1934 年出品)中，男女主人公的愛情生成與印證，是在抗敵前線血與火的戰鬥中。《桃李劫》(電通影片公司 1934 年出品)對愛情描述幾乎沒有關注，展示強調的是社會對男女主人公的迫害：一同死於黑暗壓迫下。《風雲兒女》(電通影片公司 1935 年出品)，男主人公的愛情獲得，完成於對女主人公所在的抗敵(抗日)隊伍的追尋。

即使到了左翼電影行將消失的時期，影片中的女主人公最終與其說是爲了愛情獻出生命，倒不如說是爲了革命隊伍軍事上的勝利，這就是《孤城烈女》(《泣殘紅》，聯華影業公司 1936 年出品)〔註 2〕。國防電影之所以與左翼電影

〔註 2〕《野玫瑰》(故事片，黑白，無聲)，編導：孫瑜；主演：金焰、王人美、葉娟娟、鄭君里、韓蘭根、劉繼群、章志直。《天明》(故事片，黑白，無聲)，編導：孫瑜；主演：黎莉莉、高占非、葉娟娟、袁叢美、羅朋、劉繼群、韓蘭根。《大路》(故事片，黑白，配音)，編導：孫瑜；主演：金焰、陳燕燕、黎莉莉、張翼、鄭君里、羅朋、韓蘭根、章志直、尚冠武、劉繼群、洪警鈴。

圖片說明：1937年，19歲的周璇擔當《馬路天使》一號女主演，對比當年參演的《風雲兒女》，實在讓人感慨：當年的男一號袁牧之成爲本片的編導，而當年的女一號王人美已風光不再。

存在著發展承接上的邏輯關係[9]，其中重要的原因之一，就是它對由愛情線索聯繫在一起的主要人物，給予政治正確的思想品質定性及其主題純淨的保證：新華影業公司1936年出品的《壯志淩雲》就是如此〔註3〕。由此可見，即使是愛情主題，在左翼電影和國防電影中，男女主人公的愛情之所以得到發展並走到一起，並不僅僅是出於個人感情，而是共同的革命理想與政治追求。

那麼，在《馬路天使》中，男女主人公的追求有上述類似的革命指向嗎？沒有；他們與壞人壞事的鬥智鬥勇存在著鮮明的政治營壘嗎？沒有；兩人最終成功出逃、幸福地生活在一起，有參加革命隊伍或團體鬥爭的線索嗎？還是沒有。原因是什麼？因爲，這就是新市民電影；或者說，新市民電影，以《馬路天使》爲例，男女主人公所面對的一系列的困難，與他們（或者說，他們與觀眾）最終看到的完美的結局，是愛情的勝利而不是其它；對現實的反抗不是爲了改變社會，而是在平庸生活中的婚姻，或者說，是生存——此時稱之爲愛情當然亦無不可。

《桃李劫》（故事片，黑白，有聲），編劇：袁牧之；導演：應雲衛；主演：袁牧之、陳波兒、王一之、周伯勳、唐槐秋。《風雲兒女》（故事片，黑白，有聲），原作：田漢；分場劇本：夏衍；導演：許幸之；主演：袁牧之、王人美、談瑛、顧夢鶴、陸露明。《孤城烈女》（原名《泣殘紅》，故事片，黑白，無聲），編劇：朱石麟；導演：王次龍；主演：陳燕燕、鄭君里、尚冠武、李君磬、韓蘭根、洪警鈴、黃筠貞、殷秀岑。我對以上六部影片的完全版討論意見，請參見拙著：《黑白膠片的文化時態——1922～1936年中國早期電影現存文本讀解》第十章、第十六章、第二十一章、第二十六章、第二十九章、第三十五章；這些意見的未刪節版，祈參見拙著：《黑馬甲：民國時代的左翼電影——1932～1937年現存中國電影文本讀解》的相關章節。

〔註3〕《壯志淩雲》（故事片，黑白，有聲），編導：吳永剛；主演：金焰、王人美、田方、韓蘭根、章志直、王次龍、陳娟娟。我對這部本片的具體討論，請參見拙作：《電影市場對左翼電影類型轉換及其品質提升的作用——以〈壯志淩雲〉爲例》（載《南京師範大學文學院學報》2009年第2期）。本文的完全版作爲第三十六章收入拙著：《黑白膠片的文化時態——1922～1936年中國早期電影現存文本讀解》，題目是：《左翼電影思想元素與藝術模式在國防電影中的成功轉型——〈壯志淩雲〉（1936年）：國防電影讀解之二》，敬請參閱。

當然，每個個體對愛情的追求以及最終的完美結果，在大的歷史背景下可以形成社會進步的動力，但在具體的歷史階段中，它未必屬於某一政治集團或某一階級的集體行爲，哪怕是庸俗的、平凡的愛情，也無需承載過於沉重的思想內涵：左翼電影和國防電影可以，並且得到了人們的認可和讚揚；新市民電影沒有，但不可以因此得到指責和忽視。

圖片說明：《馬路天使》的主題思想和矛盾衝突集中於底層民眾的生存狀態和感情生活，「國難」是「家難」的背景性鋪陳點綴，而男女主人公的愛情此刻與階級壓迫無關、與左翼革命無關。

實際上，自 1933 年新市民電影出現以後，它與左翼電影的本質區別之一，就是不參與激進政治主張的表達，或者說，面對社會體制和社會現實中的種種問題，保持相對保守的立場——無論是思想還是行爲〔註 4〕。在這裏需要提請注意的是，無論是左翼電影、國防電影，還是新市民電影本身，它們之間只有屬性或類型的區劃，風格和表達的差異，並不存在孰優孰劣之別、誰高誰低之分，更不應該有政治屬性上先進或落後的劃分一說〔註 5〕。

〔註 4〕譬如《脂粉市場》；從這一角度對新市民電影的具體討論，請參見本書第一章：《〈脂粉市場〉（1933 年）——新技術、新路線、新思想，舊觀念》。

〔註 5〕擴大一些說，即使是所謂「壞電影」，也有它存在的理由的；「存在就是合理」，因爲它應對的是需求——被選擇的需求。就藝術作品而言，優和劣是可以比較論說的，可以肯定的；但好與壞卻是要剔除集體判決，更多的是交由個體取捨的。

丙、《馬路天使》：藝術表達的從容與雅俗文化的交融

至今沒有人能夠反對，《馬路天使》是一部德藝雙馨的影片，迄今仍然具有相當的市場號召力和再次消費的資質。藝術作品的優秀往往體現在內容和形式兩個方面，並且相得益彰。這首先證明，新市民電影相對的政治立場保守性，並不意味著它沒有立場。

《馬路天使》雖然在愛情主題上沒有承載沉重的深刻的思想主張，譬如抗敵救國理念，但它的民族立場和政治文化意識既是明確的、又是毋庸置疑的，即民生視角的反戰姿態和對安定生活與美好愛情的追求，同時，它的藝術表達是從容的。這種從容首先是相對於左翼電影和國防電影強烈的主題急迫性，使得影片能夠從容面對人物，進而推動情節發展，展開敘事；其次，就是因爲政府當局對電影生產的管控所帶來的影片思想的隱晦性——正是因爲如此，我才堅持認爲它的新市民電影屬性。

圖片說明：《馬路天使》中精彩呈現的所謂愛情，既是中國電影的核心元素，更是與市場關聯的結果。還原回底層民眾的生存狀態，它其實只是感情和生活：這與革命無關，卻與命運有關。

在「七・七事變」爆發之前的中國社會，戰爭的陰影日漸濃重，1931年的「九・一八」，1932年的「一・二八」，1935年的「華北事變」，1936年的「西安事變」……。1930年代的中國電影很少能夠全然迴避這種民族危亡在即的現實處境，新市民電影也是如此。但《馬路天使》的反應與左翼電影和國防電影不同。即使是在幾十年後的今天，觀眾還是可以明顯的感受到影片對時局的關注，以及包括編導在內的人們發自內心的焦慮和主張，只不過這種表現和表現方式非常機巧、自然。

圖片說明：影片對底層兩性感情和生活的表現，並不局限於一對男女之間的關聯，而是兩個男人和兩個女人的交叉和糾結，這是《馬路天使》的精彩所在，也是新市民電影的核心價值所在。

譬如男主人公和幾個狐朋狗友討論「有福同享有難同當」的「難」字怎麼寫，最後得出的結論是，這個「難」字不是半個才子佳人的一半兒，就是「半個上海」、「半個天津」、「半個武漢」的一半兒：國難當頭，意味著對和平生活的威脅和葬送。這個細節是隨著影片的情節發展而來的，不顯得突兀和生硬——而當時和現在幾乎所有的電影觀眾對此都是心知肚明。實際上，影片的主題插曲《天涯歌》和《四季歌》所起作用也是如此，但不無哀怨的曲調將內在的緊張情緒控製表達得恰到好處。這是《馬路天使》最大的特色之一：戰爭狀態下的生活依然在繼續——因爲人類歷史從來不存在眞正的生活空白。

圖片說明：電影之于觀眾，其實是一種雙向的看與被看；觀眾不僅看別人，其實也在和電影中的人物一起看自己和自己的生活。新市民電影如《馬路天使》所提供的，就是這樣的審美視角。

其次，從容體現在道德元素在影片整體敘事基調上的支撐性發揮，正義感，同情心，人性的善良和犧牲精神被有機地編織進敘事機理，以及在此基礎上的幽默和鬧劇，不顯得生硬和突兀。譬如姐姐小雲爲了成全妹妹小紅的幸福，付出的是不僅是尊嚴還有生命；小紅與小陳的愛情建立在感情而不是物質基礎上，否則她有條件可以成爲有錢人的情人。而電影中那些很好玩兒的、逗人發笑的人物、情節、情景、鏡頭，譬如那個一輩子也說不出一句完整話的禿頭智障，都是以一種基於悲天憫人情懷的展示。正因爲如此，影片莊諧並重的喜劇手法和刻意處理才有意義——藝術作品中的這種道德支撐在古今中外都是一樣的，是常態人性中的正常體現。所謂「惻然之心，人皆有之」，庶乎可矣。

藝術的魅力體現在細節的處理上，從容就是其中的構成關鍵之一，具體的體現就是流暢、自如。姐姐小雲對小陳的感情，既急迫又赤裸，情、欲交織，其表達既符合她的身份也符合她的方式。她與小陳的一場雙人戲，肢體動作把內心的渴望表露無遺。最震撼人心的，是她在拉客的街頭看到妹妹和小陳、老王歡快奔走的那場外景戲：構圖、景深、層次、效果，畫面的和音響的配合，躲藏在暗處的肢體語言設計和面部表情與人物內心的活動相吻合，給人的衝擊力相當之大。

左翼電影有許多優點，但相對於新市民電影而言，最大的缺點就是往往爲了理念的表達不惜犧牲生活眞實。新市民電影中的主題思想常常通過人物的普通情感和世俗生活發聲，左翼電影則多是通過立場、觀念表達，編導的訴求與人物的表演往往容易脫節。《馬路天使》在這方面的起承轉合就比較自然。

圖片説明：一部電影的攝影師其實就是第二導演，他的審美能力直接體現著導演和影片的思想境界。新市民電影《馬路天使》之所以能成爲經典，攝影師吳印咸功不可沒，事實上彪炳史冊。

爲什麼到了1930年代中後期，會有新市民電影、尤其是《馬路天使》這樣的經典製作？中國電影何以會達到這樣的高度？以往很多人只是從電影自身的發展去考慮，其實就文藝發展本身，這種情況應該是正常的、明顯的。那就是進入1930年代以後，中國現代文學中的雅（文學）和俗（文學）已經呈現出「互動」的態勢[11] P337。雅文學即新文學與俗文學，在相互學習對方的優點並融入自身創作當中的同時，向曾經對立的一方「移動」[11] P338。

舊市民電影之所以「舊」，是因爲其依賴和取用的文學資源來自舊文學、主要是俗文學；左翼電影和新市民電影之所以是屬於新電影，是因爲它們基本上將取用資源基本上轉向新文學[12]。但在新電影內部，新市民電影的敘事策略，更多的繼承了舊市民電影也就是俗文學的特點，譬如更重視敘事；而左翼電影更多地繼承和新文學主題思想上的內在屬性，相對忽視更加世俗化的藝術表達，更擅長理念傳達和宣傳鼓動。

圖片説明：如果一部影片的配角都能給人留下深刻印象，甚至有時並不比主演遜色，那就基本可以判斷，這部電影應該是一部經典之作，《馬路天使》中小雲的扮演者趙慧深就有如此功力。

在《馬路天使》中你會發現，自由、民主、平等、革命、個人幸福、國家、民族利益等諸如此類的現代理念和思想意識，並非毫無蹤跡，它們存在於市井生活和人物身上，但其表現和表達一方面是世俗化的，一方面相對於左翼電影的沉重，顯得淺白和平面化。譬如，將「才子佳人的一半」，與「半個上海」、「半個天津」、「半個武漢」的一半兒糅合在一起，國家和民族利益體現在一個不無機巧的拆字遊戲中。對小陳和小紅這對戀人而言，雖然沒有「自由」這個言語的表達，但他們逃避惡勢力買賣婚姻的做法——私奔，就是追求自由表現，更是革命——世俗中不世俗的行爲意識。

而《四季歌》和《天涯歌》的一再出現，又將個人追求和時代風雲結合在一起，這既是新市民電影與舊市民電影的區別所在，也是新市民電影借助左翼電影和國防電影思想元素的體現。這很討巧，是的，所以它是新市民電影而不是其它新電影。如果說，前述研究者們對影片所具有的的「深刻的人性關懷」的表述尚嫌空洞，那麼影片就是這般體現出編導的「一種民生意識、民生思維」算是落到了實處。

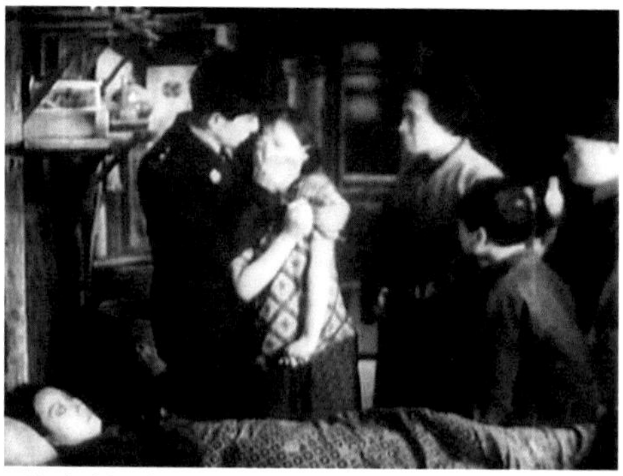

圖片說明：世俗生活中的愛恨情仇，其實並不比戰爭期間少多少，大背景的動蕩更會增加小環境中求生尋愛的艱難。《馬路天使》中的「天使」，其實也包括這個被稱作「野雞」的漂亮女人。

丁、新市民電影歌舞元素的大比例配置與音樂傳播效果的世俗影響

在《馬路天使》之前的兩年（1935 年），第一部國產音樂喜劇片《都市風光》已經誕生[1] P391，編導也是袁牧之；其中，學者趙元任爲影片譜寫的插曲《西洋鏡歌》[註 6]，悠揚動聽，相對於大多數左翼電影插曲的西洋曲式，《西洋鏡歌》的民族藝術風味非常濃鬱。換言之，國產影片中歌舞元素的配置在 1937 年之前已然成熟定型，而且比例逐漸增大。但由於《馬路天

〔註 6〕根據《趙元任年譜》提供的資料，《西洋鏡歌》由施誼（孫師毅）作詞，趙元任「根據民間曲調譜寫」；電影公映時歌詞被刪掉，只聽到演唱者「啦啦啦」地哼調子。原歌詞是：「十里洋場有九里荒，十個青年人有九個彷徨，賣力的有力無處賣，出門人看汝向何方？十個大姑娘有九個俏，十家的買賣有九家蕭條，有錢人有錢無處放，沒錢人在風雨里正飄搖。要活命就得自己救，十字街頭你切莫停留，再造起一個新世界，嘿！向前去憑著你自己的手！」（〔註 7〕見《趙元任年譜》，趙新那、黃培雲編輯，商務印書館 1998 年版，第 201～202 頁）。

使》不僅出現在抗戰全面爆發前後的1937年7月間，而且它的廣泛影響更在於抗戰時期——譬如女主演周璇在此期間一系列聲容並茂（歌舞片）的出色表演和明星效應，因此，《馬路天使》實際上對於抗戰期間的中國電影、尤其是上海「孤島」和淪陷區的電影生產，還起到了的一個示範模板作用；而在流行音樂本土化和民族音樂現代化的層面，《馬路天使》的插曲都堪稱經典製作。

圖片說明：《馬路天使》問世40年後在中國大陸重新獲得公映之時，剛剛開始進入普通民眾生活的電視機功不可沒。正是借助電視播映，才使得影片的傳播、觀眾和影響都創造了歷史新高。

在1930年代電影有聲技術廣泛應用和迅速推進過程中，左翼電影和新市民電影都有意識地把流行音樂和歌曲加入電影中去。因爲，從1930年代初期到1937年7月抗戰全面爆發之前這一段時間，既是左翼電影和新市民電影先後生發、成熟的階段，也是中國電影有聲化走向成熟的階段，音樂配置尤其是影片插曲的大量使用形成第一個高峰——第二個高峰是抗戰期間的上海「孤島」和淪陷區電影，譬如歌舞片的興盛——在這方面，左翼電影取得的成就與影響，總的看來主要體現在意識形態和國家意識層面：

電通影片公司1935年出品的《風雲兒女》，其插曲《義勇軍進行曲》不僅在抗戰全面爆發之前就成爲時代最強音，而且14年後被推舉爲新生政權的《代國歌》。而一年前的1934年，聯華影業公司出品的配音片《大路》、《新女性》、《漁光曲》，以及「電通」出品的有聲片《桃李劫》，其插曲和主題歌譬如《開路先鋒歌》、《新的女性》、《漁光曲》主題歌和《畢業歌》等，不僅在當時都產生著廣泛的影響，而且在1949年以後仍然成爲中

圖片說明：無論是1930年代，還是幾十年後的1970年代，電影《馬路天使》對中國觀眾的影響，很大程度上要歸功於影片的主題歌和音樂，包括這支民間樂隊的裝扮、演奏方式及其音響。

國大陸許多年間在官方意識形態主導下的革命文化和社會精神的重要組成部分。

新市民電影在電影有聲技術應用時間上與左翼電影相差不多，在電影歌舞元素的功能強化和取得的成就上，則是後來者居上——尤其是在民族文化意識和藝術風格的現代化推進領域。這是因爲，此時期的「電影往往也成爲一種傳播歌曲的體裁，這些歌曲本身有著它們相對獨立的不完全等同於其在劇中的功能」〔2〕P59。相對於左翼電影看重革命理念的通俗化傳播手段和大眾化的啓蒙宣傳目的，新市民電影更側重於歌舞元素的市場化和商業化考量效果，更注重開發電影本身在藝術審美層面的娛樂性和世俗性。

圖片說明：1970 年代末期的中國大陸，絕大多數出生於 1949 年後的民眾很少或根本不知道 1949 年前的中國曾經有過這樣的電影、這樣的江南女子形象和這樣的民族元素如此豐沛的歌唱。

如果說，革命歌曲或曰左翼歌曲的製作傳播基本上歸功於 1937 年之前黎民偉、羅明祐主導的聯華影業公司，以及電通影片公司 1934 年出產的電影，那麼，1930 年代的電影音樂和通俗歌曲的製作與傳播主力，主要集中於明星影片公司和 1935 年的電通影片公司。譬如前者在《女兒經》（1934）中對包括京劇在內的音樂開發使用〔註 7〕，後者在《都市風光》中對包括民間小調在內的民族音樂元素的提煉取用〔註 8〕和音響視聽藝術效果的特別重視〔註 9〕。而値得注意的

〔註 7〕從這一角度的具體討論，請參見本書第四章：《〈女兒經〉（1934 年）——依託舊電影的新賣點》。

〔註 8〕根據《趙元任年譜》提供的資料，《西洋鏡歌》由施誼（孫師毅）作詞，趙元任「根據民間曲調譜寫」；電影公映時歌詞被刪掉，只聽到演唱者「啦啦啦」地哼調子。原歌詞是：「十里洋場有九里荒，十個青年人有九個彷徨，賣力的有力無處賣，出門人看汝向何方？十個大姑娘有九個俏，十家的買賣有九家蕭條，有錢人有錢無處放，沒錢人在風雨里正飄搖。要活命就得自己救，十字街頭你切莫停留，再造起一個新世界，嘿！向前去憑著你自己的手！」（〔註 7〕見《趙元任年譜》，趙新那、黃培雲編輯，商務印書館 1998 年版，第 201～202 頁）。

〔註 9〕從這一角度對《都市風光》的具體討論，請參見本書第六章：《〈都市風光〉（1935 年）——庸俗面對市場，技術取代思想》。

是，張善琨在1934年成立的新華影業公司，很快成爲1936年後新市民電影生產的後起之秀，其藝術成就直追前賢——尤其是在1938年至1945年的抗戰期間。

隨著1936年左翼電影基本被國防電影吸收整合、實際上出於消亡狀態，以及電通影片公司解體後，主創人員併入「明星」公司，新市民電影不僅在市場佔領上做大做強，而且全面強化、擴大了包括電影音樂、插曲以及歌星在內的電影歌舞元素的商業化和市場化配置，電影歌舞化的發展趨勢一時風光無兩。譬如1937年，在《馬路天使》之前，明星影片公司就推出了《壓歲錢》（2月11日春節）和《十字街頭》（4月公映），新華影業公司則有《夜半歌聲》（2 月公映）問世。兩間公司的這四部影片，其共同之處之一，就是音樂和歌曲大比例配置。如下圖：

子、《壓歲錢》片長：91分08秒=5468秒。

其中：街頭群唱《恭喜發財歌》（拜年歌）：1分6秒；龔秋霞獨唱《四季平安歌》：48 秒；胡蓉蓉獨唱《壓歲錢歌》：3 分 05 秒；（收音機播放的）獨唱《舞榭之歌》：32秒；黎明暉獨唱《舞榭之歌》：1分12秒；收音機播放的歌曲：11秒；新年舞會黎明暉獨唱《舞榭之歌》1分20秒；龔秋霞獨唱《秋水伊人》：1分40秒；胡蓉蓉獨唱：2分39秒；建築工地群唱之一：18秒；建築工地群唱之二：18秒；舞廳內歌伴唱：3分32秒。

插曲時長總計：16 分 41 秒=1001 秒，插曲時長占全片的比例約等於18.31%。

丑、《夜半歌聲》片長：118分06秒=7086秒。

其中：插曲《夜半歌聲》之一：42 秒；插曲《夜半歌聲》之二：1 分 5 秒；插曲《夜半歌聲》之三：4分26秒；插曲《黃河之戀》之一：41秒；插

曲《黃河之戀》之二：37 秒；插曲《黃河之戀》之三：33 秒；插曲《黃河之戀》之四：22 秒；插曲《黃河之戀》之五：2 分 45 秒；插曲《熱血》之一：1 分 15 秒；插曲《夜半歌聲》之四：4 分 05 秒；插曲《熱血》之二：1 分 25 秒；插曲《夜半歌聲》之四：46 秒。

插曲時長總計：18 分 42 秒=1122 秒，插曲時長占全片的比例約等於15.83%。

寅、《十字街頭》片長：103 分 39 秒=6219 秒。

其中：插曲《春天裏》之一：2 分 50 秒；插曲《春天裏》之二：36 秒；插曲《春天裏》之三：48 秒；插曲《春天裏》之四：23 秒；插曲《春天裏》之五：22 秒；吉他伴唱：10 秒。

插曲時長總計：5 分 30 秒=330 秒，插曲時長占全片的比例約等於 5.31%。

卯、《馬路天使》片長：89 分 58 秒=5398 秒。

其中：插曲《四季歌》：2 分 23 秒；插曲《天涯歌女》之一：2 分 58 秒；插曲《天涯歌女》之二：2 分 19 秒。

插曲時長總計：7分40秒=460秒，插曲時長占全片的比例約等於8.52%〔註10〕。

〔註10〕這四部影片配樂和插曲的具體分佈時間區域列表如下：
子、《壓歲錢》片長：（A碟）38分41秒+（B碟）52分27秒=91分08秒=5468秒。其中：A碟：片頭音樂：00：00-02：12=2分12秒；街頭群唱《恭喜發財歌》（拜年歌）：00：02：31-00：03：37=1分6秒；龔秋霞獨唱《四季平安歌》：00：06：29-00：07：17=48秒；胡蓉蓉獨唱《壓歲錢歌》：00：07：46-00：10：51=3分5秒；（收音機播放的）獨唱《舞榭之歌》：00：18：25-00：18：57=32秒；黎明暉獨唱《舞榭之歌》：00：20：04-00：21：16=1分12秒；收音機播放的歌曲：00：21：54-00：22：05=11秒；配樂：00：34：22-00：35：20-00：38：37=4分15秒。B碟：新年舞會黎明暉獨唱《舞榭之歌》00：17：30-00：18：50=1分20秒；龔秋霞獨唱《秋水伊人》：00：19：04-00：20：44=1分40秒；胡蓉蓉獨唱：00：21：07-00：23：46=2分39秒；建築工地群唱之一：00：30：04-00：30：22=18秒；建築工地群唱之二：00：32：10-00：32：28=18秒；舞廳內外歌伴唱：00：33：13-00：36：45=3分32秒；配樂：00：45：45-00：45：58=13秒；片尾音樂：00：46：29-00：50：00=3分31秒；插曲時長總計：16分41秒=1001秒，插曲時長占全片的比例約等於18.31%。
丑、《夜半歌聲》片長：（A碟）69：26+（B碟）48：40=118分06秒=7086秒。其中：A碟：片頭配樂：00：00：00-00：01：50=1分50秒；配樂：00：02：02-00：04：18=2分16秒；配樂：00：05：26-00：07：53=2分27秒；插曲《夜半歌聲》：00：07：55-00：08：37=42秒；插曲《夜半歌聲》：00：08：57-00：10：02=1分5秒；插曲《夜半歌聲》：00：10：06-00：14：32=4分26秒；配樂：00：14：52-00：18：53=4分1秒；插曲《黃河之戀》：00：25：03-00：25：44=41秒；插曲《黃河之戀》：00：25：49-00：26：26=37秒；插曲《黃河之戀》：00：28：11-00：28：44=33秒；插曲《黃河之戀》：00：29：06-00：29：28=22秒；插曲《黃河之戀》：00：30：05-00：32：50=2分45秒；配樂：00：35：26-00：35：45=19秒；配樂：00：38：35-00：38：55=20秒；插曲《熱血》：00：40：22-00：41：37=1分15秒；配樂：00：42：28-00：43：05=37秒；配樂：00：45：30-00：45：58=28秒；配樂：00：46：49-00：47：45=56秒；配樂：00：48：02-00：49：09=1分07秒；配樂：01：02：42-01：03：37=55秒。B碟：插曲《夜半歌聲》：00：01：42-00：05：47=4分5秒；配樂：00：09：00-00：09：48=48秒；（彈奏吉他）：00：11：40-00：12：11=31秒；配樂：00：17：53-00：19：56=2分3秒；插曲《熱血》：00：20：04-00：21：29=1分25秒；配樂：00：22：00-00：22：22=22秒；配樂：00：22：58-00：24：13=1分15秒；配樂：00：24：56-00：25：20=24秒；配樂：00：25：30-00：25：39=9秒；配樂：00：29：10-00：29：39=29秒；配樂：00：33：41-00：34：03=22秒；配樂：00：36：35-00：38：00=1分25秒；配樂：00：38：22-00：40：28=2分6秒；配樂：00：41：44-00：42：55=1分11秒；配樂：00：43：52-00：44：13=21秒；配樂：00：44：24-00：46：36=2分12秒；配樂：00：47：29-00：47：49=20秒；插曲《夜半歌聲》：00：47：52-00：48：38=46秒；插曲時長總計：18分42秒=1122秒，插曲時長占全片的比例約等於15.83%。

圖片説明：編導袁牧之出道於以製售音響技術起家的電通影片公司，他爲《馬路天使》編配的這個啞劇橋段，應被看作是他兩年前在《都市風光》中飾演「拉洋片」那個角色的有聲版續集。

寅、《十字街頭》片長：(A 碟) 53 分 04+ (B 碟) 50 分 35=103 分 39 秒=6219 秒。其中：A 碟：片頭配樂：片頭-00：02：01=2 分 1 秒；配樂：00：02：03-00：03：45=1 分 42 秒；吉他彈奏：00：03：49-00：05：01=1 分 12 秒；吉他彈奏：00：06：45-00：07：00=15 秒；配樂：00：10：21-00：10：46=25 秒；配樂：00：13：01-00：14：36=1 分 35 秒；配樂：00：15：46-00：16：46=1 分；**獨唱《春天裏》：**00：23：19-00：26：09=2 分 50 秒；配樂：00：40：15-00：40：46=31 秒；配樂：00：49：13-00：50：52=1 分 39 秒；配樂：00：52：47-00：52：58=11 秒；B 碟：配樂：00：00：00-00：03：11=3 分 11 秒；配樂：00：06：58-00：07：29=31 秒；配樂：00：10：04-00：10：13=9 秒；配樂：00：16：14-00：16：58=44 秒；配樂：00：19：10-00：19：32=22 秒；**獨唱《春天裏》：**00：19：33-00：20：09=36 秒；配樂：00：26：19-00：27：00=41 秒；配樂：00：27：12-00：27：45=23 秒；**獨唱《春天裏》：**00：27：57-00：28：45=48 秒；配樂：00：33：39-00：34：07=28 秒；配樂：00：34：20-00：34：51=31 秒；**獨唱《春天裏》：**00：35：30-00：35：53=23 秒；配樂：00：36：45-00：37：32=47 秒；**獨唱《春天裏》：**00：37：45-00：39：07=22 秒；配樂：00：39：07-00：39：30=23 秒；配樂：00：41：26-00：42：08=42 秒；**吉他伴唱：**00：44：01-00：44：18=17 秒；**吉他伴唱：**00：46：52-00：46：56=4 秒；**吉他伴唱：**00：47：06-00：47：16=10 秒；配樂（片尾）00：49：53-00：50：33=40 秒；**插曲時長總計：**5 分 30 秒=330 秒，插曲時長**占全片的比例**約等於 5.31%。

卯、《馬路天使》片長：89 分 58 秒=5398 秒。其中：片頭配樂：00：00：17-00：02：28=2 分 11 秒；街頭樂隊：00：02：59-00：06：50=3 分 51 秒；**插曲《四季歌》：**00：07：21-00：09：44=2 分 23 秒；樂隊演奏：00：11：25-00：12：18=53 秒；配樂：00：19：07-00：23：40=4 分 33 秒；**插曲《天涯歌女》：**00：25：57-00：28：55=2 分 58 秒；配樂：00：31：43-00：33：14=1 分 31 秒；**插曲《天涯歌女》：**00：36：36-00：38：55=2 分 19 秒；配樂：00：40：26-00：40：50=24 秒；配樂：00：41：41-00：42：19=38 秒；配樂：00：53：18-00：53：29=11 秒；(小陳吹奏) 00：53：37-00：53：53=16 秒；(小陳打鼓，夥伴上樓梯) 00：53：56-00：54：12=16 秒；配樂：00：54：34-00：55：24=50 秒；配樂（街頭賣報）：01：03：06-01：03：34=28 秒；配樂（粉飾太平裏，加房錢）：01：12：48-01：13：30=42 秒；(小陳及夥伴吹奏，剃頭大減價)：01：14：30-01：15：24=54 秒；(小陳吹奏)：01：15：55-01：16：10=15 秒；片尾配樂：01：29：19-01：29：57=38 秒；**插曲時長總計：**7 分 40 秒=460 秒，插曲時長**占全片的比例**約等於 8.52%。(數據統計：李梟雄)

戊、結語

單純就統計數據看，《十字街頭》和《馬路天使》的插曲時長占全片的比例，遠遠低於前兩部影片（5.31%和8.52%之於 18.31%和 15.83%）。但如果從音樂傳播效果及其世俗影響方面看，《十字街頭》和《馬路天使》裏的三支插曲《春天裏》、《四季歌》和《天涯歌女》，其知名度和傳唱程度（普及度），則遠遠超過《壓歲錢》和《夜半歌聲》裏的插曲。而就歌手的影響力而言，《馬路天使》是新生代影星周璇（1918～1957）就此躥紅（19 歲）、一展風采的平臺，從此她的發展和風頭，在影藝界和流行歌曲界甚至超過了同樣是雙棲明星的前輩龔秋霞。

圖片說明：作爲同時成名於 1937 年的雙棲明星，周璇和龔秋霞之所以有「金嗓子」和「銀嗓子」之別，其主演影片的傳播廣度是一個重要原因。（圖爲龔秋霞在《壓歲錢》中的演唱場景）

圖片說明：1970 年代末期，與周璇一起被中國大陸觀眾「發掘」出來「舊」明星趙丹，爲一年之後香港電影及其影視明星全面「反攻大陸」掃除了心理障礙、恢復了基本的電影審美功能。

在《壓歲錢》裏，龔秋霞（1916～2004）以一曲《秋水伊人》成名（21 歲），在上個世紀三、四十年代的上海影藝界，龔秋霞與周璇雖然名列「上海十大歌星」的前兩位，享有「銀嗓子」的美譽，但比起周璇「金嗓子」的名聲[13]，畢竟又稍遜一籌——其重要原因，是因爲龔秋霞及其主演的《壓歲錢》在 1949 年以後，尤其是 1970 年代中國大陸「改革開放」後，沒有獲得與《馬路天使》同樣的傳播平臺和傳播高度，也就缺乏相應的傳播廣度。

若再從中國電影史的角度看，更廣泛的受眾群體和研究者對《馬路天使》和主演趙丹、主演兼主唱周璇的重新認識，有賴於 1970 年代末～1980 年代初《十字街頭》和《馬路天使》在中國大陸解除禁映後的再次公映。換言之，這兩部影片尤其是《馬路天使》和周璇，在電影史上獲得的了兩次生命。

而龔秋霞由於在 1946 年後轉道香港尋求發展，此後卓越的藝術貢獻便屬於香港電影的輝煌，就此在 1949 年後中國電影的歷史觀照視野中長久消失、寂寞無聲。因此，周璇與《四季歌》、《天涯歌女》，之所以超過龔秋霞及其演唱的《秋水伊人》，除了意識形態的人爲割裂與間隔，以及由此生發的個人命運的歷史轉折外，更有通俗文化在傳播效果的和大眾接受的原因——至於《夜半歌聲》中的插曲，迄今除了專業工作者，已然失去了受眾的關注，似乎已經完成了其歷史使命。

新市民電影發展到 1937 年，其歌舞元素的比例配置增加，一方面固然是出於滿足市場商業化需求的結果，另一方面也是電影文化自身發展的體現，因爲，與其說電影是一種綜合藝術載體，不如再次強調電影是一種新的藝術種類的結論。新市民電影對歌舞元素的強勢配置，既是其技術主義的特色，也是其主題思想上相對於左翼電影的投機主義體現。在《馬路天使》中，編導和製片方一方面提醒觀眾注意無從迴避的現實世界，另一方面又最大程度地滿足人們對視聽語言的音樂審美訴求。

圖片說明：同樣是金童玉女、帥哥靚妹的黃金組合，《馬路天使》中的趙丹和周璇讓中國大陸觀眾如夢方醒：沒有革命鬥爭和階級暴力的市井愛情，原來不僅同樣可歌可泣，而且早就存在。

具體地說，《馬路天使》中的左翼電影思想片段依然在不時閃亮，國防電影運動的背景依然存在，但對於新市民電影來說，其製片路線更在於市場商業化的規範。因爲，不要說 1930 年代，就是 1980 年代，中國大陸的普通民眾也沒有多少人可以擁有能夠播放歌曲的電子產品。因此，作爲音樂和歌曲的主要載體，電臺和電影的傳播就顯得極爲重要。

圖片說明：作爲多年以後的觀眾，很難說《馬路天使》到底是哪一點打動了心中哪一塊最柔軟的地方，是歌聲、小鳥、江南風情？還是唱歌的女子、私奔的愛情？或者是那埋藏已久的隱痛？

需要注意的是，1930 年代有聲電影出現後，已經完成外來音樂本土化的「老」一代音樂家，譬如黎錦暉（1891～1967）和黎錦光（1907～1993 年）兄弟，不僅已經完成了流行音樂的本土化，而且又將其與電影音樂創作完美地結合在一起：「從中國流行歌曲的風格來看，黎氏兩兄弟分別代表了流行歌曲的兩個時段：黎錦暉屬於 20、30 年代中國現代流行歌曲的開拓者，而黎錦光則是 30、40 年代流行歌曲高峰期的代表作曲家」〔14〕；黎錦暉在 1931～1936 年間，就曾爲十幾部電影配樂，「其中的大部分插曲是流行歌曲」〔15〕，黎錦光在 1939 年進入「百代唱片公司當音樂編輯後，開始爲上海各電影公司作曲，長達 10 年之久」〔14〕，他爲電影配樂和譜寫插曲的數量又遠遠超過乃兄〔15〕。

圖片說明：中國的流行音樂早在 1920 年代就興盛一時，1930 年代的電影有聲技術讓其如虎添翼。此外，《馬路天使》中的這個高端飲水設備，對 1980 年代的中國大陸民眾來說依然很稀罕。

就 1937 年前的國產電影配樂和插曲創作而言，黎錦暉前幾年培養出來的一批學生輩的後起之秀，成爲左翼電影興起後音樂創作的主力構成，譬如聶耳（1912～1935），「在黎家班共一年多時間，黎錦暉對他音樂基礎和音樂風格的影響是勿容忽視的。一些專家認爲，聶耳後來寫的歌曲，包括國歌，都有黎派音樂的影子」〔16〕。1936 年後，一些「留洋回國的『學院派』」，譬如賀綠汀〔16〕，也加入電影音樂的製作行列中：在上述 1937 年的四部影片中，《壓歲錢》、《十字街頭》和《馬路天使》的歌曲作曲全部由賀綠汀包攬，《夜半歌聲》的製曲（音樂），則歸屬於另一位同樣是新生代的作曲家冼星海。換言之，1930 年代初期的許多左翼音樂工作者，此時又大多加入了新市民電影音樂的創作〔註 11〕。

〔註 11〕需要再次強調補充說明的是，即使是當年的左翼電影，其歌舞場面也並非完全是爲思想主題服務的，與新市民電影一樣，依然存在著市場需求的商業化考量。譬如電通影片公司 1935 年出品的《風雲兒女》（作曲：聶耳），就有一場爲女主演王人美特地安排的舞女角色和歌舞場面——有意思的是，此時的周璇，不過是這場歌舞戲中的一個無名配舞。

圖片說明：1950 年代以後的香港電影，無論是怎樣的主題、題材、風格，永遠都少不了吃吃喝喝的場景。這種文化傳統和電影特色，來源於 1930 年代包括《馬路天使》在內的中國電影。

1932 年出現的左翼電影，其思想主題是對外反抗日本侵略，對內反抗階級剝削和階級壓迫，以革命性、階級性、宣傳性和暴力鬥爭爲主要特徵；1933 年出現的新市民電影，在有條件地借助左翼電影思想元素的同時，及時應用有聲電影新技術，在製作上強化其世俗主題和歌舞元素[10]。就《馬路天使》而言，眾多底層民眾的人物設置及其生活狀態的表現，就是對當年左翼電影關懷同情弱勢群體特質的借用發展。本片編導袁牧之曾經是當年左翼電影的代表編導之一，他所參與創作的電通影片公司（1933～1935），就曾在出品了有聲片時代左翼電影的經典代表影片《桃李劫》（1934）和《風雲兒女》（1935）之後，開始了新市民電影的生產，代表作就是中國第一部音樂喜劇片《都市風光》。

己、多餘的話

子、有聲片中的無聲片

《馬路天使》的一些特殊的視聽語言處理手法值得注意和讚賞。譬如夜晚女主人公小紅踩著一塊擱板，從半空中走到對面男主人公小陳的房間裏幽會，以及小陳幾次在窗口表演啞劇、小陳和小紅在房間裏偷吻等幾場戲，畫外音響和劇情的結合，既有無聲片時代的表演風格，又有配音片出現後常用的表現方式——這要歸功於袁牧之在《都市風光》中已經圓熟運用的編導手法。

丑、「野雞」、「神女」和「阮嫂」

與左翼電影激進的階級立場和先鋒理念傳達不同，新市民電影在政治和道德上的保守立場，更多地體現在對主流價值觀念的維護。譬如《馬路天使》中，一方面表現了對小雲的同情，另一方面又不無貶斥的態度。如果說，影片中的小陳可以說「這種人是不乾淨的」，那麼，字幕表上對這個人物的直接命名「野雞」，（類似的，片中還有「小孤孀」這樣的人物命名）。

從這個細節，其實就可以看出左翼電影和新市民電影對這個社會問題上的不同價值判斷：同樣是暗娼（底層性工作者），無論是字幕還是人物命名，吳永剛編導的《神女》（聯華影業公司1934年出品），除了片名上的職業性尊重，對女主人公「阮嫂」稱呼也多有平等含義——不僅沒有任何道德指向的價值貶低，並且還附加上了鄰家嫂子的親切——左翼電影和新市民電影的本質區分由此可見一斑。

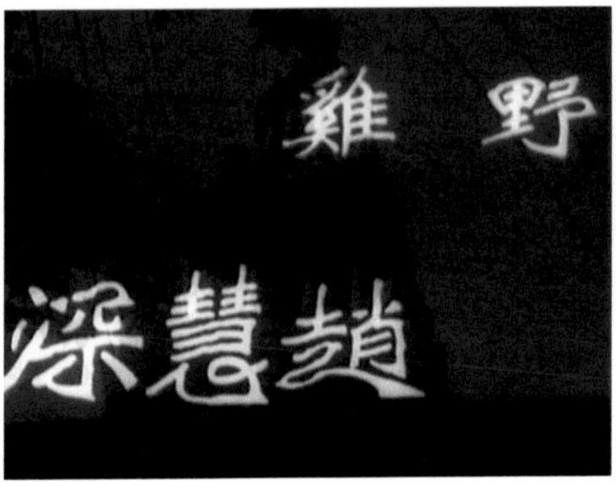

寅、高樓大廈和飲水機

新市民電影和左翼電影一樣，既共同脫胎於舊市民電影又有選擇地繼承其藝術表現手法，譬如民間視角的噱頭和幽默。1970年代末、1980年代初，我第一次看到《馬路天使》，與小陳和老王一樣，對上海的高樓大廈和律師樓裏的喝水設備（紙杯和飲水機）滿懷新奇、目瞪口呆——時尚或時髦永遠是相對的：2010 年的中秋之夜，剛開業不久的北京第一高樓——國貿三期的頂點旋轉餐廳，據說所有的靠窗座位都被預訂或擠佔一空云云。

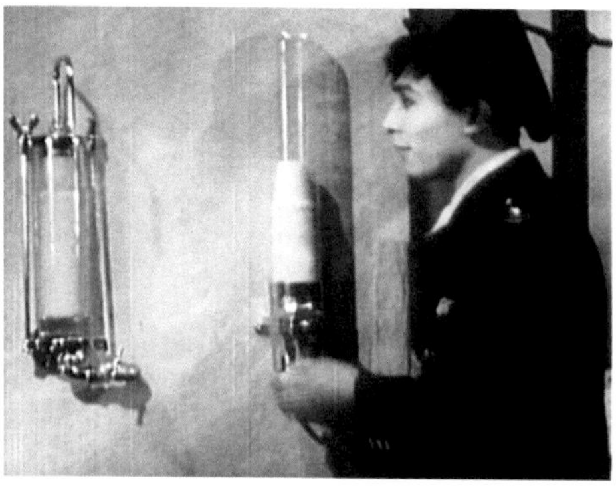

卯、報紙和信息牆

《馬路天使》類似的閃光點還有許多。譬如賣報的老王除了賣報，還熱衷於用報紙糊牆。結果，生活中重要的和不重要的事情都可以在牆上找到對應信息：時局如何？字怎麼寫？小陳要去打官司找哪個律師？……所有的信息都可以從「牆」上獲得——看到這裏，我自己不無恍然：這不就等於當年的上網嘛。民諺云：外事問谷歌，內事問百度，房事問天涯——難道 1937 的中國電影已經預測到了互聯網時代的到來？當然不是。這其實是人物性格刻畫的神來之筆，表明編導的生活觀察能力極好，因爲它還是推進情節和轉場的重要環節。

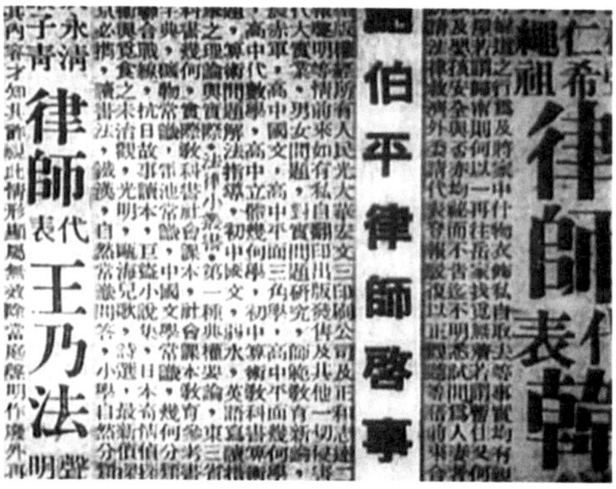

辰、經典影片的定義

就我這些年的電影課程教學經驗而言，所謂經典作品，就是所有的人都知道、但基本沒有看過，至少是沒有完整看過的影片。經典作品的可貴之處就是可以被反覆讀解、一再汲取營養；或者說，經典作品是可以被多次消費，但品質和外觀雖舊猶新；非經典作品就是那種一次性用品，或者直接就是垃圾。譬如，幾十年前的《馬路天使》，現在看上去這個故事的線索比較單一，實際不然：在小陳和小紅的情感發展主線上，還有小陳與小雲、小雲與老王這條線。而最後這條線並沒有因爲老王和小雲的偷情接吻而結束，實際上一直沿續到她臨終閉眼時沒有喝上的那口水——還用了一個閃回。這種暗含的曲折性大有深意。

巳、貨幣與國體

小陳想請個律師替小紅打官司，結果被告知律師費要五百兩銀子，小陳回來後大罵，說他媽的打官司還要錢，還要五百兩銀子！再往後，新房東來催房租時，老王拿出一塊錢搪塞，房東說洋錢不能用了，得用鈔票。《馬路天使》裏的這兩處細節，與同年年初「明星」出品的《壓歲錢》一樣，都涉及1935年年底（11月），民國政府頒佈以中央銀行、中國銀行、交通銀行（以及後來增加的中國農民銀行）發行的鈔票「爲國家信用法定貨幣」（法幣）取代銀本位的銀圓的條令[17]。而《馬路天使》的片頭，用字幕明確地交代了故事發生的時間背景是「1935年秋」。

民國政府 1949 年離開大陸，其中一個重要原因是經濟上的崩潰。《壓歲錢》和《馬路天使》都不同程度地表現了貨幣從銀元（「洋錢」）到鈔票（法幣）改換對民眾造成的困擾。按理說，從 1949 年後中國大陸不遺餘力地批判「舊社會」——也就是民國時代——「民不聊生」的角度和立場上說，兩部影片都適用如下的官方結論：「影片所描寫的一切社會罪惡現象，就是四大家族利用其反動的政治特權與經濟特權，對廣大人民巧取豪奪、無恥欺騙和瘋狂壓榨所造成的結果」〔1〕P436。

問題是，從傳播的角度上看，爲什麼 1949 年以後，《壓歲錢》的知名度遠遠不及《馬路天使》？原因有幾個，一個是《馬路天使》的男女主演後來都留在了大陸，（雖然後來男的坐牢，女的瘋掉），而《壓歲錢》的女主演龔秋霞則在此之前即遠走香港。其二，雖說貨幣改換對民生的困擾在兩部影片中都是個別現象和場景，但貫穿《壓歲錢》始終的，是國家政策法令的剛性體現，而在《馬路天使》中，則是揭示貧富差距的一個道具。

從這個意義上說，有同樣場景和細節的《烏鴉與麻雀》（崑崙影業公司 1949 年攝製、1950 年修改上映）的知名度，幾乎直追《馬路天使》。原因不在於趙丹還是擔任男一號，而在於這邊廂認爲影片「異常眞實地暴露了解放前夕國民黨統治區一片黑暗、分崩離析、末日來臨的景象」〔18〕P247，「眞實生動地再現了解放前夕國民黨統治區的混亂、黑暗，和光明即將來臨的社會面貌」〔18〕P248。那麼，《壓歲錢》連片子帶人在中國大陸都被人爲屏蔽多年也就不奇怪了。

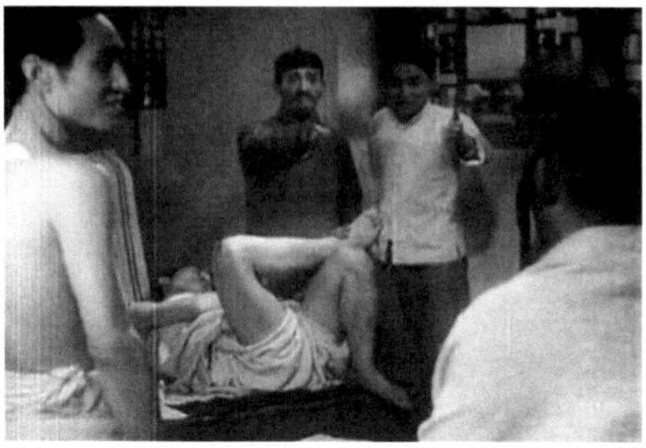

午、《馬路天使》是刪節版？

《馬路天使》的片頭字幕中，有兩個人物，一個是謝俊扮演的落難公子，一個是劉莉影扮演的落難千金。然而，無論是本文討論的這個版本，還是當年中國大陸電視臺播映的電影，都沒有這兩個角色的戲份，雖然，片頭字幕始終留存著這個記錄（見下面兩幅截圖）。

查了一下資料，原來這個謝俊，就是後來成爲大陸知名導演的謝添（1914～2013）。他的籍貫是廣東番禺，生於天津，原名謝洪坤，曾用名謝俊（見下面兩幅截圖之左圖）。1935年，經胡蝶的介紹進入電影行業，先後在了《馬路天使》、《生死同心》、《壓歲錢》、《四千金》等影片中出鏡[19]；1946年以後，在中央電影企業股份有限公司三廠主演過《聖城記》、《追》等影片；1949年進入北京電影製片廠，先後在《民主青年進行曲》（1950）、《新兒女英雄傳》（1951）、《六號門》（1951）、《林家鋪子》（1959）等片中飾演角色，導演作品有《探親記》（1957）、《水上春秋》（1959）、《洪湖赤衛隊》（1961）、《花兒朵朵》（1962）、《小鈴鐺》（1964）、《甜蜜的事業》（1979）、《七品芝麻官》（1979）、《丹心譜》（1980）、《茶館》（1982）等[20]。

圖片說明：以上左右兩幅圖片的來源出處，請分別參見文末參考文獻之[19]與[21]。

與謝俊搭檔扮演落難千金的劉莉影（見上面兩幅截圖之右圖），根據有限的資料顯示，其生卒年爲 1913～1993，籍貫遼寧，曾經就讀於北平法學院，1930 年代初期考入聯華影業公司北平演員養成所；1934 年進入聯華影業公司，先後參演《故宮新怨》（聯華五廠，1931）、《酒色財氣》（聯華，1934）、《海葬》（天一，1935）、《女權》（明星，1936）、《生死同心》（明星）、《四千金》（明星、1937）、《壓歲錢》（明星）、《馬路天使》（明星）、《花開花落》（藝華）等片，1949 年移居臺灣〔21〕。在上述影片中，現存的、公眾可以看到的只有《壓歲錢》，劉莉影在片中飾小女孩融融的母親。

現存的《馬路天使》版本中，根本沒有謝俊扮演的落難公子和劉莉影扮演的落難千金戲份。有材料說，影片完成後，編導「袁牧之請《十字街頭》的導演沈西苓提意見，把十三本的電影刪剪成了現在看到的九本，落難公子的戲也被剪了，所以字幕中雖然出現了謝俊的名字，卻沒看到謝添這張臉」〔19〕。沒有其它材料顯示更多的刪節原因，但從技術上說，既然刪掉了這場戲，那字幕表的對應刪節應該是同步的，至少技術上沒有任何問題。可至今這「刪節版」的《馬路天使》還是一副殘缺模樣。所以我懷疑，刪節並非完全出於同行的建議，而是因爲，女演員 1949 年後去了臺灣，男演員成爲大陸業界棟樑——誰也不想惹上政治上的麻煩，但誰也不想再動動手，於是，就成了現今的模樣〔註 12〕。

〔註 12〕 本章的**甲**、**乙**、**丙**、部分，以及**結語**的最後一個自然段，共約 8000 字，最初曾以《〈馬路天使〉：新市民電影的經典之作——基於左翼電影和國防電影背景的審視》爲題，先行發表於《汕頭大學學報》2011 年第 1 期（福建，雙月刊）；本章其餘的**丁**、**戊**、部分，以及**結語**的前六個自然段，共約 6000 字，亦曾以《1937 年國產電影音樂配置與傳播效果的世俗影響》爲題，先行發表於《中國音樂》2011 年第 3 期（北京，季刊）。以上兩部分最初的文字和圖片，

初稿時間：2005年4月10日
二稿時間：2010年10月8日～23日
三稿配圖：2011年6月6日～16日
圖文增訂：2015年10月26日～31日

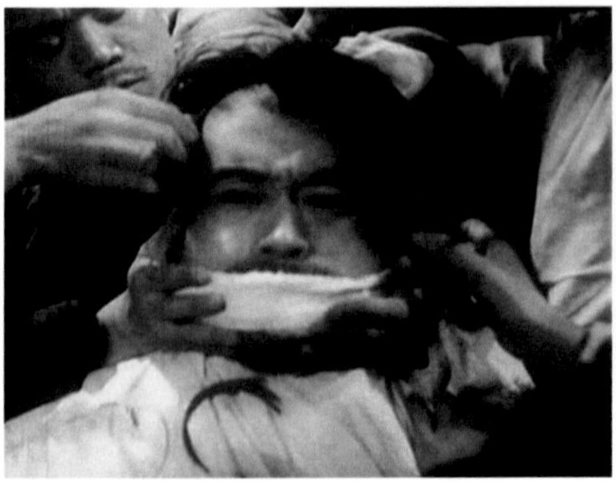
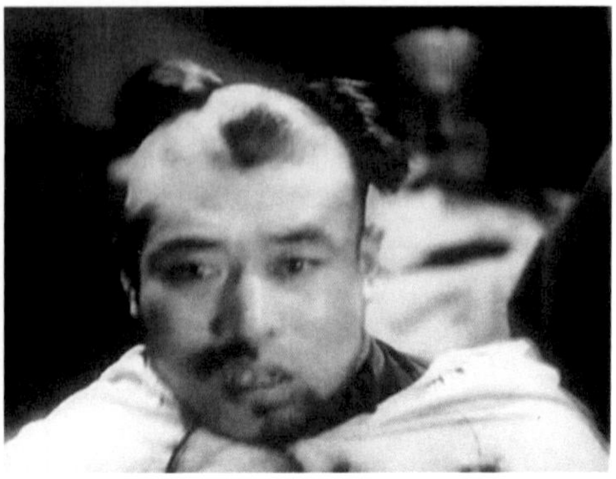

參考文獻：

〔1〕程季華，中國電影發展史：第1卷〔M〕，北京：中國電影出版社，1963。
〔2〕鍾大豐，舒曉鳴，中國電影史〔M〕，北京：中國廣播電視出版社，1995。
〔3〕陸弘石，舒曉鳴，中國電影史〔M〕，北京：文化藝術出版社，1998：59。
〔4〕周星，中國電影藝術史〔M〕，北京：北京大學出版社，2005。
〔5〕李少白，中國電影史〔M〕，北京：高等教育出版社，2006：71。
〔6〕李道新，中國電影文化史〔M〕，北京：北京大學出版社，2005。
〔7〕丁亞平，影像時代中國電影簡史〔M〕，北京：中國廣播電視出版社2008。
〔8〕【法】喬治·薩杜爾，世界電影史〔M〕，徐昭，胡承偉，譯，北京：中國電影出版社，1995（：561）//李少白.中國電影史〔M〕，北京：高等教育出版社，2006：71。
〔9〕袁慶豐，國防電影與左翼電影的內在承接關係——以1936年聯華影業公司出品的《狼山喋血記》爲例〔J〕，佛山科技學院學報，2008（2）：17～19。
〔10〕袁慶豐，1922～1936年中國國產電影之流變——以現存的、公眾可以看到的文本作爲實證支撐〔J〕，學術界，2009（5）：245～253。

後作爲第五章收入拙著：《黑夜到來之前的中國電影——1937年現存國產影片文本讀解》，題目是：《〈馬路天使〉：何以成爲新市民電影的經典之作——基於左翼電影和國防電影背景的考量》；現今的**閱讀指要**是成書版和雜誌發表版的合成；沒有**圖片說明**的插圖均截自《馬路天使》，**己、多餘的話**之**巳、午**部份，亦均爲本次修訂時新增。特此申明。

〔11〕錢理群，溫儒敏，吳福輝，中國現代文學三十年（修訂本）〔M〕，北京：北京大學出版社，1998。
〔12〕袁慶豐，中國現代文學和早期中國電影的文化關聯——以 1922～1936 年國產電影爲例〔J〕，中國現代文學研究叢刊，2010（4）：13～26。
〔13〕百度百科>百科名片>龔秋霞.http：//baike.baidu.com/view/199178.htm〔登陸時間：2010-10-24〕
〔14〕百科首頁>瀏覽詞條>黎錦光編輯詞條>摘要：http：//baike.soso.com/v8050812.htm。〔登錄時間：2010-10-23〕
〔15〕百度百科.http：//baike.baidu.com/view/86119.htm?fr=ala0_1_1〔登陸時間：2010-4-29〕
〔16〕新浪→新聞中心→文化新聞→新民周刊專題→記者／錢蕉，撰稿／王悦陽（記者），http：//news.sina.com.cn/c/cul/2007-10-17/120414106201.shtml〔登陸時間：2010-4-27〕。
〔17〕百度百科→法幣：http：//baike.baidu.com/view/34016.htm〔登陸時間：2010-4-29〕
〔18〕程季華，中國電影發展史：第 2 卷〔M〕，北京：中國電影出版社，1963。
〔19〕高麗莉，謝添：將生命當喜劇的電影大師〔N〕，深圳：晶報，2009-01-06（C4）。
〔20〕百度百科→謝添 http：//baike.baidu.com/link?url=zwsOm4F3WaA4 k44r99QcTrxXnOiqcP0DrBWAb_1abhZmU7FZtMrmOUwflEyBI_XVtXQzUwdnxaLYadEAzxU_TISvTQlLJ4bEpcaYmBdro-q。
〔21〕早期女影星劉莉影（2014-03-24，21：07：27），網址：http：//blog.sina.com.cn/s/blog_9862f0550101r6ok.html。

Classic of New Citizen Film：Background Survey Based on Left-wing Film and National Defense Film—Street Angels （1937）： Sample Twelve of New Citizen Film Analysis

Read Guide：New Citizen Film representative, Street Angels established thoughts with left-wing film elements and historical background with national defense film character. The film reinforced the application of dances and songs, especially the theme song, to consolidate the dominant status of New Citizen Film around 1937 the outbreak of counter-Japanese War. The more important is that prosperity of pop music and universal use of sound technology in 1930s brought about much change in film audio and video language. Lucky Money, Songs at Midnight, Crossroads,

Street Angels produced in 1937, can be viewed by present people, in which high proportion of dances and songs, new generation composers and two-field star constructed selling points of the film, and boosted development of local music with modern style. That means production pattern of New Citizen Film and carrier of national spirits escaped destroy successfully that war brought to national culture and style of films in conquered areas, laid foundation in thoughts and art to help recover film production soon after war.

Key words：Left-wing Film；National Defense Film （Campaign）；New Citizen Film；elements of dances and songs；national style; communication effect；

本章的第一、二張圖片爲《馬路天使》的 VCD 封面封底照，這是該片的 DVD 封面封底照。

第拾參章　《夜半歌聲》（1937年）——驚悚元素與大衆審美的再狂歡

閱讀指要：

作為中國有聲電影史上的第三部高票房影片，《夜半歌聲》在當年轟動一時，據説影片的廣告還嚇死過人，而這一點現在竟然還被看作是電影營銷的經典案例。對於這些我並不感興趣，因為這不人道。我認為，影片可以庸俗，觀眾可以庸俗，但研究者和專業工作者不可以。從電影史的角度説，無論它具有怎樣的恐怖特色，也不論它曾獲得怎樣的歷史評價，在我看來，《夜半歌聲》既不屬於左翼電影，也不具備國防電影的屬性，這不過是一部新市民電影的平庸之作：將屬於市場賣點的歌舞場景與驚悚/恐怖元素結合在一個傳統的三角戀情模式當中，反映著新市民電影在1937年的新發展。

關鍵詞：驚悚/恐怖元素；國防電影；左翼電影；新市民電影；新技術主義；市場最大化；

專業鏈接 1：《夜半歌聲》（故事片，黑白，有聲），新華影業公司 1937 年出品。VCD（雙碟），時長：118 分 8 秒。

〉〉〉**編劇、導演**：馬徐維邦；**攝影**：余省三、薛伯青。

〉〉〉**主演**：金山、胡萍、施超。

專業鏈接 2：原片片頭字幕及演職員表字幕（標點符號爲錄入者添加）

新華影業公司。《夜半歌聲》。

作詞：田漢；製曲：冼星海；中華無線電研究社錄音機錄音；

錄音：陸元亮、林秉憲；攝影：余省三、薛伯青；

布景：張雲喬、茅愚言；剪輯：陳翼青；

洗印：許明、許荷香、陸俊賢；陳設：沈維善；

化妝：宋小江；劇務：蕭聲、李鴻泉；

場務：徐景文；場記：李虎、吳劍晃；道具：屠梅卿。

演員表：

李曉霞……胡　萍，宋丹萍……金　山，乳　媼……周文珠，
孫小鷗……施　超，綠　喋……許曼麗，湯　俊……顧夢鶴，
守門老者……王為一，淑　芳……陳　雲，李憲臣……蕭　英，
鍾笑天……李君磐，團　主……劉尚文，導　演……陳寶琦，
鍾　妻……王盈盈，店　夥……宗　由，店　夥……梁　新，
團　員……蔡覺非。

編導：馬徐維邦。

專業鏈接 3：鏡頭統計

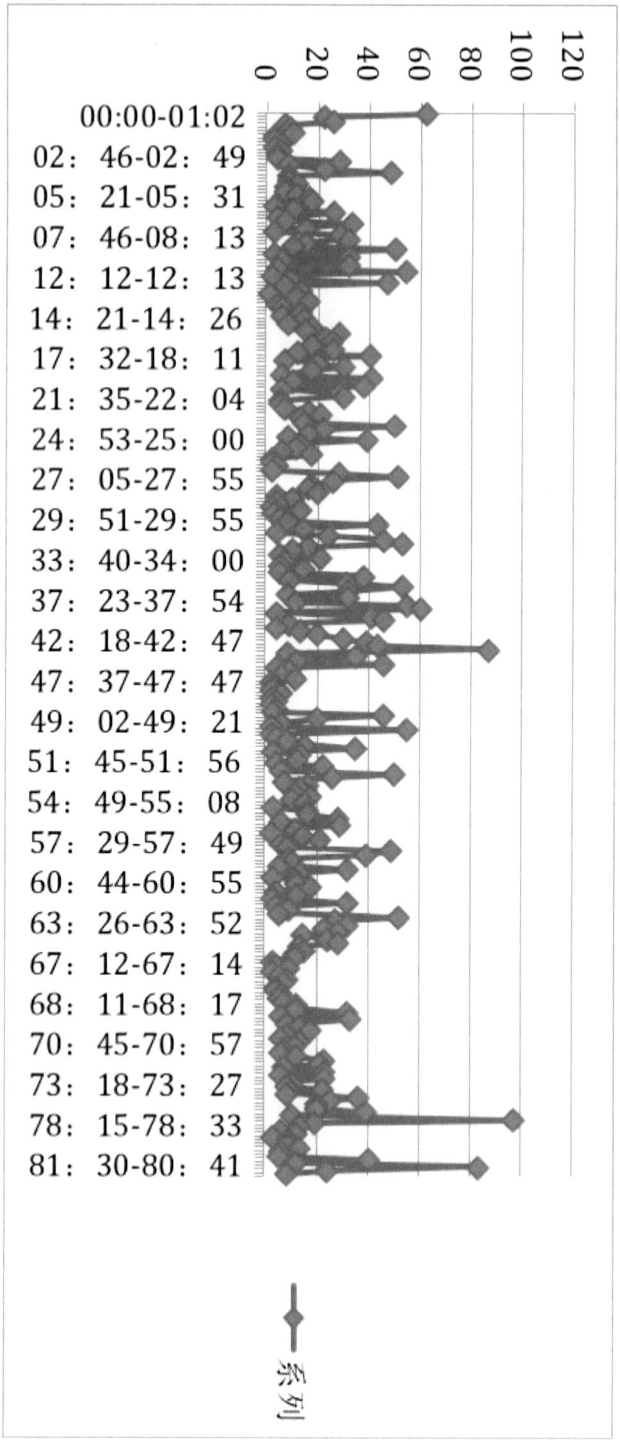
0
20
40
60
80
100
120
00:00-01:02
02：46-02：49
05：21-05：31
07：46-08：13
12：12-12：13
14：21-14：26
17：32-18：11
21：35-22：04
24：53-25：00
27：05-27：55
29：51-29：55
33：40-34：00
37：23-37：54
42：18-42：47
47：37-47：47
49：02-49：21
51：45-51：56
54：49-55：08
57：29-57：49
60：44-60：55
63：26-63：52
67：12-67：14
68：11-68：17
70：45-70：57
73：18-73：27
78：15-78：33
81：30-80：41
系列

說明:《夜半歌聲》全片時長 118 分 8 秒,共 568 個鏡頭。其中:

甲、小於和等於 5 秒的鏡頭 198 個,大於 5 秒、小於和等於 10 秒的鏡頭 148 個,大於 10 秒、小於和等於 15 秒的鏡頭 77 個,大於 15 秒、小於和等於 20 秒的鏡頭 47 個,大於 20 秒、小於和等於 25 秒的鏡頭 26 個,大於 25 秒、小於和等於 30 秒的鏡頭 20 個,大於 30 秒、小於和等於 35 秒的鏡頭 11 個,大於 35 秒、小於和等於 40 秒的鏡頭 14 個,大於 40 秒、小於和等於 45 秒的鏡頭 8 個,大於 45 秒、小於和等於 50 秒的鏡頭 5 個,大於 50 秒、小於和等於 55 秒的鏡頭 6 個,大於 55 秒、小於和等於 60 秒的鏡頭 2 個,大於 60 秒、小於和等於 65 秒的鏡頭 1 個,大於 65 秒、小於和等於 70 秒的鏡頭 0 個,大於 70 秒、小於和等於 75 秒的鏡頭 1 個,大於 75 秒、小於和等於 80 秒的鏡頭 1 個,大於 80 秒、小於和等於 85 秒的鏡頭 0 個,大於 85 秒、小於和等於 90 秒的鏡頭 2 個,大於 90 秒、小於和等於 95 秒的鏡頭 0 個。

乙、片頭鏡頭 10 個,片尾鏡頭 1 個,黑屏鏡頭 1 個。

丙、固定鏡頭 477 個,運動鏡頭 80 個。

丁、遠景鏡頭 63 個,全景鏡頭 162 個,中景鏡頭 211 個,近景鏡頭 81 個,特寫鏡頭 41 個。

(圖表製作與數據統計:劉曉琳)

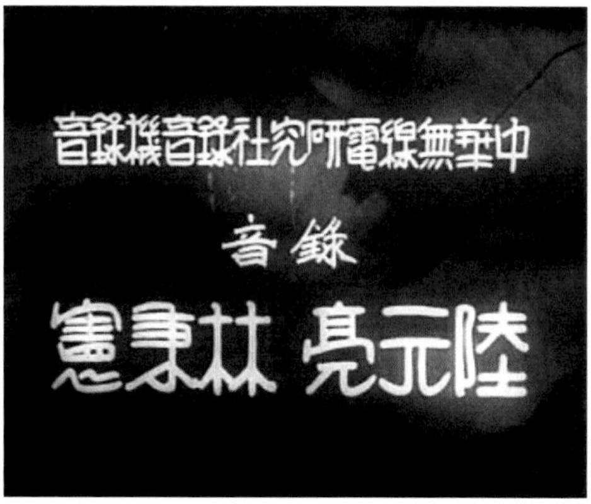

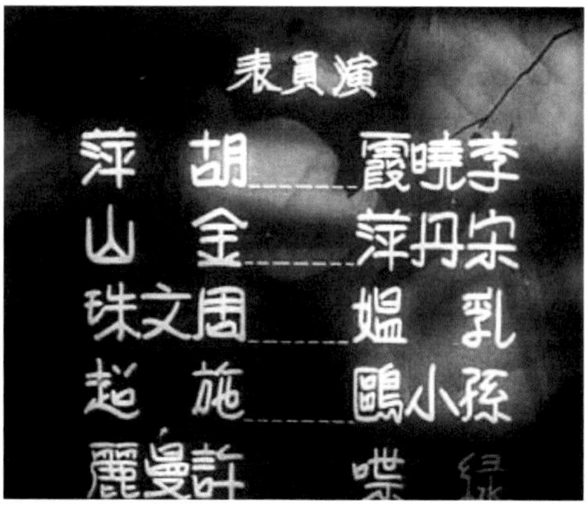

專業鏈結 4:影片經典臺詞

「我這次成功,承蒙您幫助我,我真不知道怎麼來感謝你。我永遠、永遠忘不了,您給我的恩德」——「不用謝我,謝你自己的努力吧!」

「不要害怕!我是人!我是同你一樣,有血、有肉、有靈魂的人!」

「朋友,年輕的朋友,你是個有熱情、有勇氣、有希望的青年。我等了整整的十年,到今天才等到了你、我的理想中的你,現在我要把我過去的一切,完整地告訴你」。

「我在那時候，因為環境太危險，所以我就只好藏在一個秘密的地方。當時，我雖然只有十幾歲，但是，我有膽量，我有一種爭取自由的決心。所以，我已經是幾千個革命青年的領袖了。我一生，也就在那個時候，算是我的黃金時代」。

「你拿什麼標準來評論他的人格？你自己不想一想，你是什麼東西？不要太欺負人了！想學惡霸的行為來壓迫人嗎？我的事更用不著你管！」

「帶回去，把這封信帶回去吧！告訴她，我死了，我死了，我再也不能和她見面了！我是個鬼，我是個野獸，這個社會，這個世界，我再也不能和你們見面！」

「笑話！尊重人格？難道說我湯大爺看中了你，還不尊重你的人格嗎？哦，姑娘，你也別太傻了！我雖然愛慕你，可是我一半還是可憐你！你跟著這些走江湖的，東飄西蕩，沒有一個歸宿，多麼可憐啊！還不如跟著我，終身有靠呢」——「謝謝你，湯先生，我已經有靠了！」——「啊！你靠誰？」——「我靠、我靠那以心血、精神建築成功的藝術！」——「啊？藝術？哈哈，哈哈哈，哈哈哈哈……」。

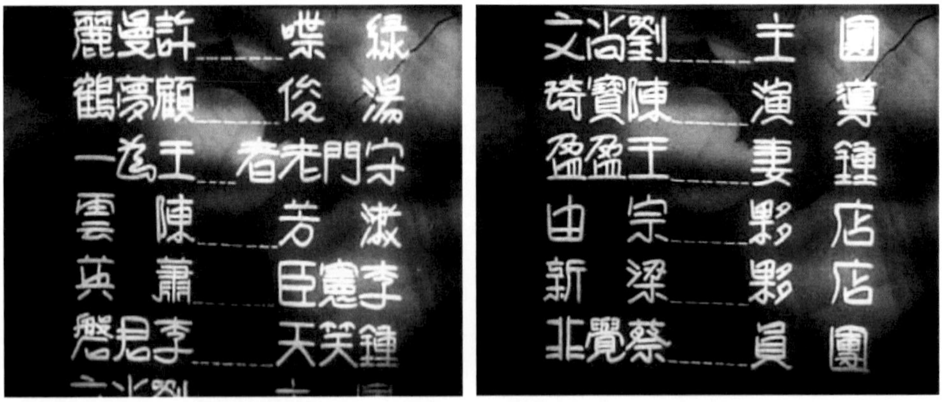

專業鏈結5：影片觀賞推薦指數：★☆☆☆☆

甲、前面的話

1937年之前的中國電影市場，基本上處於外國電影尤其是美國電影占絕對優勢的情形之下。譬如，1933年中國國產影片的生產數字是89部，輸入的外國長片則有421部，其中美國影片309部，「占全部輸入量的73.4%」；1934年，國產片的出品數字是84部，「輸入的外國長故事片達407部，其中美國片就有 345 部，占全部輸入量的 84.8%」，同時，外國電影基本壟斷了中國各大城市的首輪影院〔1〕P161。

相形之下，「當時的國產片，在上海首映時，映期一般只有 3～5 天」〔2〕。但對於正逢黃金時代的中國電影而言，1930 年代的國產電影也並非沒有不俗的表現。1933 年，明星影片公司的《姊妹花》〔註 1〕，在上海（新光大戲院）公映時，「創造了連續放映了 60 餘天的票房記錄」〔3〕P239，是爲中國國產影片市場有聲片時代第一部高票房電影；1934 年，聯華影業公司出品的配音片《漁光曲》〔註 2〕更是連續放映 84 天，再創票房新高〔3〕P334。至 1937 年，由新華影業公司出品的「恐怖片」《夜半歌聲》，成爲又一部獲得空前反響和高票房的國產影片〔4〕，連映 34 天〔5〕。

圖片說明：從 1922 年創立到 1937 年公司解體，張石川和鄭正秋主導的明星影片公司及其發展歷程，其實就是早期中國電影波浪起伏的見證，女星胡蝶則是一個旁證。（圖爲《姊妹花》截圖）

電影的高票房雖然從來都不是一部電影的經典型保證和唯一的優劣衡量指標，但一直是社會反響的一種客觀現實反映，同時也是研究者切入歷史語境、分析一部作品生成背景乃至劃分文本類型歸屬的一個可以選擇的通道。

〔註 1〕我對《姊妹花》的具體討論意見，請參見本書第二章：《〈姊妹花〉（1933 年）——雅、俗互滲與高票房電影》。

〔註 2〕我對《漁光曲》的具體討論意見，請參見本書第五章：《〈漁光曲〉（1934 年）——超階級的人性觀照》。

就中國電影史而言，1933 年的《姊妹花》標誌著新市民電影作為一種新電影類型的確立和成熟，更重要的是，新市民電影誕生於左翼電影的高峰時期。中國電影有聲片時代的第二部高票房電影《漁光曲》也有相似背景，而且同樣不屬於左翼電影序列。

明星影片公司出品的許多貌似左翼電影、實際上是新市民電影的影片都是在有條件、有選擇地抽取借用左翼電影思想元素的前提下調製出產的，用夏衍的話來說就是，「改動一些情節，修潤幾句對話……想盡方法在這個既定的故事裏面加上一點『意識』的作料，使這部影片多多少少能有一點宣傳教育的意義……轉彎抹角、點點滴滴地在資本家經營的電影商品中間，加進了一些進步思想，而執拗地把電影引向為政治服務的方向」[3] P327。

圖片說明：現在看來，聯華影業公司出品的《漁光曲》之所以成為有聲片時代的第二部高票房電影，除了同名主題歌的功勞外，編導從左翼電影向新市民電影的成功轉軌也是一個重要原因。

但是，1937 年的《夜半歌聲》是國防電影運動發起一年後的作品，無論在當時還是現在，都只被當做「恐怖/驚悚」電影或者「反帝、反封建」的影片看待，甚至被指責「背離」了「當時國防電影運動的主導思想」[3] P490，乃至幾十年後又被中國內地和香港翻拍。因此，這部影片的歷史定位和研討價值就有進一步討論的必要。

乙、《夜半歌聲》的歷史評價及其依存的社會時代與電影文化的生態背景

《夜半歌聲》講的是一個劇團借宿在一所破敗的戲院，半夜遇到一個半人半鬼的「怪物」，原來這就是當年紅極一時的演員沈丹萍，十年前被人拆散美好姻緣並用鏹水毀容後隱居此地。不久，當年的仇人又來侮辱劇團的女主演，沈丹萍殺死仇人後自己也葬身火海。

1960 年代中國大陸官方的電影史研究中，對這部影片的論述既洋溢著主流意識形態的權威性、代表性，又彰顯著在其全面掌控下的時代性：「《夜半歌聲》雖然在一定程度上暴露了封建統治階級的橫行霸道，描寫了宋丹萍的

反封建鬥爭。但是影片作者所大力渲染表現和讚美的宋丹萍的個人英雄主義、自我奮鬥、小資產階級的狂熱以及他與李曉霞的『纏綿悱惻』的愛情，卻是和當時國防電影運動的主導思想相背離的。在藝術表現上，導演完全照抄了《歌場魅影》一類的好萊塢恐怖片的手法，這也損害了它僅有的一點有益內容」〔3〕P490～491。

這樣的政治至上的判定標準，實際上已經取消了對左翼電影代表人士田漢給影片修改劇本和爲插曲與主題歌作詞的高度評價。換言之，在三十多年前的中國大陸電影史研究當中，《夜半歌聲》值得一提的，不過是田漢的作詞和冼星海的配曲，同時在整體上否定了影片與國防電影運動的關聯，並不把它看作是國防電影。

圖片說明：《夜半歌聲》融兇殺、豔情、打鬥、驚悚、情色、時政、歌舞和宣傳、啓蒙於一體，與其說迎合滿足了市場需求，不如說用市場證明，中國新電影的好萊塢電影本土化極爲成功。

進入 1990 年代，大陸的中國電影史論研究，對於《夜半歌聲》大致有兩種情形。第一種是要麼不置一詞，要麼只是大而化之地高頭講章，語焉不詳。第二種情形比較負責，首先是多著眼於電影的藝術特色。譬如有人認爲，這部影片表現了導演「帶有表現主義特點的心理恐怖風格」〔6〕P50；還有人進一步闡發其表現手法：「影片以恐怖類型片的面貌出現，在技巧上學習了好萊塢恐怖電影的很多手法，通過懸念的製造和光影的渲染，的確具有強烈的視覺效果。影片音響音樂效果也十分切合故事情節的發展，總體情節和氛圍十分完整」〔7〕P88～89。

圖片說明：《夜半歌聲》的左翼電影-國防電影元素所在多見，歌舞元素亦佔有相當的地位和篇幅，但這些都始終無法改變整部影片的新市民電影性質，這主要歸功於公司老闆張善琨的主張。

其次，値得注意的是，前者是將《夜半歌聲》放置在「新興電影運動」〔6〕P39

的名目下討論時提及，後者則是在認爲「新華」公司出品了「一些具有進步意識」、「特別是『國防電影』」[7] P86 的前提下，涉及影片的內容和藝術表現特徵。第三，有人從電影本體意識的角度，談到《夜半歌聲》的類型歸屬，認爲影片「不是一部純粹的商業影片，而是一部以恐怖片的影音元素、敘事結構和導演手法傳遞反帝、反封建的前進意識及關注時代、探詢人性的優秀作品」[8]。如果延伸閱讀分析這些評價，不能不承認，六十多年來中國大陸的電影史研究，基本上對《夜半歌聲》的評價沒有本質的變化。

這些其實都不是我關心的：這樣的讀解對《夜半歌聲》的意義不是很大。因爲，只要把《夜半歌聲》還原到 1930 年代的中國電影歷史語境當中就會發現，這是一部典型的新市民電影。在我看來，從中國電影誕生，一直到 1932 年之前，這一時期的國產電影只有一種類型或曰一個性質，我稱之爲舊市民電影。舊市民電影的主題和題材基本上局限於家庭婚姻倫理和武俠打鬥，其所依託取用的文化資源是舊文化和舊文學，其受眾群體和傳播階層主要是以中下層市民爲主。

1932 年，以孫瑜編導的《野玫瑰》和《火山情血》爲標誌，以宣揚階級性、革命性和暴力性爲主要核心理念的左翼電影出現，其觀眾群體主要是以青年學生爲代表的知識階層，新文學和新文化從思想體系到編、導、演人才，全面介入國產電影製作領域並產生重大影響。一年後的 1933 年，《姊妹花》的大獲成功，標明著新市民電影的出現。左翼電影和新市民電影，也就是前面提到的、近年來電影史學界所謂的「新興電影」。

圖片說明：就現存的、公眾可以看到的影片而言，左翼電影對舊市民電影的情色元素承接、發揚較多，新市民電影相對較少。而《夜半歌聲》中的這類鏡頭，恰恰是抽取左翼電影元素所致。

由此可見，中國電影在 1930 年代初期的新、舊之別已經成爲公論。由於「新」電影都是在「舊」電影的基礎上發展演變而來的，因此，無論左翼電影還是新市民電影都在不同程度上借鑒、承襲了舊市民電影的一些基本構成元素，譬如情色元素、三角男女結構以及噱頭、鬧劇的表現手法。

同樣是屬於新電影，左翼電影和新市民電影除了在文化和文學資源的依託和取用上與舊市民電影有所區別之外，它們的共同點還在於二者都毫無例外地、多多少少地加入了社會和時代思潮的即時反應；換言之，社會革命在一定程度上都在左翼電影和新市民電影中得到反映，但同時，二者的本質區別也是顯而易見的。

圖片說明：《夜半歌聲》所有的打鬥場面，其實來自左翼電影的暴力元素。而左翼電影的階級暴力，是將舊市民電影裏的個體暴力轉化爲集體/階級暴力的結果，但似乎揚棄了其恐怖元素。

左翼電影的階級性、革命性、暴力性，是以意識形態上的批判性、宣傳性和鼓動性見長，其代表作品除了 1932 年的《野玫瑰》和《火山情血》，還有 1933 年的《天明》、《母性之光》，1934 年的《小玩意》；無聲片中的最高代表是 1934 年的《神女》，有聲片的最高代表是 1935 年的《風雲兒女》。左翼電影的通病在於理念大於形象，宣傳大於藝術，而這種局限性由於左翼電影隨著 1936 年國防電影的興起而強行轉型，它的時代性特徵沒有得到及時克服，從而在 1949 年之後被中國大陸電影全盤吸收，並且得到了片面放大和無限繁殖，最終在 1970 年代的「文革」時期達到頂峰〔註 3〕。

新市民電影在意識形態上採取與左翼電影不同的取用態度，在對待社會問題的態度上持政治保守立場，絕不直接和正面介入意識形態話語權力的爭奪；換言之，它對左翼電影所涉及的階級性、暴力性和批判性，更願意採取一種調和的立場、妥協的姿態、溫和地表現和具有中國特色的大團圓方式。其次，新市民電影是新技術主義製片路線的積極擁護者和踐行者。

1930 年代初也是中國電影從無聲片向有聲片的交替過渡時期，但作爲左翼電影的生產中心，聯華影業公司對新技術（有聲技術）並不熱心，從公司的角度是出於成本高昂的顧慮[3] P158～159；從編導和產品營銷效果的角度來看，

〔註 3〕我個人這一問題的深入討論意見，請參見拙作：《黑白膠片的文化時態——1922～1936 年中國早期電影現存文本讀解》、《黑夜到來之前的中國電影——1937 年現存國產影片文本讀解》，以及《黑馬甲：民國時代的左翼電影——1932～1937 年現存中國電影文本讀解》中的相關章節。

「聯華」的不熱心在於它的底氣：左翼電影迅速取代舊市民電影佔領了市場，成爲主流電影——這就是爲什麼無聲片時代左翼電影的最高代表是《神女》；換言之，到了 1934 年「聯華」還堅持出品無聲影片，但同樣取得很高的成就——直到 1936 年，「聯華」才全面轉入了有聲片的生產。

與左翼電影不同的是，新市民電影從一開始就積極奉行新技術主義製片路線，其代表就是當年舊市民電影生產中心之一的明星影片公司，代表作品是 1933 年的《脂粉市場》和《姊妹花》，（以及最近兩年才剛剛在專業學術會議上向與會者放映的《二對一》）。前兩部是完全意義上的有聲片，其聲畫同步與音質的優良，遠非聯華影業公司同時期的配音片所能比配。

圖片說明：1933 年明星影片公司出品的《姊妹花》，之所以成爲新興電影的第一部高票房影片，除了有聲技術的使用之外，建立在傳統倫理道德之上的親情至上主張顯然是一個重要的原因。

與左翼電影的區別一樣，新市民電影與舊市民電影之間本質的不同，除了電影歷史進程中時間上的先後外，依然體現對意識形態的站位與取用態度上。新市民電影會有條件地選取一些左翼思想元素——這就是爲什麼同屬於市民電影，但卻有新、舊之分的根本原因；同樣，這也可以解釋，爲什麼觀眾會在許多新市民電影中發現許多貌似左翼電影的東西，譬如，《姊妹花》就是如此。在對待社會問題的立場上，新市民電影雖然和左翼電影分道揚鑣，但卻與舊市民電影一脈相承。

圖片說明：《姊妹花》中的窮姐姐大寶在富人家裏當奶媽，她在怒斥有錢人不肯借錢給窮人之後，無奈中又去偷竊小少爺的金質長命鎖，這些言論和情節顯然是對左翼電影思想元素的借用。

而舊市民電影之所以爲「舊」，就是因爲其中並無新市民電影中的這些新鮮元素，其人物、事件的矛盾和解決，完全局限於舊道德和舊文化的範疇之內，即「僅僅停止於『善』與『惡』的抽象說教」[3] P238。舉凡家庭、婚姻與愛情的衝突，無不以遵循傳統倫理的方式解決，同時對新文化不無批判和諷刺。就現存的、公眾可以看到的 9 部影片而言，概莫能外〔註 4〕。

1936 年年初，電影界發起旨在宣揚「民族解放」[3] P417 的國防電影運動後，左翼電影基本被整合或者強行轉型，因爲文藝界一系列歸屬在「國防」名義下的團體和主張都是團結在抗日救亡的旗幟之下[3] P418，而這正是左翼電影當初最主要的政治訴求之一。左翼電影當中所謂的抗敵救國和階級鬥爭理念，對外指的是日本日漸逼近的全面侵華戰爭，對內指的是民國政府的日益獨裁和強勢階層（地主資產階級）對弱勢階層（工農階級和知識分子）的壓迫。唯一有所區別的是，國防電影中的民族矛盾整體上替代和遮蔽了左翼電影中凸顯強調的階級矛盾〔註 5〕。

〔註 4〕這 9 部影片都是無聲片/默片，分別是：《勞工之愛情》（又名《擲果緣》，明星影片公司 1922 年出品）、《一串珍珠》（長城畫片公司 1925 年出品）、《西廂記》（民新影片公司 1927 年出品）、《情海重吻》，（大中華百合影片公司 1928 年出品）、《雪中孤雛》（華劇影片公司 1929 年出品）、《兒子英雄》（長城畫片公司 1929 年出品），以及《一翦梅》、《桃花泣血記》和《銀漢雙星》（這三部均爲聯華影業公司 1931 年出品）。另外，尚有我最近幾年才看到的《海角詩人》（殘片，民新影片公司 1927 年出品）、《紅俠》（友聯影片公司 1929 年出品）、《女俠白玫瑰》（一名《白玫瑰》，華劇影片公司 1929 年出品）、《戀愛與義務》（聯華影業公司 1931 年出品）、《銀幕豔史》（明星影片公司 1931 年出品）。對上述影片的具體討論意見，請參見拙著《黑棉襖：民國文化中的舊市民電影——1922～1931 年現存中國電影文本讀解》（上下冊）。

〔註 5〕對國防電影的文本讀解及其與左翼電影的交集與界定，請參見拙作《國防電影與左翼電影的內在承接關係——以 1936 年聯華影業公司出品的<狼山喋血記>爲例》（載《佛山科技學院學報》2008 年第 2 期）、《電影市場對左翼電影類型轉換及其品質提升的作用——以〈壯志淩雲〉爲例》（載《南京師範大學文學院學報》2009 年第 2 期）、《〈聯華交響曲〉：左翼電影餘緒與國防電影的雙重疊加——1937 年全面抗戰爆發之前中國國產電影文本讀解之一》（載《浙江傳媒學院學報》2010 年第 2 期）、《新電影的誕生是時代精神和市場需求的產物——以 1937 年新華影業公司出品的〈青年進行曲〉爲例》（載《北京電影學院學報》2011 年第 3）、《左翼電影-國防電影與新中國電影的血統淵源——以 1937 年新華影業公司出品的〈青年進行曲〉爲例》（載《杭州師範大學學報》2011 年第 4 期）、《〈春到人間〉：從左翼電影向國防電影的強行轉化——辨析孫瑜在 1937 年爲中國電影所做的歷史貢獻》（載《當代電影》2012 年第 2 期）等，上述文章的完全版分別收入《黑白膠片的文化時態——1922～1936 年中國早期電影現存文本讀解》和《黑夜到來之前的中國電影——1937 年現存國產影片文本讀解》兩書，敬請參閱。

問題是，就現存的、公眾可以看到的影片文本而言，國防電影運動興起後，由於電影的生產流程和市場慣性，左翼電影並沒有完全消失，不僅尚有相當篇幅和片段留存，而且其個中元素一如既往地被方興未艾的新市民電影所抽取使用。左翼電影在 1936 年的證據是《孤城烈女》(《泣殘紅》)，1937 年的證據是《聯華交響曲》中的幾個短片〔註 6〕；新市民電影在 1936 年的證據是《新舊上海》，1937 年的證據之一是《壓歲錢》等〔註 7〕。

圖片說明：《夜半歌聲》的新市民電影性質，決定了它在興起時有條件地抽取借用左翼電影思想元素，而在 1937 年國防電影運動興起的背景下，又從後者那裏及時提取新的思想表現元素。

實際上，由於直至 1937 年 7 月抗戰全面爆發之前政府當局並沒有公開的抗日政策頒佈〔3〕P421，同時，就現存的、公眾可以看到的國防電影而言，其抗日救國的題材與表現依然是當年左翼電影的影射路數。但值得注意的是，1936 年～1937 年 7 月之間的國防電影，在

〔註 6〕《孤城烈女》(原名《泣殘紅》，故事片，黑白，配音)，聯華影業公司 1936 年出品；編劇：朱石麟；導演：王次龍；主演：陳燕燕、鄭君里、尚冠武、李君磐、韓蘭根、洪警鈴、黃筠貞、殷秀岑。對它的具體討論，祈參見拙著：《黑白膠片的文化時態——1922～1936 年中國早期電影現存文本讀解》第三十五章：《在國防電影運動和新市民電影潮流中存留的〈孤城烈女〉——「泣殘紅」：1936 年左翼電影的餘波回轉與部分基因的隔代傳遞》。《聯華交響曲》(集錦片，黑白，有聲)，聯華影業公司 1937 年出品；該片包括《兩毛錢》(編劇：蔡楚生，導演：司徒慧敏)、《春閨斷夢——無言之劇》(編劇、導演：費穆)、《陌生人》(編劇、導演：譚友六)、《三人行》(編劇、導演：沉浮)、《月夜小景》(編劇、導演：賀孟斧)、《鬼》(編劇、導演：朱石麟)、《瘋人狂想曲》(導演：孫瑜)、《小五義》(編劇、導演：蔡楚生)。對《聯華交響曲》所具有的左翼電影屬性的討論，請參見拙著：《黑夜到來之前的中國電影——1937 年現存國產影片文本讀解》之第一章：《〈聯華交響曲〉：爲什麼成爲左翼電影和國防電影的合成灌裝——1937 年 7 月全面抗戰爆發之前國產電影主流的複雜面貌》。上述兩篇文章的未刪節版，分別作爲第十五章和第十六章收入拙著：《黑馬甲：民國時代的左翼電影——1932～1937 年現存中國電影文本讀解》，敬請參閱。

〔註 7〕我對《新舊上海》和《壓歲錢》的新市民電影屬性的具體討論意見，請分別參見本書第八章《〈新舊上海〉(1936 年)——轉型、分流中的趁勢崛起》、第十章《〈壓歲錢〉(1937 年)——對意識形態的市場化規避》。

製作和表現方式上從一開始就分爲兩類。一類以「聯華」出品的《狼山喋血記》爲代表，淺顯直露，是左翼電影的強行轉型；一類新華影業公司的《壯志凌雲》，更多地調集徵用新市民電影的構成元素；或者說，此時的新市民電影與時俱進，及時加入更符合市場需求的國防電影元素〔註8〕。而就現存的、公眾可以看到的1937年的影片而言，國防電影、新民族主義電影、新市民電影，共同構成國產電影面貌——《夜半歌聲》是第三種類型的例證之一。

圖片説明：國防電影與左翼電影有血緣關係，新市民電影在抽取二者思想元素同時，又始終保留著從舊市民電影那裏繼承的恐怖元素：這是詞作者田漢、編導馬徐維邦和老闆張善琨的商業共識。

〔註8〕《壯志凌雲》（故事片，黑白，有聲），新華影業公司1936年出品；編劇、導演：吳永剛；攝影：余省三、薛伯青；作曲：冼星海；主演：金焰、王人美、田方、韓蘭根、章志直、黎明健、王次龍、施超。我對本片的具體討論，請參見拙著：《黑白膠片的文化時態——1922～1936年中國早期電影現存文本讀解》第三十六章：《左翼電影思想元素與藝術模式在國防電影中的成功轉型——〈壯志凌雲〉（1936年）：國防電影讀解之二》）。實際上，國防電影還有劍走偏鋒的一部高端之作，那就是聯華影業公司於1936年出品的第一部有聲片《浪淘沙》（編導：吳永剛，主演：金焰、章志直）。但這部影片一直被幾十年後的中國大陸電影史研究斥爲「荒謬、反動」[3] P460。對這部在各方面都極其出「格」、乃至似乎無從歸類劃分的影片的討論，祈參見拙著：《黑白膠片的文化時態——1922～1936年中國早期電影現存文本讀解》第三十三章：《新浪潮——1930年代中國電影的歷史性閃存——〈浪淘沙〉：電影現代性的高端版本和反主旋律的批判立場》。

丙、《夜半歌聲》所體現的新市民電影文本特徵及其獨有的藝術貢獻

用《夜半歌聲》來比照新市民電影的體例就可以看出，影片具有新市民電影一向具有的新和舊的歷史發展特徵。所謂舊，指的是是它承襲了舊市民電影中處理婚戀關係常用的表達方式。《夜半歌聲》中的男女的戀情和悲劇，在整體上就是一個傳統的男女三角關係結構。所謂新，就是因爲介入其中的第三方是帶有社會背景的黑惡勢力。因此，新市民電影或曰《夜半歌聲》中的這種男女三角關係就與舊市民電影中三角關係形成本質上的區別。舊市民電影所涉及表現的男女婚戀關係，始終有一個很強烈的民族傳統文化特徵，那就是它的婚姻、愛情和家庭倫理局限始終在婚姻內部。

譬如從 1920 年代初期的《勞工之愛情》（又名《擲果緣，1922）到 1920 年代末期的《情海重吻》（1928）和《雪中孤雛》（1929），直至 1931 年的《一翦梅》、《桃花泣血記》和《銀漢雙星》，以及 1932 年的《南國之春》，無論是喜劇還是悲劇，不論男女關係怎樣演繹悲歡離合，都總是圍繞著感情本身、體現於婚姻關係的內部。而以左翼電影和新市民電影爲代表的新電影，它們在處理戀愛婚姻關繫時無不具有強烈的社會性，也就是社會革命或時代文化影響和決定著男女主人公的情愛關係，包括三角關係。

圖片説明：大臉型的女主角一直是左翼電影而不是舊市民電影和新市民電影的主流臉型，《夜半歌聲》選擇胡萍擔任女一號，恰恰證明新市民電影與左翼電影存在著有條件抽取和借用的關聯。

由於新市民電影的新，從一開始，就得益於左翼電影革命性的時代元素，因此，新市民電影中的男女三角關係都或強或弱地保持這種底色。《夜半歌聲》就是如此。李曉霞和宋丹萍這一對男女主人公之所以不能結合的根本原因，恰恰就是社會性惡勢力造成的。這種惡勢力的介入，在左翼電影中表現爲強勢階級（資產階級、地主階級）對弱勢階級（工農階級爲代表的無產階級）在三個層面上的惡果，曰：政治上的壓迫、經濟上的剝削，以及性掠奪或性剝削。新市民電影一般刻意淡化人物的階級衝突和階級鬥爭，但一般都會借用這個充滿意識形態色彩的人物背景設置；或者說有條件、有選擇地借助這個框架設置社會化的矛盾衝突。

譬如，《夜半歌聲》中的惡霸湯俊之所以敢於強佔李曉霞，用男主人公宋丹萍的話說就是「仗著有幾個臭錢」，這是典型的左翼電影的腔調，也是左翼電影中典型的階級矛盾和衝突的根源。這一點轉化成新市民電影的左翼電影色彩之後，在受迫害的宋丹萍和新一代男演員孫小鷗唱的歌唱中，就用「狐狸」指代強勢階級，好人無非是「燕子」、「麻雀」這樣的弱勢指代。與左翼電影相對明晰的社會時代設置不同，新市民電影一般都會刻意模糊故事發生的時代背景，以規避可能出現的非藝術性風險。因此，才有宋丹萍「是一箇舊民主革命時期的革命者」[3] P490 身份定性。如此這般，才能對應十年後他與仇人的生死對決的現實意義。

圖片說明：左翼電影裏的男性有錢階級（富人），基本上是道德敗壞的好色之徒，而國防電影已經用民族矛盾取代了階級對立，因此，這一點也恰恰證明《夜半歌聲》是標準的新市民電影。

新市民電影從一開始出現就大力借助電影新技術，也就是積極推崇奉行新技術主義，表現在影片的製作上，就是歌舞元素的大量使用。這當然是 1930 年代國產電影的一個共同趨勢，但如前所述，它在新市民電影中體現得更爲充分。《夜半歌聲》當中以戲中戲的手法，安排了大段由田漢作詞、冼星海作曲的歌唱，不僅在當時廣爲傳唱 [3] P490，而且也形成廣泛影響 [6] P89。這既是幾十年來眾多中國大陸電影史研究不得不提及《夜半歌聲》的原因，更是影片一直被視爲左翼電影或國防電影的主要原因。

圖片說明：《夜半歌聲》的戲中戲結構，爲大篇幅的歌舞元素配置開拓了足夠的鋪陳空間；而影片將故事發生背景與當下保持安全距離的影射手法，與明星影片公司的《姊妹花》如出一轍。

實際上，在現存的、公眾可以看到的 1937 年之前的中國電影中，大篇幅的主題曲、插曲與音樂配置，最初多出現在左翼電影當中，用以輔助革命思想的傳播、加強市場營銷效果。譬如 1933 年的《春蠶》和《母性之光》〔註 9〕，1934 年的《大路》、《新女性》和《桃李劫》，1935 年的《風雲兒女》等。新市民電影在這個方面的努力多集中於電影有聲化的技術投入，但激進的左翼音樂人士並非沒有介入——譬如 1933 年的《漁光曲》。正是從這部影片開始，新市民電影對影片音樂的強化設置日趨重視，譬如 1934 年的《女兒經》，所以很快，就有了 1935 年《都市風光》的大放異彩〔註 10〕；到 1937 年《十字街頭》、《馬路天使》，則更是錦上添花。換言之，1930 年代中期的左翼電影和新市民電影共同使音樂和音響，不僅是重要和新穎的藝術元素，而且也是中國電影不可或缺的組成部分。

圖片説明：今天也許會有人覺得《夜半歌聲》中的驚悚/恐怖影像技術含量不高，但在早期中國電影歷史上，對恐怖的需求和表達並不是一個技術問題，而是一個大眾心理和文化審美問題。

作爲新市民電影的《夜半歌聲》，之所以在電影史上值得一提，其實主要是因爲它爲處於電影有聲時代的新市民電影貢獻出了之前不曾有過的東西，這就是所謂驚悚元素的視聽化使用，也就是說，中國電影發展到 1937 年實現了驚悚/恐怖電影的有聲化。之所以一再強調有聲時代的限定語用以表彰《夜半歌聲》的驚悚/恐怖性質，是因爲，這類影片在早期中國電影發展史上不乏先例，絕無新穎可言。

譬如早在 1910 年代，中國第一批短故事片之一的《莊子試妻》（編導：黎民偉，華美影片公司 1913 年發行）〔3〕P28，以及 1920 年代的《唐皇遊地府》（編劇：陳月樵，導演：余清泉，天一影片公司 1927 年出品）等就是此類（驚悚/恐怖電影）。因爲《莊子試妻》又名《大劈棺》、《蝴蝶夢》，說的是莊子詐死，妻子受到誘惑劈開棺材取其腦髓的故事，直到 1950 年代還曾被臺灣當局查禁〔9〕；而《唐皇遊地府》從片名上即可以看推想其恐怖陰森。

〔註 9〕根據電影史研究記載，《母性之光》的原片配有不止一首插曲〔3〕P263～265，其中包括第一首「革命電影歌曲」〔3〕P265，但不知何故，現在公眾可以看到的 VCD 版本依然是無聲片版本。

〔註 10〕我對《都市風光》的具體討論意見，請參見本書第六章：《〈都市風光〉（1935 年）——庸俗面對市場，技術取代思想》。

實際上，1920 年代的中國電影，以「飲食男女和怪力亂神」〔3〕P33~35 爲主題的舊市民電影大行其道；其中，從 1928 年到 1931 年，武俠神怪片又成爲早期中國電影的製作潮流。譬如這一時期，上海 50 餘家電影公司拍攝的近 400 部影片中，有 250 部屬於此類作品〔3〕P133。由此可見中國電影片中這類文化基因的旺盛所在和源流走向。

雖然，以用今天的眼光來看，《夜半歌聲》的驚悚/恐怖，稱得上是稚嫩、簡陋、粗糙，但這並不妨礙製作出品方強烈的商業市場訴求，不能否認在當時的新穎的乃至聳人聽聞〔7〕P89。驚悚/恐怖元素的加入和相應的表現手段，確實是《夜半歌聲》作爲新市民電影出現在 1937 年的新特點或曰新賣點，它與出現、形成於 1933 年的新市民電影還有一個不一樣的地方，就是它的主旋律上更爲傷感和沉重。

對比一下在此之前、尤其是新市民電影鼎盛時期的代表作，無論是現存的《脂粉市場》（1933）、《姊妹花》（1933）、《二對一》（1933），還是《女兒經》（1934）、《都市風光》（1935），以及《新舊上海》（1936）、《迷途的羔羊》（1936），你會發現，這些影片無不充斥著對世俗快樂的輕鬆體現。

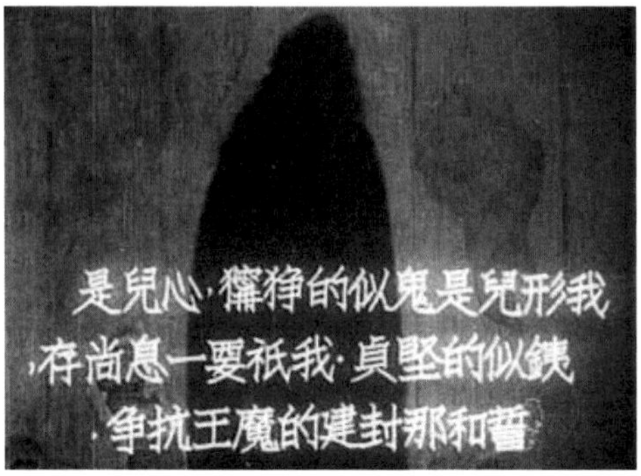

譬如，《脂粉市場》講的是百貨公司中兩個漂亮的女店員面對上司的利益誘惑，最後以喜劇收場：自尊的還是自尊，墮落的依然墮落〔註 11〕；《姊妹花》中殺人命案最後由親情化解，最後一家人一走了之；《女兒經》中八個女人的故事，有哭有笑，但最後還是沐浴在國慶遊行的歡欣氣氛中收束全片〔註 12〕；《都市風光》拿四個男女流氓和庸俗之極的小市民生活開涮；《新舊上海》中

〔註 11〕我對《脂粉市場》的具體討論意見，請參見本書第一章：《〈脂粉市場〉（1933 年）——新技術、新路線、新思想，舊觀念》。

〔註 12〕我對《女兒經》的具體討論意見，請參見本書第四章：《〈女兒經〉（1934 年）——依託舊電影的新賣點》。

的六戶人家，雖然人人都有壓力、個個都不容易，但隨著工廠重新開工、經濟形勢好轉，大家又繼續過著幸福的世俗生活。

圖片說明：爲《夜半歌聲》作詞譜曲的田漢和冼星海都是當時左翼文藝界的代表人士，但作爲市場化的出品公司，卻決定著影片生成的內在品質，即抽取左翼-國防電影元素的新市民電影。

而《夜半歌聲》最後的解決雖然也帶新市民電影特有的美好結局：壞人湯俊終於被宋丹萍殺死。問題是，醜陋的宋丹萍最終也被安排死去，因爲他不配重新獲得愛情；同樣的結局也發生在孫小鷗的女朋友身上，因爲她在名義上失去了貞潔了。可以說，這個結尾既有新市民電影的性質，又有不無左翼色彩，因爲矛盾的最終解決還是依靠暴力；然而它又留有一個新市民電影才有的暗示：宋丹萍囑託孫小鷗「安慰」自己原先的女友[3] P490——對愛情的處理解決很有新市民電影的世俗關懷特色。這種人情事理上的圓滿交代，正是多年後被指爲「背離」「國防電影運動的主導思想」[3] P490 的原因之一。換言之，1960 年代中國大陸的電影史研究，充分肯定的是三支影片插曲的國防電影性質而不是影片本身。

需要在這裏補充說明一點的是，新市民電影並吸收左翼電影思想元素的同時，作爲新電影的一種，新市民電影的貢獻之一，就是它更傾向於從世俗層面觀照和表達人生，而這一點是左翼電影歷來的弱點和被有意忽略的地方。這是因爲，左翼電影是比較前衛的電影，它對世俗層面的觀照不像新市民電影一樣細膩和深入，更不會就此在世俗哲理層面展開，因爲這並非其核心理念和擅長所在。新市民電影最典型的藝術表現就是在家長里短和情感的反覆處理上發掘蘊含其中的人生哲理。

這是新市民電影的藝術特徵，也是其社會立場和在意識形態爭鬥中立於不敗之地的法寶和奉行不變的市場營銷策略。譬如前面提到的《姊妹花》：一對農民夫妻，根紅苗壯的無產階級，來到城市後，女的到有錢人家做奶媽，男的到建築工地賣苦力，（歷史何其殘酷相似乃爾）。結果男的出了工傷，女的來找姨太太借錢未果便去偷竊，被發現時又失手打死了東家的姑奶奶，出了命案。

這一段和左翼電影非常相似，因爲左翼電影強調人物的好與壞是由階級決定的。簡而言之是好人窮，有錢人壞，最終導致暴力對抗。應該說階級性、暴力性，在《姊妹花》裏都具備了，但它不是左翼電影。因爲姨太太后來知道保姆是自己多年前失散的親妹妹後，在父母面前姐妹相認，一家團圓。影片的結局處理與生活眞實沒有關係，但卻與編導所採取的手法和態度有著直接的關係。因爲新市民電影從不願意正面介入社會矛盾、社會革命，更不願意直接批判進而否定現行社會體制，所以《姊妹花》最後的大團圓結局，是用親情掩蓋了階級矛盾和社會矛盾，符合當局所倡導的和諧精神，被當時的左翼電影人士批評爲「協調主義」[3] P239。

圖片說明：暴力及其產生的必然性是左翼電影中不可缺少的重要組成部分，而《姊妹花》的暴力卻是一場意外事件的結果：保姆並沒有殺死主人家小姐的企圖，不過是兩人爭奪時失手所致。

丁、結語

因此，作爲新市民電影的典型例證，一方面，《夜半歌聲》在視聽語言上所取得的藝術成就、產生的廣泛影響，以及相對特殊的歷史評價，是新市民電影自 1933 年以來藝術積累、歷史發展和市場需求共同積累的結果；另一方面，《夜半歌聲》雖然產生於國防電影運動持續發展的時期，但並不意味著它是國防電影，這是由它內在品質決定的，是新市民電影沿著自身軌跡向前發展的必然。至於有人提到影片「帶有表現主義特點的心理恐怖風格」[6] P50，這也不是《夜半歌聲》的獨特貢獻。

因爲，包括表現主義在內的中國電影的現代性，在此之前不僅已有先例，而且成就卓然。譬如費穆 1937 年編導的短片《春閨斷夢——無言之劇》（《聯華交響曲》之二），其現代性不僅充沛始終，而且自成風格，是他十一年後《小城之春》（文華影業公司 1948 年出品）的預演。而早在 1936 年，吳永剛編導的《浪淘沙》，作爲中國電影現代性的高端版本更是驚世駭俗、卓爾不群，問世至今，無人能出其右。

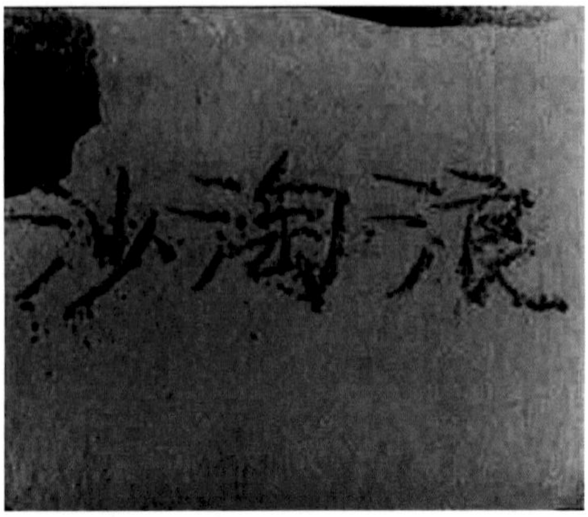

圖片說明：也許是預感到影片的主題是否眞的能夠經得起時間的淘洗，《浪淘沙》的片頭和演職員表字幕全部是這樣寫在沙灘上並以特技的形式呈現的。但歷史眞的是「淘盡黃沙始得金」嗎？

相形之下，無論是人物的心理刻畫，還是人物與觀賞者心理外化的聲光電色（光線、構圖、景深、景別、色調、音響），以及由此形成的視覺效果，《夜半歌聲》與這兩部影片都相形見絀。可悲可歎的是，五十年後，由於《小城之春》在 2002 年被內地導演重拍〔註 13〕，才使得費穆重新回到中國電影史的視域並爲人所知；《浪淘沙》除了在問世後的三十年後背負了一個「反動荒謬」的罪名之外，至今多少年來鮮有人提及。而《夜半歌聲》除了時常被研究者混同於左翼電影或國防電影序列之外，還獲得了「商業化宣傳十分成功的最有代表性的案例」〔7〕P89 的美譽。中國電影命運和歷史發展之多舛，由此可見一斑。

圖片說明：如果說，吳永剛的《浪淘沙》用影像化的寓言期盼本民族兩大對立集團聯手面對困境，那麼費穆的《小城之春》則用世道人心和傳統文化的危亡在即籲請強力階層攜手共度時艱。

〔註 13〕《小城之春》（彩色重拍版），編劇：阿城；導演：田壯壯；北京電影製片廠 2002 年出品。

出品《夜半歌聲》的新華影業公司，成立於左翼電影和新市民電影勢頭正健的1934年，主持者張善琨以攝錄反映太平天國運動的古裝舞臺劇《紅羊豪俠傳》起家，獲得優良的票房回報後，即大力延攬歐陽予倩、陽翰笙、田漢、冼星海等左翼人士，以及史東山、司徒慧敏、王人美、金山等著名編導演人才合作共事〔3〕P483～485，成爲繼聯華影業公司、明星影片公司和電通影業公司之後，又一個以新電影開拓市場的後起之秀。

從現存的、公眾可以看到的影片而言，在1937年7月之前，「新華」既有《壯志淩雲》和《青年進行曲》這樣的國防電影，又有《夜半歌聲》這樣的新市民電影。顯然這是一個符合電影生產規律、有著明確製片路線的電影企業。這是因爲，無論左翼電影、新市民電影還是國防電影，新電影和舊電影一樣，說到底，電影生產首先是一種商品生產，只不過，是一種有著鮮明藝術屬性的商品生產，它在面對消費的市場同時，構建著文化傳播和歷史發展本身。所以，只有在把電影等同於教化公器的時代，才會挑剔、指斥張善琨的「投機性」和「兩面性」〔3〕P483～485。

圖片說明：《夜半歌聲》中的這個場景，在反映了中國社會肉刑普遍、私刑濫用的同時，又作爲階級衝突和階級壓迫的暴力見證，廣泛地進入1949年以後的中國大陸的電影影像表達體系。

圖片說明：張善琨和他創辦的新華影業公司，不僅分別取代了黎民偉和聯華影業公司的歷史地位，而且，其成就貫穿抗戰全面爆發前後的中國早期電影歷史，成爲一座無法忽略的文化地標。

新華影業公司曾在1941年拍攝了《夜半歌聲》續集〔1〕P108。實際上，由於不符合新政權的電影品位，新市民電影很快就在1949年後中國大陸偃旗息鼓、銷聲匿跡，《夜半歌聲》自然也在以後的幾十年裏不爲大陸民眾所知。許多大陸觀眾包括中國電影研究者在內，對它的認識，一部分也是源於1985年內地的彩色重拍版本〔註14〕。1995

〔註14〕《夜半歌聲》(彩色重拍版)，編劇：徐銀華、沉寂；導演：楊延晉；上海電影製片廠1985年攝製。

年，香港再次翻拍此片〔註 15〕，又過了十年，內地又將其翻拍成電視連續劇公映〔註 16〕。雖然中外電影的翻拍歷史一再證明，舊的未必不是經典，新的未必就是好的，但至少說明，原作（原版）的影響始終存在。就《夜半歌聲》而言，海內外華人觀眾看到的是1930年代的新市民電影風貌，緬懷的是中國電影歷史曾經擁有的輝煌篇章。

戊、多餘的話

子、中國—香港導演

《小城之春》的導演費穆（1906～1951）和《夜半歌聲》的導演馬徐維邦（1905～1961）均在1949年前後移居香港，從那時起，他們的藝術人生都屬於香港電影。費穆英年早逝，在香港時期只留下一部以編劇身份參與的影片《江湖兒女》〔註 17〕。馬徐維邦由於從1947年即在香港拍片，又比費穆長壽十年，因此，檢索相關資料會發現，他編導的二十多部影片，基本上依然屬於新市民電影的路數。其中，不少影片依然延續著他在舊市民電影時代就已駕輕就熟的恐怖神怪風格。按照影片出品年代排列，這個問題一目了然：《情場怪人》（1926），《黑夜怪人》（1929），《夜半歌聲》（1937），《古屋行尸記》（1938），《夜半歌聲》（續集，1941），《井底冤魂》（1950），《狗兇手》（1952），《霧夜驚魂》（1956），《霧夜驚魂》（1956），……。

〔註 15〕《夜半歌聲》（香港，彩色重拍版），編劇：黃百鳴、司徒慧焯、於仁泰；導演：於仁泰，副導演：張國榮、李小婉；（香港）東方電影發行有限公司1995年發行。

〔註 16〕《夜半歌聲》（二十五集電視連續劇），編劇：黃磊、韓煒；導演：黃磊。（中國大陸）華誼兄弟2005年出品。

〔註 17〕《江湖兒女》（Sons of the Earth；The Show Must Go On），編劇：費穆；導演：朱石麟；主演：王元龍、韋偉、李清、韓非、劉戀、嚴肅、蘇秦、廖凡、沈雲、楊誠、曹炎、陳濠、丁川、郭清江；攝影：羅君雄；剪輯：王朝曦；副導演/助理導演：龍淩；香港龍馬影片公司1952年製作出品（黑白古裝片，時長：90分鐘）。

這是因爲，1949 年以後的香港電影直接繼承了 1930 年代中國電影（包括孤島時期電影）的內在品質，具體地說就是新市民電影和新民族主義電影的文化精神；換言之，就中國電影歷史而言，民族文化傳統在香港電影當中幾乎得到了完整的保留和時代性的發揚。另一個方面，1949 年以後的香港電影雖然受到包括冷戰在內的時代背景制約，但由於沒有受到意識形態的直接擠壓，因此創作空間相對廣大、環境相對自由。這一點，與同屬於中國電影的海峽兩岸情況有很大區別。

1949 年後，臺灣的政治宣教片雖然在 1960 年代中後期和 1970 年代初期先後受到武俠電影和瓊瑤言情片的衝擊，但意識形態管控一直持續到 1980 年代。大陸這邊的電影生產即使是在 1980 年代中期第五代導演崛起之後，也依然是意識形態主旋律一統天下的局面〔註 18〕。

此外，香港電影對中國電影的承接與自身發展、繁榮，還有 1949 年後難民潮不斷湧進背後的文化遷徙在起作用。無論是 1940 年代後期的內戰原因，還是 1960 年代以後持續近三十年的經濟原因，香港電影的製作主題和觀眾（消費群體）始終沒有解開的是香港人的文化難民情結，電影是他們對故鄉熱土的思念與家國回望最直接、最形象和最主要的藝術表達手段。

譬如 1950 年代興起的武俠電影，實際上就是中國傳統文化精神的直接體現，面對破碎的山河和故園，他們在左右之間無從依附的同時，直接從傳統文化中尋求和營養其精髓和血脈。在這個意義上，香港武俠電影中善與惡、復仇和暴力、劫富濟貧，以及新市民電影中的世俗歡樂，才有所存在生長基礎和空間。

〔註 18〕對這一問題的深入討論意見，請參見拙著《新世紀中國電影讀片報告》中的相關章節。

1990 年代尤其是香港回歸後，香港電影的發展其實走到瓶頸狀態，即本土化的生態環境面臨諸多層面和領域的調整，包括民族心理的自我盤整調適，但在基本走向上，還是受到中國電影文化背景中的新市民電影的內在品質規範。

丑、原版與重拍版

現在看來，1985 年上海電影製片廠重拍的《夜半歌聲》，與舊版相比照，各有優劣。1937 年的《夜半歌聲》，無論是時代精神還是背景的展示、人物心理的展示更接近歷史眞實。這是它好的地方，畢竟每一個時期的電影都不能逃離時代精神的內在和外在約束；不好的地方，就是結局的處理沒有太大的新意，即使是放在左翼電影和國防電影的時代背景下，也有沒有跳出窠臼的感覺。

1985 年版的《夜半歌聲》有一個很大的情節改動：宋丹萍和舊時女友重逢後，考慮到自己面目醜陋所以拒絕舊情重燃，結果女友毅然決然地自己把自己的雙眼睛刺瞎，表明我心依舊，赤誠相見。這個處理是比較新鮮可取的。除此之外，這一版的《夜半歌聲》乏善可陳，比如無論是精神氣質，還是服裝道具，都顯得與 1930 年代不太靠譜；而在賣弄噱頭方面，則有過之而不無及。譬如其中有個細節，當初宋丹萍與女友的戀愛遭到女方家裏的阻礙，結果他被綁在一個水車上，水車轉動起來後，他一邊遭受「水刑」一邊接受鞭刑。在恐怖氛圍的營造上，我也沒有看到這一版比舊版好到哪裏。

寅、影片的票房

《夜半歌聲》不論在當時還是在現在，在我看來，這個電影的製作都有一個始終被考慮的因素，就是票房。這一點倒是不受時代和環境的因素。因爲我一再講，歷史也一再這麼表明，電影從一開始就是商品，所以藝術作品中的商品屬性，或者說商品中的藝術屬性這兩方面的矛盾一直不好處理。香港電影《賭神》的製片兼導演王晶前兩天在《北京青年報》發表過一段話，大意是說，有些電影是叫好不叫座，有些電影是叫座不叫好，從來如此。作爲爲香港電影打拼多年的個中人，王晶的這種表述應該說是比較到位的。

卯、恐怖片與反特片

1980年代以後內地對《夜半歌聲》的不斷重拍，使觀眾對1949年以前的中國電影文化有了新的感性認識，這其中還有一個相關的原因，那就是在1949年之前以《夜半歌聲》爲代表的恐怖片類型，在1950年代基本被浸潤著意識形態思想的「反特電影」合併取代了。進一步說，當年左翼電影和國防電影當中沒有來得及克服的基因型缺陷，在新中國電影文化的發展中得到片面的加強和放大，直到「文革」時期（1966～1976）達到頂峰〔註19〕。

〔註19〕除了**丙、《夜半歌聲》所體現的新市民電影文本特徵及其獨有的藝術貢獻**的最後一個自然段和**丁、結語**的最後兩個自然段，以及**戊、多餘的話**外，本文的主體部分約7600字，曾以《〈夜半歌聲〉：驚悚元素與市民審美的再度狂歡——1937年新市民電影在國防電影運動背景下的新發展》爲題，先行發表於《浙江傳媒學院學報》2010年第5期。其完全版後作爲第三章收入《黑夜到來之前的中國電影——1937年現存國產影片文本讀解》一書，題目是：《〈夜半歌聲〉：國防電影背景下的恐怖片何以成爲賀歲片——1937年新市民驚悚元素與大眾審美的再度狂歡》；現今的**閱讀指要**是成書版和雜誌發表版的合成；下方沒有注釋文字的插圖均截自《夜半歌聲》，且均爲本次修訂時新增。特此申明。

初稿時間：2005 年 12 月 23 日
二稿時間：2009 年 12 月 3 日
三稿校改：2010 年 7 月 27 日～8 月 15 日
四稿配圖：2011 年 5 月 31 日
圖文增訂：2015 年 11 月 1 日～8 日

參考文獻：

〔1〕程季華，中國電影發展史：第 2 卷〔M〕，北京：中國電影出版社，1963。

〔2〕王人美（口述，解波整理），我的成名與不幸——王人美回憶錄〔M〕，北京：團結出版社，2007：98。

〔3〕程季華，中國電影發展史：第 1 卷〔M〕，北京：中國電影出版社，1963。

〔4〕慧聰網首頁 > 廣電行業 > 行業信息 > 中國電影大事記—上（1896～1956）http：//info.broadcast.hc360.com/2006/01/04114185753.shtml。

〔5〕CCTV《見證・影像志》http：//sports.cctv.com/program/witness/topic/geography/C14531/20050811/102242.shtml。

〔6〕陸弘石，舒曉鳴，中國電影史〔M〕，北京：文化藝術出版社，1998.

〔7〕李少白，中國電影史〔M〕，北京：高等教育出版社，2006。
〔8〕李道新，中國電影文化史（1905～2004）〔M〕，北京：北京大學出版社，2005：167。
〔9〕李德生，禁戲〔M〕，天津：百花文藝出版社，2009：180。

New Year Film：Another Carnival of Horrors and Masses Aesthetics —— Songs at Midnight（1937）：Sample Thirteen of New Citizen Film Analysis

Read Guide：As the third box office hit in the history of Chinese sound film, Songs at Midnight created a great sensation at the time. It was said that the advertisement of the film had frightened someone into death, which is regarded at present a classic of film marketing. I am not interested in this, for it is not of humanity. I think it's acceptable that a film is vulgar, audience are worldly, however researchers and professionals should not follow the trend. Viewed in the context of film history, Songs at Midnight is neither a left-wing film, nor a national defense film, but an average new citizen film, no matter how horrible it was, no matter what evaluation it gained. Building the selling points—scenes of songs and dances, shots of horrors—into a triangle love story, the film reflected the development of New Citizen Film in 1937.

Key words：elements of horror; National Defense Film; Left-wing Film; New Citizen Film; New Technological Film; market maximum;

本章的第一、二張圖片爲《夜半歌聲》的 VCD 封面封底照，這是該片的 DVD 封面封底照。

第拾肆章 《如此繁華》（1937 年）——
審美的世俗性、時尚性與趣味性

閱讀指要：

從 1930 年代初期到 1937 年抗戰全面爆發之前，新市民電影先後有條件地抽取借助左翼電影-國防電影思想元素，始終注重並大力開發使用從舊市民電影繼承而來的主題和題材資源，並在及時吸收時尚元素的基礎上，彰顯和擴大其世俗品位與藝術趣味的追求和影響。直到 1937 年 7 月抗戰全面爆發之前，作為中國的主流電影製作，新市民電影依然沒有完全擺脱左翼電影傳統和國防電影運動背景的內在影響，聯華影業公司出品的《如此繁華》就是這樣的例證。只不過，由於編導是歐陽予倩的關係，影片又與中國戲劇的傳統表現和審美形態有著諸多的關聯。

關鍵詞：舊市民電影；新市民電影；世俗性、趣味性；情色元素；絲襪美腿；姓名政治學；

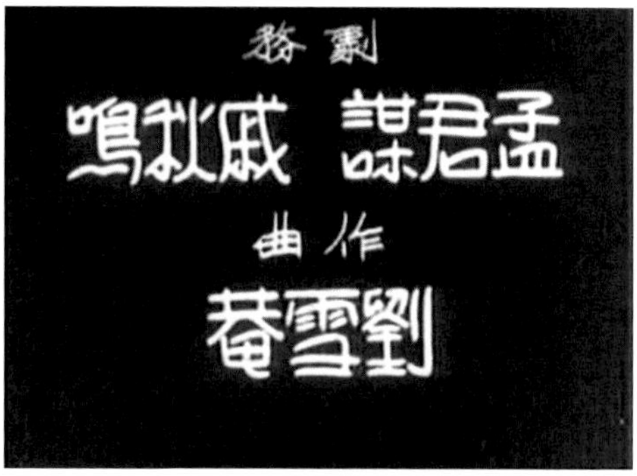

專業鏈接 1：《如此繁華》（故事片，黑白，有聲），聯華影業公司 1937 年出品。

VCD（雙碟），時長：103 分鐘 27 秒。

〉〉〉**編劇、導演**：歐陽予倩；**攝影**：黃紹芬。

〉〉〉**主演**：黎莉莉、尚冠武、尤光照、梅熹、張琬、韓蘭根、劉瓊。

專業鏈接 2：原片片頭字幕及演職員表字幕（標點符號爲錄入者添加）

《如此繁華》。

製片主任：陸潔；

攝影：黃紹芬；

布景：張漢臣；

劇務：孟君謀、戚秋鳴；

作曲：劉雪庵；

錄音：任冰；

音響：傅繼秋；

剪接：姜志剛。

編劇、導演：歐陽予倩。

主演：黎莉莉、尚冠武、尤光照、梅熹、張琬、韓蘭根、劉瓊。

演員表（以出場先後為序）：

張三畏……尚冠武，張太太……張　琬，王　媽……嚴　皇，
周　媽……陳金英，李太太……黎莉莉，李四維……尤光照，
廚　子……朱雲山，高　二……何劍飛，王司令……殷秀岑，
張玉成……梅　熹，趙　福……洪警鈴，趙有為……韓蘭根，
劉英華……劉　瓊，何　媽……熊塞聲，舅　爺……傅繼秋，
客　人……龔智華，客　人……裴　沖。

專業鏈接3：鏡頭統計

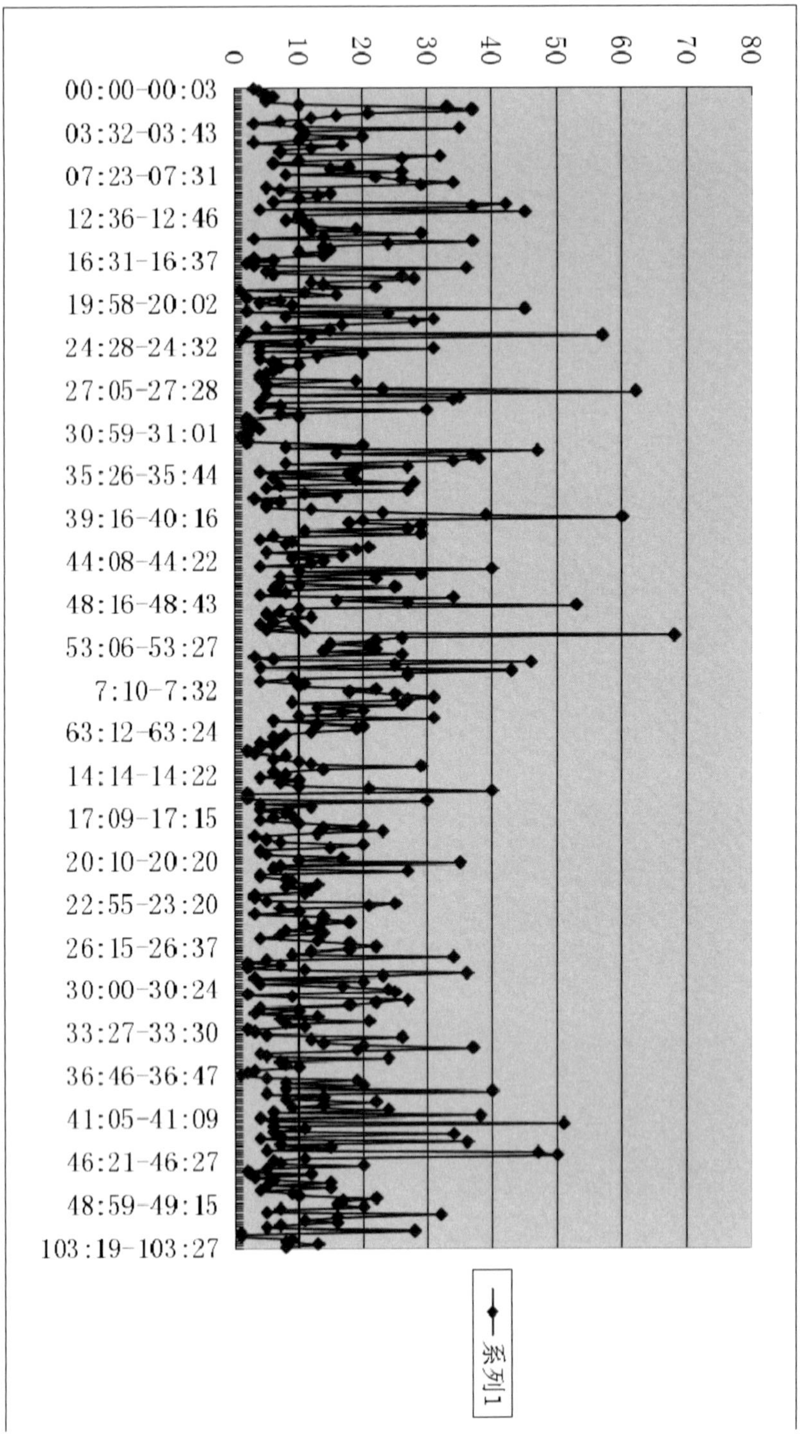
0
10
20
30
40
50
60
70
80
00:00-00:03
03:32-03:43
07:23-07:31
12:36-12:46
16:31-16:37
19:58-20:02
24:28-24:32
27:05-27:28
30:59-31:01
35:26-35:44
39:16-40:16
44:08-44:22
48:16-48:43
53:06-53:27
7:10-7:32
63:12-63:24
14:14-14:22
17:09-17:15
20:10-20:20
22:55-23:20
26:15-26:37
30:00-30:24
33:27-33:30
36:46-36:47
41:05-41:09
46:21-46:27
48:59-49:15
103:19-103:27
系列1

說明:《如此繁華》全片時長103分27秒,共433個鏡頭。其中:

甲、小於和等於5秒的鏡頭105個,大於5秒、小於和等於10秒的鏡頭110個,大於10秒、小於和等於15秒的鏡頭64個,大於15秒、小於和等於20秒的鏡頭44個,大於20秒、小於和等於25秒的鏡頭30個,大於25秒、小於和等於30秒的鏡頭29個,大於30秒、小於和等於35秒的鏡頭15個,大於35秒、小於和等於40秒的鏡頭14個,大於40秒、小於和等於45秒的鏡頭4個,大於45秒、小於等於60秒的鏡頭8個,大於60秒的鏡頭2個。

乙、片頭鏡頭8個,片尾鏡頭1個;字幕鏡頭0個,其中交代劇情的鏡頭0個,交代人物鏡頭0個,對話鏡頭0個。

丙、固定鏡頭305個,運動鏡頭119個。

丁、遠景鏡頭0個,全景鏡頭139個,中景鏡頭101個,近景鏡頭174個,特寫鏡頭10個。

(數據統計與圖表製作:李梟雄)

專業鏈接4:影片經典臺詞

「你就是看那李太太長得漂亮,弄到家裏來不懷好意!」

「漂亮是天生的」。

「你還好,只有一房家眷。我有三房:北京一房,上海一房,蘇州還有一房呢!」——「我也是兩房呢!」

「我們要多弄點兒錢來維持愛情」。

「唉,做人真難啊!」——「做人本來就像變戲法一樣,你瞧這帖子!」

「首飾是女人的招牌,老婆是丈夫的招牌」。

「算八字是中國的社會科學呢!」——「是嗎?哈哈!」

「劉先生的話很有道理，可是我只會愛國，不會捐錢。捐錢也不見得愛國，愛國不一定要捐錢。您說是不是？」

「不如你也來段歌舞吧？」——「我那種歌舞在這兒不合適！」——「那倒沒有關係，花開在闊人的花園裏頭，跟開在種田人家裏頭，還不是一樣的美麗嗎？」

「像你這種人，又懶惰又高傲，拼命往著墮落的路上跑，本來就不值得人家同情的。可是我看你還有豐富的熱情，還有小孩子一樣的天真，好，我願意幫助你這一次！」

「走！跟我回去！」——「得了吧！你的丈夫架子收起來吧！像你這又懶惰又高傲又卑鄙又自私的丈夫，我是不要了！」

「我的生活不能固定，勞碌辛苦，跟著一大群人，流動的生活、鬥爭的生活，照你的習慣，你怎麼能跟得上？」——「跟得上！」——「跟不上！」——「跟得上！」——「跟不上！」——「跟得上！跟得上！跟得上！」

專業鏈結 5：影片觀賞推薦指數：★★★★☆

甲、前面的話

圖片說明：《十字街頭》（截圖）其實是大學生畢業後蝸居生活的都市版情感劇：畢業即失業、漂在上海、被單身、群租房、打工、下崗、夢幻、愛情……除了時代不同，年輕人的遭遇都相同。

在 1960 年代中國大陸的電影史研究中，聯華影業公司 1937 年出品的《如此繁華》被視爲喜劇片，並肯定其「揭露了舊中國上海的所謂『上層人物』的醜惡」〔1〕P478，但並沒有指出這部影片是否屬於國防電影。近十幾年來，中國大陸的電影史研究似乎對這部影片都沒有專門提及，只是有的研究者曾對 1936 年出現的國防電影（運動）有一個「廣義」的界定：「通過寬泛的取材，反映帝國主義軍事侵略和經濟侵略下的各種現實生活問題」〔2〕P46，於是在這個前提下，就現存的、公眾可以看到的影片而言，同屬於 1937 年的影片譬如《壓歲錢》、《十字街頭》和《馬路天使》等都被包括進去〔2〕P46～47。

然而在我看來,《十字街頭》和《馬路天使》雖然多少涉及社會時代背景,甚至有影射日本侵略的地方,但它們的主題思想和題材內容,都無一例外地與以上海爲代表的市民生活息息相關。因此,這些影片並不屬於廣義的國防電影,(當然,更不屬於狹義的國防電影範疇),而是屬於自 1933 年興起的新市民電影[3]。同樣,本文要討論的《如此繁華》也不是國防電影,而是典型的新市民電影:它的喜劇形式、風格乃至於題材,不過是新市民電影的屬性體現,亦即新市民電影獨有的世俗品位和藝術趣味。只不過,由於編導是歐陽予倩的關係,這部影片又與中國的戲劇的傳統表現和審美形態有諸多關聯。

圖片說明:從內外景別的戲份比例上看,《如此繁華》幾乎就是一個室內劇。情節圍繞兩個男人與各自的二奶或小三展開,主題無非是錢、權、色,以及交易是否成功與否,再以喜劇收尾。

乙、《如此繁華》:新市民電影與左翼電影——國防電影和舊市民電影的邏輯關聯

由於國防電影(運動)是從左翼電影整合轉化而來,或者說,是左翼電影的升級換代版[4],因此,《如此繁華》對醜惡社會現象和人物的揭露與批判,很容易讓一些研究者誤認爲這是一部左翼電影。但如果對照左翼電影的主要特徵,譬如階級性、鬥爭性、暴力性、革命性、宣傳性、鼓動性,以及主要是由弱勢群體即被壓迫、被剝削的無產階級(工農階級)所構成的主要的、尤其是正面的人物形象來看[4],就會發現《如此繁華》一條標準都不符合。《如此繁華》的主要人物是幾個利

圖片說明:《如此繁華》中的李四維(尤光照飾)和李太太(黎莉莉飾)。可憐夫妻二人如此扮相和神態,是因爲男的要求女的爲了自己能謀個一官半職,去和更蠢更胖但有權的老男人跳舞——權色交易,古今一理。

益薰心的小官僚、投機政客、反動軍閥，以及淺薄庸俗的姨太太，屬於正面人物的青年學生只是次要人物。

然而，1933 年出現的新市民電影與前一年興發的左翼電影之間，的確又存在著內在的歷史性關聯。新市民電影之所以不同於 1932 年之前的舊市民電影，原因之一就是有條件地抽取、借助使用了左翼電影的某些思想元素〔4〕。而當 1936 年國防電影（運動）興起，全面取代左翼電影之後，新市民電影又及時地從借助和抽取後者相應的思想元素，以求迎合市場需求，1937 年的《如此繁華》也不例外。

1937 年的時代和社會背景顯然是抗戰爆發在即、國防電影運動影響廣泛的時期。《如此繁華》裏面有一個刻意設置的模糊的時代背景——這是新市民電影的機巧之處，因爲新市民電影從誕生之初就與立場激進的左翼電影拉開距離，在社會批判上持相對保守、溫和的立場——即使在這個刻意設置的模糊的時代背景中，影片還在爲數不多的外景戲中，設置了一場野餐和演講戲：一群熱血青年打出的一些諸如「萬眾一心」、「抵抗侵略」、「復興民族」、「保衛中國」、「全人類永遠的幸福」的標語。

需要指出的是，有意識地模糊影片的時代背景，是 1930 年代包括左翼電影在內的中國電影常用的手法之一，爲的是規避政府檢查機關的打壓〔1〕P292～293。《如此繁華》這樣的場景安排，或者說，有條件地抽取和借助左翼電影-國防電影思想元素的地方還有一處證據，那就是安排黎莉莉飾演的李太太演唱的《我愛自由》：「我愛自由……親愛的朋友……大家來……」〔註 1〕。而對自由的呼號，在左翼電影當中有兩個明確的指向：對內指向的是強權階級的壓迫，對外指的是全面逼近的民族侵略。

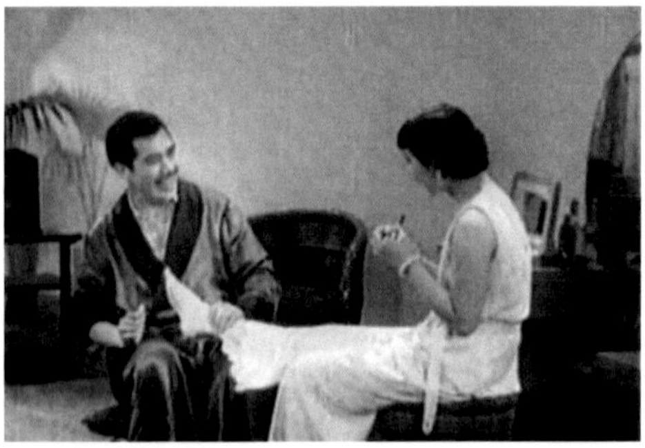

圖片說明：張三畏（尚冠武飾）和張太太（張琬飾）的情感關係室內造型。可歎新市民電影《如此繁華》用眼見爲實的電子版，爲一句近代中國挖苦小丈夫的俏皮話做了一個影像詮釋的定格：爲如夫人洗腳。

〔註 1〕弔詭的是，現在的 VCD 版本中能夠聽懂的詞語也就是這麼幾句，難道是電影公司當年製作出來就是這樣的效果，目的是用以防備檢查機關不予通過嗎？

新市民電影之所以不斷地吸收借助左翼電影和國防電影的思想元素，這是因爲，包括左翼電影和國防電影在內的國產電影，作爲藝術產品的生產，除了思想性和藝術性之外，還有市場的剛性要求。事實上，新市民電影不僅在 1937 年的中國電影類型中呈現一家獨大的趨勢，而且其壯大發展貫穿了整個抗戰時期，在包括上海「孤島」(1937～1941) 在內的淪陷區電影製作中依然得以迅猛發展。譬如，僅中華聯合製片股份有限公司 (「中聯」) 一家，1942～1943 年的年產量就有 50 部〔5〕P117，合併了「中聯」之後的中華電影聯合股份有限公司 (「華影」)，在 1943 年、1944 年和 1945 年的年產量，分別是 24 部、32 部和 24 部〔5〕P118)，其內容絕大部分都是「戀愛家庭糾葛」〔5〕P117。

圖片說明：同樣是「聯華」出品的影片，同樣是黎莉莉出演女一號，左翼電影的主題宗旨是對弱勢群體的關懷：1933 年的無聲片《天明》控訴的是資產階級對女農民工的性剝削和性掠奪。

這種現象的原因非常簡單：在日僞掌控下的中國淪陷區，除了侵略者的宣傳片，只有盡可能地規避和屏蔽政治元素與意識形態的電影才能得以生產存在——譬如新民族主義電影；廣義和狹義的國防電影只能出現在合法的中國政府控制的區域(即所謂「國統區」)。因此，抗戰結束後，新市民電影的發展空間迅速得到恢復和拓展，其證據，就是崑崙影業公司 1947 年出品的《一江春水向東流》〔註 2〕，創造了繼《漁光曲》(1934)、《夜半歌聲》(1937) 以及《天字第一號》(1946)〔註 3〕等影片之後的又一部國產影片票房的最高紀錄〔5〕P222。

在我看來，近十幾年來電影研究者們對 1930 年代初期中國電影給予的「新興電影」(運動)〔6〕〔2〕P41〔7〕——也有研究者稱之爲「新生電影 (運動)」〔8〕——

〔註 2〕《一江春水向東流》(故事片，黑白，有聲)，聯華影藝社 1947 年出品 (崑崙影業公司發行)，中國大陸 1956 年刪節版。編劇、導演：蔡楚生、鄭君里；攝影：朱今明；主演：舒繡文、上官雲珠、白楊、陶金、吳茵、嚴工上、高正。我個人對這個影片的讀解意見，十年前就已完成但迄今尚未發表，敬請關注。

〔註 3〕我對《漁光曲》和《夜半歌聲》的具體討論，祈參見本書第五章：《〈漁光曲〉(1934 年)——超階級的人性觀照》、第十三章：《〈夜半歌聲〉(1937 年)——驚悚元素與大眾審美的再狂歡》。《天字第一號》是抗戰結束後中國的第一部高票房電影，但其拷貝在 1949 年後長期封存於電影資料館內，極少對外公映；我對這部影片的讀解意見，將收入拙著「內戰影存：1946～1949 年中國電影現存文本讀解」(暫名) 一書中，敬請關注。

的認定，顯然包括先後出現於1932年的左翼電影和1933年的新市民電影[4]。眾所週知，新電影必然是在舊電影的基礎上生發出來的，因此，無論是左翼電影還是新市民電影，都或多或少，事實上是有所偏重地繼承了舊市民電影內在的思想元素和外在藝術表現形式上的諸多元素。

譬如，就舊市民電影最熱衷選取的題材之一即家庭婚姻倫理題材而言，新市民電影和左翼電影在繼承的同時都有所發揚；不同之處在於，左翼電影更熱衷於對階級性、鬥爭性、暴力性的表現，影片的主題一定是與前衛理念和革命暴力緊密相連，經典之作《風雲兒女》（電通影片公司1935年出品〔註4〕）就是如此。新市民電影在對舊市民電影以舊文學、舊文化爲文化取用資源表示尊重的同時，更熱衷於對其所蘊含的傳統價值觀念和道德倫理賦予時代精神和當下信息的灌注讀解，即賦予其世俗性和趣味性的新鮮感和時尚性的展示發掘。

圖片說明：作爲左翼電影正面謳歌的形象，工農階級既是承載宣傳社會革命理念的代表，也是抗日救亡運動的社會中堅力量。這是影星金焰在配音片《大路》（聯華，1934）中的性感造型。

同樣，舊市民電影熱衷容納、展示的暴力元素不僅被左翼電影繼承，而且發揚光大，完成了由個體暴力向由階級矛盾和階級對立所引發的革命暴力的提陞轉化，例如《天明》〔註5〕。1936年國防電影（運動）興起後，由民族

〔註4〕《風雲兒女》（故事片，黑白，有聲），電通影片公司1935年出品；原作：田漢，分場劇本：夏衍，導演：許幸之；主演：袁牧之、王人美、談瑛、顧夢鶴、陸露明。我對這部影片的讀解意見，祈參見拙作《左翼電影的藝術特徵、敘事策略的市場化轉軌及其與新市民電影的內在聯繫》（載《湖南大學學報》2008年第3期），這篇文章的完全版和未刪節版分別收入《黑白膠片的文化時態——1922～1936年中國早期電影現存文本讀解》和《黑馬甲：民國時代的左翼電影——1932～1937年現存中國電影文本讀解》兩書，敬請參閱。

〔註5〕《天明》（故事片，黑白，無聲），聯華影業公司1933年出品；編導：孫瑜；主演：黎莉莉、高占非、葉娟娟、袁叢美、羅朋。我對這部影片的讀解意見，祈參見拙作《左翼電影的道德激情、暴力意識和階級意識的體現與宣傳——以聯華影業公司1933年出品的左翼電影〈天明〉爲例》（載《杭州師範大學學報》2008年第2期），這篇文章的完全版和未刪節版分別收入《黑白膠片的文化時態——1922～1936年中國早期電影現存文本讀解》和《黑馬甲：民國時代的左翼電影——1932～1937年現存中國電影文本讀解》兩書，敬請參閱。

矛盾和民族戰爭構成的暴力元素整合涵蓋了左翼電影所宣揚的階級革命和階級暴力，例如《狼山喋血記》和《壯志淩雲》〔註 6〕。新市民電影對舊市民電影中的個體暴力雖然也有所繼承，但僅僅是用於展示，而且，一定要用主流價值予以消解，以達到社會性和諧的目的。

新市民電影的經典《姊妹花》就是一個最好的例證：僕人姐姐爲生活所迫偷竊主人家的財物時失手打死了姑奶奶，本來要被處以極刑，但當姨太太知道自己是殺人犯的親妹妹後，便帶著一家人遠走高飛。這樣的結局處理與故事情節和生活眞實無關，只與編導的價值取向和道德訴求有關，即與新市民電影相對保守、溫和的政治理念和社會批判立場有關〔註 7〕。因此，新市民電影雖然先是選取左翼電影、後是抽取國防電影的思想元素，但對於兩者的暴力思想和暴力元素，卻是始終採取幾乎完全摒棄的態度。

圖片說明：左翼電影中的死亡均源於階級性的暴力和社會革命，新市民電影中的死亡則與階級鬥爭無關，更不涉及社會革命，如圖所示，《姊妹花》（明星，1933）中的姑奶奶就是死于意外。

新市民電影一向在社會批判立場上的保守與溫和立場，不會主動介入意識形態的紛爭，其根本原因還與對電影藝術品位的追求相關。因此你會發現，新市民電影對舊市民電影所熱衷的家庭婚姻倫理題材及其外在的表現形式，譬如噱頭、滑稽，以及特型演員的使用，不僅照單全收而且多有發揚光大。

〔註 6〕《狼山喋血記》（故事片，黑白，有聲），聯華影業公司 1936 年出品；原著：沉浮、費穆，編導：費穆，主演：黎莉莉、張翼、劉瓊、藍蘋、韓蘭根、尚冠武。《壯志淩雲》（故事片，黑白，有聲），新華影業公司 1936 年出品；編導：吳永剛，主演：金焰、王人美、田方、韓蘭根、章志直、王次龍、施超。我對這兩部影片的讀解意見，祈參見拙作《國防電影與左翼電影的內在承接關係——以 1936 年聯華影業公司出品的〈狼山喋血記〉爲例》（載《佛山科技學院學報》2008 年第 2 期）、《電影市場對左翼電影類型轉換及其品質提升的作用——以〈壯志淩雲〉爲例》（載《南京師範大學文學院學報》2009 年第 2 期），兩篇文章的完全版均收入拙著：《黑白膠片的文化時態——1922～1936 年中國早期電影現存文本讀解》，敬請參閱。

〔註 7〕我對《姊妹花》的具體討論，祈參見本書第二章：《〈姊妹花〉（1933 年）——雅、俗互滲與高票房電影》。

就此而言，舊市民電影的處理與表現幾乎全是鬧劇，而新市民電影則將其提升爲喜劇。

左翼電影對噱頭、滑稽和特型演員也有所倚重，譬如胖子殷秀岑、章志直、尤光照和瘦子韓蘭根，同樣是左翼電影的一線明星。然而這些演員及其人物，更多的是在啓用其市場賣點的同時，側重於情節和節奏的調節，更注重其符號性的標識作用和功能調配。但新市民電影在同樣啓用這些滑稽明星的市場賣點功能的同時，更培養提攜了新一代喜劇明星，譬如在《新舊上海》中有傑出表現的王獻齋和舒繡文〔註8〕。更重要的是，世俗品位與藝術趣味始終是新市民電影主題思想的審美視角與核心元素。

圖片說明：即使涉及階級矛盾、貧富對立或社會問題，新市民電影也會將其藝術化地和諧。譬如《新舊上海》（明星，1936），眾鄰里雖然貧富有別，但面對困難還是互相幫襯共度時艱（如圖）。

丙、《如此繁華》的審美視角與核心元素：世俗品位與藝術趣味

《如此繁華》講的是一個什麼時候都新鮮如舊的中國式喜劇故事：一個叫李四維的小官僚一心想陞官發財，便拼命巴結很混得開的同學張三畏。張三畏把他引薦給軍閥王司令，王司令對這兩個貼上來的男人都不感興趣，倒是對他們身邊的姨太太很感興趣。精明漂亮的張太太對肥胖粗鄙的王司令並不感冒，因爲她自己已經有了一個精瘦的情人，熱情美麗的李太太對老邁蠢笨的王司令也沒興趣，原因不是

圖片說明：李太太對身邊的那些有錢的臭男人並不感冒，因爲她有一個進步青年可以追求，甚至不惜主動私奔——這是新市民電影《如此繁華》秒殺市場的利器：充分利用時代精神和元素。

〔註8〕我對《新舊上海》的具體討論，祈參見本書第八章：《〈新舊上海〉（1936年）——轉型、分流中的趁勢崛起》。

對婚外戀沒興趣,而是對張三畏的堂弟更感興趣——影片最後的結局,是激情四射的李太太追隨那個充滿青春活力的進步青年遠走高飛,讓身後所有的老男人雞飛蛋打。

雖然1960年代的中國大陸電影史研究對歐陽予倩編導的這部影片熱情有加,說它「揭露了上層社會的荒淫無恥」[1] P480,但卻還是沒有給予一個諸如「進步」、「優秀」之類的政治性評語,而是不無遺憾地總結說:「可惜,這部影片由於喜劇處理手法較差,因而減弱了它應有的藝術感染力」[1] P480。

圖片說明:張太太對身邊的那些臭男人也不感興趣,因爲她已經有一個有身份的情人可以廝混,甚至就在眾人的眼皮下——這是新市民電影《如此繁華》主導市場的世俗精神:金錢與情欲。

幾十年後的今天來看,《如此繁華》本身的藝術感染力恰恰來自在於所謂「較差」的一面,因爲在現實比藝術還有想像力和創造力的中國社會,任何藝術手法都顯得蒼白無力;而對其肯定的一面,卻陷進階級性和革命性決定一切的意識形態牢籠中不可自拔:因爲在中國社會,荒淫無恥並非上層社會的特色,而恰恰是它不可踐踏的道德雷區。如果從側重世俗性和藝術趣味性的角度,重新審視七十多年前的這部《如此繁華》就會發現,這兩點既是新市民電影思想主題的核心元素,也是其審美追求的藝術視角。畢竟,1930年代的中國電影,一直是屬於大眾文化範疇的商業化產品。

子、題材與主題

家庭、戀愛和婚姻題材,始終是1920年代中國電影最熱衷、最熱門的選擇之一,(另一類是武俠打鬥和神怪片),它既是舊市民電影灌注傳統倫理道德的教化攪拌器,也是集休閒和娛樂於一體的低端文化投影儀。1930年代的新市民電影,承接了舊電影豐厚的題材資源和相應的電路集成模塊,同時極大地提升了此類題材的消費層次和品位。題材本身沒有好壞之分、高下之別,(有這樣分別的是素材),關鍵在於主創者的選擇和裁剪題材時的審美理念與藝術追求,由此生成的是藝術作品主題思想。事實上,《如此繁華》的主題是一個複合型主題,喜劇只是它的承載和表現形式。

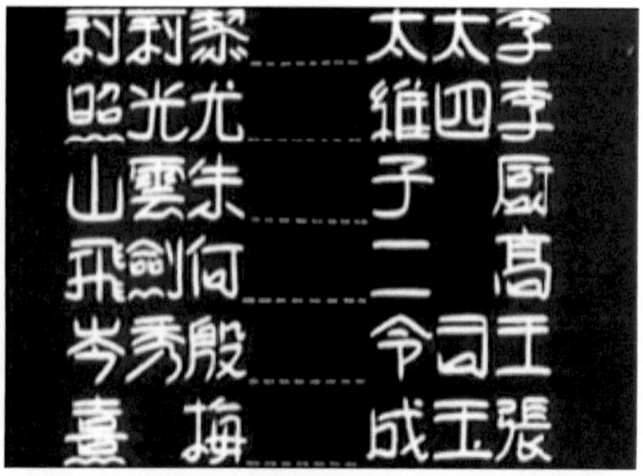

譬如，影片借用李太太演唱的《如此繁華》和一群青年學生的救亡宣傳活動，來標明左翼電影-國防電影特有的元素含量；對家庭倫理和愛情觀念的褒貶，是通過兩個家庭、兩個姨太太和四個與之有關的男人來體現的；對社會現實的不道德批判，是用兩類不同性質的男人來展示的：追求物質、金錢和女色的老男人 VS 追求國家獨立、民族解放和理想未來的青年學生；對女性愛情心理的描摹，用同樣都是姨太太身份、卻有不同品位和追求的女人來對比：肉欲的和物質的 VS 靈肉合一的。

圖片說明：家長里短一向是新市民電影的拿手好戲，因爲這是舊市民電影的傳統性題材。只不過，後者更擅長大户人家裏的故事，而前者如《如此繁華》更注重新的人物，更具有平民視角。

丑、姓名政治學

《如此繁華》中人物的命名同樣是爲主題思想服務的產物，譬如張三畏和李四維的命名思路，顯然首先是民俗學和社會文化學的編碼混排，帶有鮮明的姓名政治學的批判色彩。前者的名字來源於《論語・季氏第十六》：「君子有三畏：畏天命，畏大人，畏聖人之言」，後者看上去是源於《管子・牧民》：「禮義廉恥，國之四維；四維不張，國乃滅亡」，影射民國政府兩年前自上而下推行的「新生活運動」的精神文明主張。而對比張三畏和李四維下三濫的思想品質和爲人做派，馬上就會理清「王司令」就是「王八蛋」的姓名邏輯：影片中李四維對李太太說：「丘八還不是好應付的嗎？」——這不就是王八蛋嘛。

圖片說明：《如此繁華》裏的王司令，其實力不僅體現在他的體重上，更體現在他的社會地位上——這又是新市民電影的機巧之處：在和諧的大前提下，時不時地給當下政治生態紮上一針。

事實上，這三個男人都不是東西：張三畏要占李四維的錢財便宜；李四維巴結張三畏和王司令，爲的是占更大的便宜，爲此不惜讓自己的女人主動貼上去；王司令則是垂涎這二位爺的姨太太——誰說這個肉頭面彈的丘八好對付？張太太的情人冒充偵探前來幽會，此公喚作趙有爲——有什麼作爲觀眾都清楚，所以這個名字的反諷效果最爲明顯。至於身爲三房和二房的兩個姨太太，稱謂本身就是社會意義——沒有被叫做張小三和李二奶已經是客氣的了。而那些要爲國家民族事業貢獻青春的正面人物，姓名也是一身正氣，曰張玉成、劉英華——含英咀華、玉汝於成：編導的價值取向昭然若揭。

寅、特型演員的噱頭

我之所以把 1920 年代的中國電影稱之爲舊市民電影，原因之一就是滑稽、諷刺、鬧劇、噱頭的大量和過度的組合使用，這也是舊市民電影一直爲人詬病的地方，因爲這些元素的超劑量灌裝往往沖淡甚至轉移了影片的主題視線。1930 年代新電影對上述元素的的繼承使用，依然是借助特型演員即所謂喜劇明星的市場號召力，保障影片的賣點。就早期中國電影歷史而言，舊市民電影的鬧劇和新市民電影的喜劇，主要是本土歷史、文化的自然結晶與綜合反應——對民族文化來說，唯有滑稽和色情可以映襯出民族性的社會精神底蘊。

圖片說明：除了章志直和劉繼群，《如此繁華》幾乎召集了 1930 年代所有的胖子特型演員出場亮相，以增強喜劇效果。譬如朱雲山飾演的這個廚子，主要任務不是做飯而是負責調情和搞笑。

因此，《如此繁華》的喜劇性在很大程度上要歸功於這些特型演員、世俗人性斑斑劣跡的集大成者。胖子類的，依次是扮演李四維、王司令和廚子的尤光照、殷秀岑和朱雲山〔註 9〕；瘦子類中，那就要數從 1920 年代就一枝獨秀的韓蘭根。韓蘭根的表演明顯帶有當時好萊塢電影的影響痕跡，但他的喜劇效果顯然又不是單純借鑒模仿的結果。就戲碼配置而言，尤光照飾演的胖廚子，唯一的作用就是鬧場搞笑：先是在工作場所（廚房）偷喝高檔酒、偷吃女同事（廚娘、女僕、管家）的豆腐，然後追著公雞擾亂主人的情色舞會。類似無聊、低俗的一面，體現出當時喜劇電影對噱頭的精神依賴。

〔註 9〕除了章志直和劉繼群以外，其它已經成名的男性特型演員幾乎悉數登場亮相。章志直最出色的表演是在聯華影業公司 1934 年出品的《神女》中扮演的流氓丈夫，以及 1936 年出品的《浪淘沙》中飾演的偵探；劉繼群主演的影片，現在還能看到的是長城畫片公司 1929 年出品的無聲片《兒子英雄》、聯華影業公司 1933 年出品的無聲片《小玩意》（他參演的影片相對較多，譬如大中華百合影片公司 1928 年出品的無聲片《情海重吻》，聯華影業公司 1931 年出品的無聲片《戀愛與義務》和《桃花泣血記》，聯華影業公司 1932 年出品的無聲片《奮鬥》和《火山情血》，聯華影業公司 1933 年出品的無聲片《母性之光》，聯華影業公司 1934 年出品的無聲片《體育皇后》，聯華影業公司 1935 年出品的無聲片《國風》，聯華影業公司 1937 年出品的有聲片《聯華交響曲》等）。相形之下，尚冠武因爲此前曾出演過老成持重的正面形象，譬如在《天倫》（聯華影業公司 1935 年出品）中飾演的傳統型舊家長，因此他在本片中扮演的張三畏，雖然是個喜劇性角色但笑點並不飽滿——其低端形象與他在《紅俠》（故事片，黑白，無聲，友聯影片公司 1929 年出品）中飾演的山大王有的一比。

卯、音樂與歌舞元素

由於舊市民電影的歷史發展，正好與無聲片/默片時代相重合，因此，新市民電影與之區別的一個重要特徵，就是對歌舞元素尤其是插曲的重視和視聽合一的商業化考量，我稱之爲新市民電影的技術主義路線/原則[4]。現存的、公眾可以看到的 1937 年的 9 部影片，除了因爲《前臺與後臺》是戲曲片、《聯華交響曲》是由八個短片組成的集錦片沒有插曲或主題歌以外，其餘影片的歌舞元素配置都值得注意。

圖片説明：左翼電影和新市民電影中的歌舞元素都是市場化的產物，但前者基本是主題思想和革命理念的大眾化啓蒙、詮釋與宣傳，而後者譬如《如此繁華》更注重感官層面的審美性消費。

《壓歲錢》的歌舞場景約占全片時長的 24%，其中插曲時長占全片的比例爲 18.31%；《夜半歌聲》、《十字街頭》、《馬路天使》、《青年進行曲》、《王老五》和《如此繁華》的插曲時長占全片的比重，依次是 15.83%、5.31%、8.52%、2.45%、3.27%和 3.8%。而且，除了《青年進行曲》外，所有的插曲都被演唱了兩遍——《王老五》的主題歌則被演唱了 3 次之多。

因此，1937 年的電影插曲，是與電影主題思想兼容的外掛音響播放器，可以單機獨立運行，並與流行歌曲接軌組合上市，譬如《十字街頭》裏的插曲《春天裏》、《馬路天使》裏的《四季歌》與《天涯歌女》，以及《王老五》的主題歌《王老五歌》；另一方面，作爲對觀眾視聽需求的直接反應，它們必然成爲市場的賣點：當年《馬路天使》在《申報》上就曾單獨爲其中的兩首插曲大打廣告[9]。

丁、《如此繁華》的時尚元素、情色情趣與現代女性的行爲意識

電影是二十世紀最新穎同時又最有活力的綜合藝術載體，從這個意義上說，電影不僅必然成爲民眾日常生活的重要組成部分，而且一直在精神和物質兩個層面同時迎合與滿足著人們旺盛的、花樣繁多的世俗需求。重新審視翻檢 1930 年代的中國電影，常常會有令人驚喜的發見，那就是以上海爲代表的時尚精神或時尚元素的普遍存在。譬如，左翼電影中的階級理念和暴力革

命，以及承接、整合左翼電影而來的國防電影中的民族主義立場和現代國家意識，就是當時中國社會最前衛、激進的時尚精神或時尚元素。相形之下，新市民電影追求和表現的時尚精神或時尚元素，更爲日常化化或曰更具世俗性——其實，《如此繁華》的片目本身，就意味著影片對都市生活與相關人物的表現和偏重，這顯然是電影的商業性和以城市觀眾爲主體的市場性合力謀求的旨趣所在。

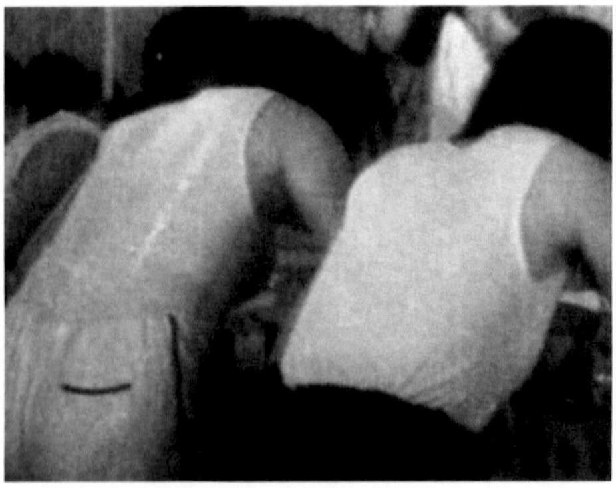

圖片説明：但另一方面，左翼電影對舊市民電影的情色元素繼承得更多、更大膽。因爲，雖然同樣是女性身體的都市化視覺消費，但更多承載了理念性宣傳。圖爲《體育皇后》（聯華，1934）

新市民電影對家庭、婚姻、戀愛題材的處理，給人最強烈的觀感就是主題思想所折射出來的情調，也就是它骨子裏的世俗精神。自始至終，《如此繁華》濃重的世俗氣息撲面而來，讓人目不暇接。譬如李四維將家中的空閒房屋提供給張三畏一家租住，這樣的情節編排就使得人物的活動空間成爲上海西式居住環境和生活方式的展覽道具。再譬如，李太太坐著張玉成的摩托車——當時叫機器腳踏車——出去兜風，參加青年男女學生的野餐集會（宣傳抗日救亡）。熱情似火的家居少婦與陽光俊朗的進步青年落落大方的眉目傳情，在場景、人物的性質、品位和細節上，就與舊市民電影裏大家族中的陰鬱氛圍和哀怨情調拉開了時代距離。而這與其說是出於情節的需要，不如說是滿足觀眾對時尚事物和相關趣味的感官訴求。更不用說，影片還有一個令人激動的時髦結局——李太太喬裝打扮，追到張三畏的堂弟所坐的火車上主動與之私奔。

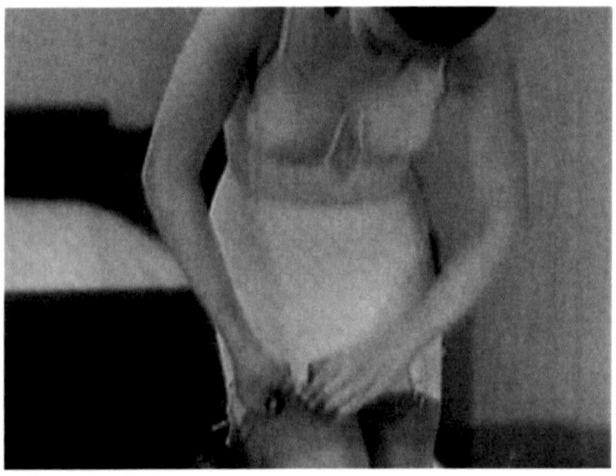

圖片説明：黎莉莉的身體曾經是左翼電影的意識形態的敘事資源和市場准入編碼之一，但新市民電影逐步取代左翼電影成爲電影主流之後，《如此繁華》便用新型條形碼覆蓋了原先的底色。

對於至今仍很少曾見識 1930 年代中國電影的人來說，《如此繁華》的某些畫面稱得上讓人大開眼「戒」——編導對李太太的扮演者黎莉莉的軀體裸露意識，似乎達到當時電影檢查機構所能允許的最大尺度或底線，那些肉感呈現的情色情趣以及身著女性私密內衣的鏡頭處理和場面調度，不無對女性美體刻意展示的意圖：編導、攝影與演員的默契配合，稱得上是高能增效、跨越時空、直抵當下。

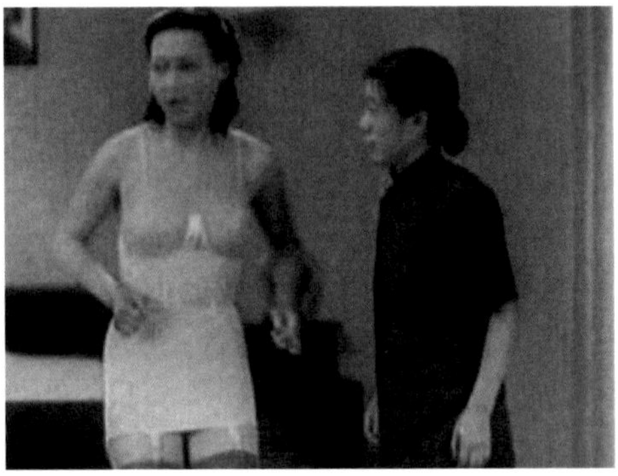

圖片說明：直到 1930 年代，中國電影中的女性身體之美，還只強調全身線條前提的平胸之美。豐乳肥臀是 1940 年代後的新女性標準，所以《如此繁華》中黎莉莉的塑身內衣可謂得風氣之先。

譬如李太太在臥室裏換衣打扮，先是一個端坐在梳妝鏡前的 4 秒肩後側拍，弔帶胸罩下香肩全裸、前胸輪廓畢現。其後是 10 秒左右的李四維梳頭、廚子切菜三個畫面，然後是李太太高跟絲襪的特寫，鏡頭向上慢搖：塑身內衣、美腿豐臀；正面近景，眼見得李太太俯身扣上弔襪帶，底褲胸罩，曲線畢露。然後，李太太就這身裝扮，還要與闖進來報告的男女僕人對話：這場戲有 45 秒的時長，線條橫陳，畫面香軟，感覺鋒利卻又有鈍刀割人之感，格調處理的體香四溢、滑膩鹹濕。更不用說，黎莉莉在整個影片中一共換了包括睡衣在內的 16 套衣裙〔註 10〕，端的是衣香鬢影，明豔照人。

（實際上，《如此繁華》用非常庸俗的方式提出了一個非常嚴肅的世俗性問題：良家婦女的私密動作表現與穿衣裝扮，難道有先進與落後、保守和淫蕩之分嗎？）

就現存的、公眾可以看到的影片而言，《如此繁華》的這些生鮮活色的畫面很有些明目張膽的意味。但回顧中國電影歷史就會知道，這些並非是先河首創、新鮮出位，只不過是香豔重現而已。就聯華影業公司一線當紅女星而言，比黎莉莉稍早出道的前輩阮玲玉，就曾先後在《桃花泣血記》（1931）、《新

〔註 10〕以上數字的核實有賴於中國傳媒大學 2010 級電影學碩士研究生田穎同學的工作，特此申明致謝。

女性》（1934）和《神女》（1934）中多有類似場景的出色表演〔註 11〕。

而作為幾乎與她同時進入電影界的資深編導、美國海歸孫瑜[1] P149～150，不僅為「聯華」執導了公司創辦後的第一部影片《故都春夢》（1930），而且影片在滬、港、穗、津、寧等各大城市公映後都打破賣座記錄[1] P150，使得剛剛加入「聯華」的前明星影片公司無名演員阮玲玉就此成名[1] P253。1932 年，孫瑜編導的《野玫瑰》和《火山情血》，又為公司提攜捧紅了兩位新生代女明星：王人美、黎莉莉。王人美在前一部影片中的一場戲，是於廳堂之上、大庭廣眾面前，擼拳抹袖、撩起旗袍狂繫弔襪帶，讓銀幕上下的觀眾看得目瞪口呆；而《火山情血》中，風情萬種的酒吧侍女黎莉莉，草裙豔舞勁跳、秀裙底風光、舉座皆驚呢〔註 12〕。

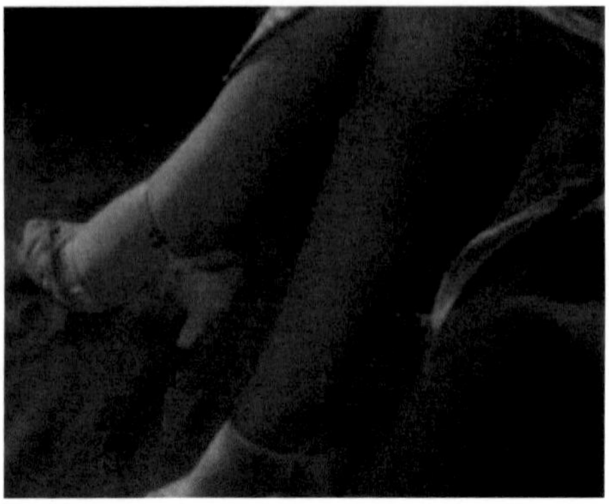

圖片說明：無論是舊市民電影還是左翼電影，編導們都沒有忽略和浪費阮玲玉極具本土文化特色的軀體審美資源，只不過，左翼電影如《新女性》（聯華，1934）為情色添加了階級性坐標。

〔註 11〕《桃花泣血記》（故事片，黑白，無聲），聯華影業公司 1931 年出品；編劇、導演：卜萬蒼，主演：阮玲玉、金焰、李時苑、王桂林、周麗麗、黎豔珠、韓蘭根、劉繼群、黃筠貞。我對這部影片的讀解意見，祈參見拙作《〈桃花泣血記〉：模式的遺存和新信息的些許植入——1930 年代初期的中國舊市民電影樣本讀解之一》（載《浙江傳媒學院學報》2009 年第 3 期），這篇文章的完全版和未刪節版分別收入《黑白膠片的文化時態——1922～1936 年中國早期電影現存文本讀解》和《黑棉襖：民國文化中的舊市民電影——1922～1931 年現存中國電影文本讀解》兩書，敬請參閱。《新女性》（故事片，黑白，配音），聯華影業公司 1934 年出品；編劇：孫師毅，導演：蔡楚生，主演：阮玲玉、湯天繡、王默秋、鄭君里、殷虛、王乃東、裘逸葦、吳茵、顧夢鶴、洪警鈴。《神女》（故事片，黑白，無聲），聯華影業公司 1934 年出品；編劇、導演：吳永剛，主演：阮玲玉、黎鏗、章志直、李君磐。我對這兩部影片的讀解意見，其完全版和未刪節版分別收入《黑白膠片的文化時態——1922～1936 年中國早期電影現存文本讀解》和《黑馬甲：民國時代的左翼電影——1932～1937 年現存中國電影文本讀解》兩書，敬請參閱。

〔註 12〕《野玫瑰》（故事片，黑白，無聲），聯華影業公司 1932 年出品；編劇、導演：孫瑜，主演：王人美、金焰、葉娟娟、章志直、嚴工上。《火山情血》（故事片，黑白，無聲），聯華影業公司 1932 年出品；編劇、導演：孫瑜，主演：

實際上，早在1929年，友聯影片公司拍攝的《紅俠》，就有意安排八個幾近赤裸的侍女，身著三點式內衣貫穿全片，春光遍灑、曲線妖嬈〔註13〕。因此，在迎來了新電影時代的1933年，電影界就有倡導「軟性電影」的呼籲，宣稱「電影是給眼睛吃的冰淇淋，是給心靈坐的沙發椅」[1] P480。女性軀體的影像化表現與商業性消費，在藝術精神上是創作自由的天然屬性，其社會意義是世俗生活的自然反映。「軟性電影」整體的價值取向可能不無偏頗，但表現對象和手法卻並無過錯。

圖片說明：舊市民電影的低端文化消費特徵，使得1920年代電影中的女體裸露簡單粗暴，既沒有左翼電影的意識形態考量，也缺少新市民電影的都市審美視角，譬如《紅俠》(友聯，1929)。

事實上，即使注重意識形態宣傳的左翼電影，也從來沒有排斥這樣世俗情趣的消費功能，相反，卻一直是用來表現主題思想的亮點/賣點所在：孫瑜在1934年編導的《大路》和《體育皇后》，前一個影片中，不僅黎莉莉大秀美體，連男影星金焰也以陽剛造型半裸出鏡，(還有眾男子全裸戲水的群戲)；在後一個影片中，更有黎莉莉與眾女生浴室洗浴的群戲，端的是香肩如畫、美腿如林〔註14〕。王人美在《風雲兒女》中舞女身份的情節編排，更是編導

黎莉莉、鄭君里、談瑛、湯天繡、劉繼群、袁叢美、高威廉。我對上述兩部影片的讀解意見，完全版和未刪節版分別收入《黑白膠片的文化時態——1922～1936年中國早期電影現存文本讀解》和《黑馬甲：民國時代的左翼電影——1932～1937年現存中國電影文本讀解》兩書，敬請參閱。

〔註13〕《紅俠》(故事片，黑白，無聲)，友聯影片公司1929年出品；導演：文逸民，副導演：尚冠武，翻譯：陳少敏；說明：涂碧波；主演：范雪朋、文逸民、瞿一峰、尚冠武、陳梅岩、王芝琴。我對這部影片的讀解意見，祈參見拙作《舊市民電影的又一新例證——以1929年友聯影片公司出品的武俠片〈紅俠〉爲例》(載《浙江傳媒學院》2013年第4期)，其未刪節版收入《黑棉襖：民國文化中的舊市民電影——1922～1931年現存中國電影文本讀解》一書，敬請參閱。

〔註14〕《大路》(故事片，黑白，配音)，聯華影業公司1934年出品；編導：孫瑜，主演：金焰、陳燕燕、黎莉莉、張翼、鄭君里。《體育皇后》(故事片，黑白，無聲)，聯華影業公司1934年出品；編導：孫瑜，主演：黎莉莉、張翼、殷虛、白璐、王默秋、高威廉、何非光、尚冠武、劉繼群、李君磐、韓蘭根、殷秀岑。我對上述兩部影片的讀解意見，其完全版和未刪節版分別收入《黑白膠片的文化時態——1922～1936年中國早期電影現存文本讀解》和《黑馬甲：民國時代的左翼電影——1932～1937年現存中國電影文本讀解》兩書，敬請參閱。

對其身體資源的發揮性考量。

有意思的是，王、黎兩人不僅體形相似、氣質接近，那動輒裸露的美腿玉臂、健美酮體，更讓觀眾有酷似乃爾之歎。更有意思的是，相隔數年的《桃花泣血記》和《如此繁華》，雖然編導演員各異，但攝影卻都出自黃紹芬之手。所以，無論是何時何地、哪位玉姐的絲襪美腿，掌鏡的不過是奉命行事、新腿舊拍，編導則是舊戲新編、如假包換。

《如此繁華》對兩個家庭和幾對男女所合成的一系列矛盾交織，鮮明地體現出新市民電影對舊市民電影在主題和題材方面的承襲。因爲對男女情感關係的表現都是二者最擅長的重心所在，這也是《如此繁華》的主題、重點和終極目的：兩個環肥燕瘦的女人周旋於幾個年紀有別、胖瘦不均的男人之間。譬如就李太太而言，與之有關的男人除了李四維外，既有胖頭王司令、相對瘦的張三畏，還有讓她奮不顧身的青年學生——張三畏的堂弟。

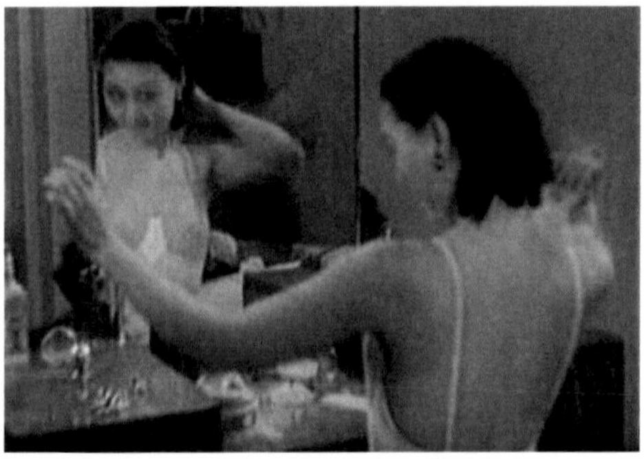

圖片說明：如果說左翼電影中的女性身體裸露更多承載著意識形態話語的標識指向特徵，那麼新市民電影如《如此繁華》中的香肩美人造型，更多地體現出傳統文化的內斂性和當下審美性。

張太太的情感候選人看上去不如李太太那麼眾多，但第三房姨太太的身份，與其說證明張三畏有連下三城之力，不如說張太太有二水分流的不凡身手——她還養著一個金領小白臉。但張琬扮演的張太太只是一個襯托性人物，她和情人的關係在片中顯然是擦槍走火、走火入魔，突出的是情慾，比不上李太太和情人只見火光閃閃，不見烈焰焚身的層次。

李太太駕輕就熟地與三個心懷叵測的老男人巧妙周旋，同時又居心叵測地把一個胸無城府的年輕男生手到擒來：先是從張太太那裏偷錢，資助心上人愛國，然後再以共同愛國的名義追隨他遠走高飛——這境界，比張太太只會用錢來偷人的手藝和收益要高得多。這趣味、這情調，這種戲，想不好看都很難。

戊、《如此繁華》的世俗精神及其與本土戲劇的血緣關聯

舊市民電影中的身體敘事，由於其放縱人性的獵奇視角和主題思想力度的缺乏，所以總給人以不入流的低俗感覺，因此一直受到上層社會的鄙視和

主流文化的排斥；而左翼電影雖然爲身體敘事有意識地披上一層世俗審美的外衣，卻始終無法掩蓋其意識形態的內涵鋒芒；新市民電影中時尚性的香軟鹹濕，則是其世俗品位的精神外溢所致。三者在藝術趣味和傳播效果的差別，說到底是由外在的時代性和內在的思想性決定的。

新興的左翼電影由於是以理念表達、主題先行取勝，因此往往快速推進情節發展，結果常常造成細節失真：譬如《母性之光》中不近人情的夫妻關係〔註 15〕，以及《風雲兒女》中男主人公對待不同的戀人，表現出情感純潔到底和迅猛上床入戲的人爲差別，這都是用階級性取代人性的後果。1936 年出現的國防電影也有類似的問題，所以《狼山喋血記》乾脆用使用寓言故事形式；但同樣是國防電影，新華影業公司出品的《壯志淩雲》卻多少打破了左翼電影的這種傳統模式：同樣是宣傳抗敵救亡的主題思想，但因爲更多地借助吸收新市民電影的表現手法，將男女主人公情感關係的重心很好地融入國防電影的框架當中，結果是比較好地兼顧了思想性和藝術性的平衡——這也是爲什麼新華影業公司能夠成功的跨越「七・七事變」，在淪陷區全面轉軌、繼續從事新市民電影製作的一個重要原因。

圖片說明：包括情色場景在內的感情戲，始終是左翼電影意識形態敘事的道具性鋪墊。因此《風雲兒女》（電通，1935）中談瑛飾演的史太太，不僅要被革命戀人拋棄，還要塑造成蛇蠍一樣的妖豔女人。

新市民電影的世俗精神和藝術趣味，是建立在對情節的世俗生活依賴和細節刻畫生動活潑的追求上，所以，它不僅一開始就表現出與左翼電影不同的類型屬性，而且能夠克服左翼電影以及和國防電影在這一方面上的缺點。

〔註 15〕《母性之光》（故事片，黑白，無聲），聯華影業公司 1933 年出品；編劇：田漢，導演：卜萬蒼，主演：金焰、黎灼灼、陳燕燕、魯史、李君磬、何非光、談瑛、劉繼群、韓蘭根、殷秀岑。我對這部影片的讀解意見，祈參見拙作：《20 世紀 30 年代中國電影市場和商業製作模式制約下的左翼電影——以〈母性之光〉爲例》（載《杭州師範大學學報》2008 年第 4 期），其完全版和未刪節版分別收入《黑白膠片的文化時態——1922～1936 年中國早期電影現存文本讀解》和《黑馬甲：民國時代的左翼電影——1932～1937 年現存中國電影文本讀解》兩書，敬請參閱。

這要歸功於它對舊市民電影藝術表現傳統的揚棄，即順應時代地繼承。由於舊市民電影基本上是舊文化中通俗小說的無聲影像版，因此，其電影語言始終受制於書面語言的編碼轉換局限，這就造成對鬧劇、噱頭和打鬥（動作）的策略性偏重，進而造成情節編排生硬和細節刻畫的拖沓。

新市民電影基本上就是現在有聲電影的代名詞，所以它在拋棄舊市民電影思想主題的滯後性的同時，又借助聲音——語言和音樂——克服了舊市民電影在細節刻畫上的繁瑣、拖沓，迎合了觀眾的新的審美口味和心理感受節奏。語言方面最有代表性的，就是明星影片公司 1936 年出品的《新舊上海》，音樂方面的代表，則是 1937 年聯華影業公司出品的《壓歲錢》、明星影片公司的《十字街頭》、《馬路天使》和《王老五》。

圖片說明：《壓歲錢》（明星，1937）中的歌舞場面，在新市民電影的敘事中呈現出雙重視角特徵：內視角是戲中戲，外視角是電影觀眾，目的是最大程度地體現視聽語言的商業和美學價值。

因此，就上述 1937 年的影片而言，如果說有什麼東西能夠讓觀眾過目難忘，顯然除了以插曲或主題歌為代表的歌舞元素，就是用精雕細琢的細節刻畫和人物性格。譬如《壓歲錢》用一塊銀元折射出來的世道人心和人間百態，《十字街頭》中一板之隔的兩個單身男女房客扔垃圾、傳紙條的喜劇，《馬路天使》裏一條弄堂裏喧鬧的世俗場景和不出俗套的男女糾葛。《如此繁華》也是如此，細節的刻畫和表現不厭其煩，不僅到位，而且「笑果」明顯。譬如王司令在飯桌上一再熱情地向女眷們勸酒的細節——影片的主題思想已經不需要你刻意去強調和強化，因此它只能在很有意思的細節上下工夫——這也就是新市民電影為什麼好看的原因之一。

圖片說明：《馬路天使》（明星，1937）中街頭樂隊的迎親演奏，貌似男女主角出場的鋪墊，其實還有另外一個層面的考量，即最大程度地增強有聲畫面的衝擊力、滿足觀眾的世俗視聽需求。

圖片說明：作爲一個准室內劇，《如此繁華》的戲份大多集中於客廳和臥室，這就使得無論機位如何調度變化都難以脫離舞臺中心的主視角，而這與歐陽予倩本人多年的戲劇編導出身有關。

《如此繁華》的編導歐陽予倩（1889～1962），15歲時從湖南遠赴日本讀書，17歲時（1906年）開始學習京劇，次年又投身話劇活動；1915年正式成爲京劇演員，1926年轉入民新影片公司，「正式從事電影工作」，「直到1928年以後才不再正式演出京劇」[1]P106。這一時期的作品如《玉潔冰清》（1926，編劇、說明、主演）、《三年以後》（1926，編導）、《天涯歌女》（1927，編導）等，都可以看作是文明戲的電影版，也就是舊市民電影。1934年，歐陽予倩爲新華影業公司出品編導了《新桃花扇》後的次年，轉入明星影片公司，編導《清明時節》、《小玲子》和《海棠紅》[1] P430。

上述作品中的一半，都與戲劇戲曲題材有關，電影史研究也承認其「一定的現實意義」，但「時代氣息」「比較淡薄」[1] P434——實際上承認其舊市民電影的歸屬。這裏要討論的《如此繁華》，是歐陽予倩1937年轉入聯華影業公司後的唯一的一部作品。在此之後直至1949年前，他有影響的戲劇創作以京劇爲主，譬如《梁紅玉》、《漁夫恨》和《桃花扇》；而有影響的電影編劇又與戲劇有關，譬如華成影片公司1939年出品的《木蘭從軍》。

中國戲劇和電影之間一直存在著天然的血緣關係[3]，歐陽予倩早年的戲劇實踐背景顯然決定了其電影題材的偏重和藝術風格，《如此繁華》就是這樣一個例證。

首先，舞臺化的表演成爲整個影片的支撑框架。由於張三畏夫婦是李四維夫婦的房客，內景幾乎是全部情節發展和矛盾展開的現實空間：兩戶人家、男女雙方的交叉互動，以及王司令、趙偵探的密切介入。

其次，主要情節的推動和人物性格展示大多是依靠臺詞（對話）展開，李太太的歌曲演唱也完全可以看作是京劇「唱念做打」中「唱」的電影版。什麼是情節？情節就是連續的行動；什麼是電影？電影是對行動的影像表達，而《如此繁華》的重心或者說最出彩的地方恰恰是臺詞/對白。

圖片說明：《如此繁華》中爲數不多的外景戲戲份，主要給了李太太追隨男青年參加群眾集會的場面——這是左翼編劇和左翼電影爲新市民電影移植的元素和預留空間，或者說，反之亦然。

第三，《如此繁華》全長時長 93 分多鐘（6205 秒），室內戲時長竟占 86%（5953 秒）之多〔註 16〕，外景戲比例少得可憐，抑或說影片幾乎就是話劇或者說舞臺劇的翻拍。若從單純的觀賞角度看，影片到了三分之二的時候已經讓人忍無可忍，因爲它幾乎已經脫離了電影表達的語言體系，人物走位受到現實空間的極大約束，只不過是借助了電影的空間切換手段而已。

這個現象和原因並非歐陽予倩獨有，但卻有一定的代表性。早期中國電影歷史上戲劇和電影之間的血緣關係，從產生和製作流程上，不用說 1905～1908 年間的國產電影全部是戲曲的翻拍。自 1910 年代開始，一些市場回報良好的中國影片，基本上是已經產生轟動效應的戲劇翻拍。譬如幻仙影片公司 1916 年出品的《黑籍冤魂》，就是源自賣座始終不衰的同名文明戲〔1〕P24，中國第一部長故事片《閻瑞生》（中國影戲研究社 1921 年出品）即改編自文明新戲《蓮英劫》〔1〕P43〔10〕；有聲片時代第一部國產高票房影片《姊妹花》（明星影片公司 1933 年出品），則是改編自三幕舞臺劇《貴人與犯人》。歐陽予倩的前老闆張善琨，起家的第一部賣座影片，就是翻拍的連臺機關布景京戲《紅羊豪俠傳》（新華影業公司 1935 年出品）〔1〕P483～484，張善琨繼而聘請歐陽予倩編導《新桃花扇》，結果兩方名利雙收，進一步壯大了「新華」的資本規模〔1〕P484～485。

〔註 16〕以上數字的核實有賴於中國傳媒大學2010級電影學碩士研究生田穎同學的工作，特此申明致謝。

圖片說明：超過百分之八十五以上的內景戲比例，讓《如此繁華》很難避免話劇舞臺的表現模式，因此許多鏡頭的內部運動顯得呆板，空間的通透性也做得不好，即使補光也缺乏明顯效果。

但就 1937 年之前的聯華影業公司而言，無論是作爲左翼經典的《神女》，還是作爲新民族主義電影的最高代表作的《國風》和《天倫》；無論是作爲國防電影高端之作的《浪淘沙》〔註 17〕，還是作爲國防電影普世版的《狼山喋血記》，每一步（部）都走在時代的前列，感知和映像著時代脈搏的跳動，對社會現實的批判揭示和所達到的層次都極其深刻。而走到 1937 年《如此繁華》這一步（部），由於靈魂人物羅明祐和黎民偉、以及像吳永剛這樣的傑出編導的離開，「聯華」的變更不僅僅是人事，而是公司在製片策略的整體變軌：既有爲聚合公司人氣匆忙推出的集錦片（《聯華交響曲》（左翼電影的殘餘和國防電影的合成灌裝）、也有屬於新民族主義電影序列的短片《前臺與後臺》，還有同樣是新市民電影屬性的《王老五》〔註 18〕。

〔註 17〕《國風》（故事片，黑白，無聲），聯華影業公司 1935 年出品；監製、編劇：羅明祐，聯合導演：羅明祐、朱石麟；主演：阮玲玉、林楚楚、黎莉莉、鄭君里、羅朋、劉繼群、洪警鈴、黃筠貞。我對這部影片的讀解意見，祈參見拙作：《主流政治話語對 1930 年代電影製作的介入及其藝術轉達——〈國風〉：中國電影歷史中的「反動」標本讀解》（載《浙江傳媒學院學報》2009 年第 2 期）。《天倫》（故事片，黑白，配音），聯華影業公司 1935 年出品；編劇：鍾石根；監製與導演：羅明祐，副導演：費穆；主演：林楚楚、尚冠武、黎灼灼、張翼、鄭君里、陳燕燕、梅琳。我對這部影片的讀解意見，祈參見拙作：《1933～1935 年：從左翼電影到新市民電影——用 5 部影片單線論證中國國產電影之演變軌跡》（下）中的部分內容（載《浙江傳媒學報》2009 年第 6 期）。《浪淘沙》（故事片，黑白，有聲），聯華影業公司 1936 年出品；編導：吳永剛，主演：金焰、章志直。我對這部影片的讀解意見，祈參見拙作：《新浪潮——1930 年代中國電影的歷史性閃存——〈浪淘沙〉：電影現代性的高端版本和反主旋律的批判立場》（載《南京藝術學院學報－音樂與表演》2009 年第 1 期）。需要說明的是，我將《國風》和《天倫》劃入新民族主義電影序列，將《浪淘沙》劃入國防電影序列；討論這三部影片的文章完全版均收入拙著：《黑白膠片的文化時態——1922～1936 年中國早期電影現存文本讀解》，敬請參閱。

〔註 18〕《聯華交響曲》（集錦片，黑白，有聲），聯華影業公司 1937 年出品。我對這部影片的讀解意見，祈參見拙作：《〈聯華交響曲〉：左翼電影餘緒與國防電影的雙重疊加——1937 年全面抗戰爆發之前中國國產電影文本讀解之一》（載

己、結語

圖片說明：《如此繁華》的結尾，李太太拎著包裹與張玉成私奔。這裏的報紙（宣傳）、出走（投向光明）、私奔（反主流意識）等元素，都是新市民電影從左翼電影那裏有條件地抽取借用。

讀解 1920～1930 年代現存的、公眾可以看到的中國電影文本就會發現，新、舊市民電影主題思想的世俗品位和與之相適應的藝術趣味，與左翼電影、國防電影高亢、激昂甚至不無悲壯的色調至始至終存在著本質上不同。

通俗地講，舊市民電影的旨趣和品位相對低俗，基本上屬於一次性低端文化消費。左翼電影敢於直面慘淡的人生，其對社會黑暗的揭露、批判和警醒的先鋒姿態，一般會讓人不敢再看第二遍。國防電影宣揚的是現代國家意識和民族解放精神，不僅當時具有強烈的啓蒙意義和歷史價值，直到今天依然不無文化價值和教育意義——這包括普適性版本的《狼山喋血記》和《壯志淩雲》，高端版本的《浪淘沙》。

而像《如此繁華》這樣的新市民電影，任何時候都可以看上一遍又一遍。這是因爲，中國社會和中國歷史，其實並無新意。生活在繼續，歷史在重複。在這繼續和重複的年輪中，世俗性不僅決定電影的本質，更左右著與其品位相關的藝術趣味。

《浙江傳媒學院學報》2010 年第 2 期）。《前臺與後臺》（短故事片，黑白，有聲），聯華影業公司 1937 年出品；編劇：費穆，導演：周翼華，主演：傅繼秋、寧萱、張琬、裴沖、劉瓊、恒勵、嚴皇。我對這部影片的讀解意見，祈參見拙作：《〈前臺與後臺〉：1937 年的新市民電影——抗戰全面爆發前國產電影對民族精神與文化傳統的開掘與展示》（載《浙江傳媒學院學報》2011 年第 1 期）。需要說明的是，我認爲《聯華交響曲》中的八個短片分別屬於左翼電影和國防電影，此前我曾將《前臺與後臺》劃入新市民電影序列，近幾年修正了這個觀點，認爲應歸屬於新民族主義電影序列。討論這兩部影片的文章完全版均收入《黑夜到來之前的中國電影——1937 年現存國產影片文本讀解》一書，敬請參閱。我對《王老五》具體討論，《〈王老五〉（1937 年）——主題與人物的跨時代穿越》。

庚、多餘的話

子、經典臺詞的當下意義

但凡一個稱得上好看的影片都會有些共同之處，其中之一就是有幾句讓你看完以後不能忘記的經典臺詞，《如此繁華》就有這樣現在還值得會心一笑的名言警句。譬如張三畏與李四維談起自己的女人們時就感歎：我們要多弄點兒錢來維持愛情。這句話不僅得到後者的熱烈贊同，而且絕對是穿越時空的飛去來器，使現今的觀眾感慨萬千。還有一句貌似落後的時代名言，曰：捐錢也不見得愛國，愛國不一定要捐錢。這個不僅說得太對了，而且相當給力。

第三句名言是：首飾是女人的招牌，老婆是丈夫的招牌。這句之所以更給力，是因爲它生成於張、李兩對男女共同的時代認識上，那就是要想陞官發財，就得實行「科學交際法」，意思是在多和有實權的官員和有勢力的社會名流們交結時，一定要記住他們的喜好、生日和生辰八字，這樣才能有的放矢、達到目的——你還眞不能反駁說它不科學：科學不就是經過實踐反複檢驗過的眞理嗎？

丑、語音的地緣政治含義

與其它 1937 年的國產電影有一點不同，《如此繁華》中演員的口音很有意思，就是南京官話的腔調特別重。這也許反映了作爲民國政府的首都，南京的政治和文化輻射力日漸增強的歷史現實。從近一百年來的歷史發展來看，包括方言在內的地域文化一旦超出其地理範圍，一定意味著其包括文化影響在內的政治勢力或經濟實力的全面外溢。就 1949 年前的中國電影而言，演員的對白/臺詞基本上是以江南語音爲基調的國語，即以明朝官話爲基準的吳語——北平旗人出身的胡蝶在影片中所講的國語則帶有濃重的滿清官話口音[11]。

1949 年中華人民共和國成立後，雖然以北京語音爲標準音的新一代國語——普通話的地位得到政治文化意義上的確立和肯定，但在 1950 年代，帶有明顯東北口音的普通話不僅在中國大陸電影中多有表現，而且還成爲以長春電影製片廠爲代表的蘇聯電影譯製片的特色標準；1960 年代以後，隨著中、蘇關係的全面對峙和北京對大陸各地方政治、文化、經濟的強力約束，普通話才眞正成爲中國大陸電影的標準語言配置。

寅、影片片名的時尚性

說到《如此繁華》的世俗精神，自然要談及影片的結局——李太太響應她內心的呼喚，也就是愛情的呼喚，勇敢地追隨著革命的、進步的青年學生張玉成（她名義上的小叔子），踏上了愛情的征途。這時你會突然意識到，影片其實是給一個黑吃黑、壞咬壞、外加男女私奔的老舊故事套上了一個追求進步、有政治語義的外套，結果是達到「三通」的目的，（審查順利通過、故事通俗易懂、票房可以通融），皆大歡喜。有鑒於此，現在可以給《如此繁華》起上兩個更爲時尚的片名，其一是具有舊市民電影特徵名字曰《情色女俠》，其二還可以走新市民電影的路數，那就是《二奶造反與自主創業》。能猜出來李太太后來的結局怎樣嗎？但無論如何，年輕人不被環境限制，能勇敢追尋理想，這才稱得上不負青春。

卯、大蒜與健康

肉蛋王司令在酒席宴上向女眷們熱情推薦吃大蒜的態度和目的固然讓人覺得可樂可鄙，但關於大蒜和健康之間的健康理念我是同意的——吃大蒜當然對身體有好處，更何況對女性而言還可以防身，至少可以讓色狼的感受思忖再三——當然，要是碰上王司令這樣的大蒜色狼，那就得像李太太一樣，需要智勇雙全地抵禦雙重侮辱了。

辰、民國交際禮儀的演示

作爲一個室內劇，《如此繁華》中有太多的人物交際禮儀，譬如同學朋友之間（張三畏和李四維）、上下級之間（張、李與王司令等「名流」）、賓主之間、男人與女人之間，以及女人與女人之間（兩位姨太太之間以及眾女眷之間），那些舉止、交接話語，幾乎可以看作是 1930 年代民國時代人際交往的禮儀演示版。

從這個角度上說，《如此繁華》的民俗性和禮儀教化功能功不可沒。雖說不無虛僞、誇飾的一面——譬如不懷好意的男女之間和爾虞我詐的利益個體之間的——但卻讓你發現，至少 1930 年代的中國人是溫文爾雅的，這才叫禮儀之邦。再看看現在，那天有同事對我說現在人跟人的關係和狗沒什麼區別：一見面就立刻聞一聞對方身上有沒有可以利用的信息……。所以，看看民國時代的老電影，至少會幫助國人認識和恢復國民性中優良的一面。

巳、主題歌《我愛自由》

中國電影在1930年代中期全面有聲化以後，觀眾對看電影就有了視聽的雙重需求：既要好看，還要好聽。所以，影片的同名主題歌《如此繁華》不僅要唱兩遍，其中一次特意安排了黎莉莉身著性感衣飾的現場獻唱版，爲的就是讓觀眾一飽眼福。至於影片中的另一首插曲《我愛自由》，實在是既聽不清楚也看不見歌詞，但主題歌的歌詞或許還可以被當下的時代精神認可罷：

如此繁華，春風無價。看錦城十里，開遍桃花，美人名士，油碧香車，華燈初上，誰管夕陽西下。春宵無價，溫柔鄉里住，不願還家，紅燈綠酒，鐵板銅琶，願月圓花好，任歡樂作生涯。

如此繁華，青春無價，願及時行樂，到處看花，綺窗珠户，山隈水涯，願情苗愛葉，隨地長茁根芽。如此繁華，同心無價，似鶼鶼比翼，飛遍天涯，百年一瞬，萬里一家，姊妹兄弟，努力愛惜芳華！〔註19〕

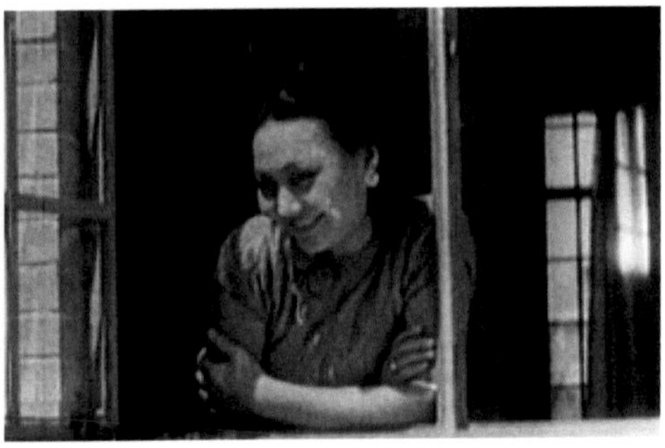

〔註19〕本章的上半部分文字，即甲（**前面的話**）、乙（**《如此繁華》：新市民電影與左翼電影——國防電影和舊市民電影的邏輯關聯**）、丙（**《如此繁華》的審美視角與核心元素：世俗品位與藝術趣味**）、己（**結語**，但不包括最後兩句話）約7500字，最初曾以《〈如此繁華〉的世俗品位與藝術趣味——1937年抗戰全面爆發前的新市民電影》爲題，先行發表於2011年第3期《浙江傳媒學院學報》（杭州，雙月刊）；本章的下半部分文字，即丁（**《如此繁華》的時尚元素、情色情趣與現代女性的行爲意識**）、戊（**《如此繁華》的世俗精神及其與本土戲劇的血緣關聯**），以及庚（**多餘的話**）中的子（**經典臺詞的當下意義**，但不包括最後一句）、寅（**影片片名的時尚性**，但不包括最後三句）約6500字，亦曾以《新市民電影〈如此繁華〉的世俗性、時尚性與趣味性——1937年抗戰全面爆發前的國產電影》爲題，先行發表於2011年第4期《當代電影》（北京，月刊）；兩篇文章的完全版後作爲第七章收入拙著：《黑夜到來之前的中國電影——1937年現存國產影片文本讀解》，題目是：《〈如此繁華〉：如何體現新舊電影的邏輯關聯及其核心元素——1937年新市民電影的審美視角、世俗品位與藝術趣味》。此外，現今的**閱讀指要**：是成書版和雜誌發表版的合成；下方沒有**圖片說明**的插圖均截自《如此繁華》，且均爲本次結集成書時新增。特此申明。

初稿時間:2007 年 5 月 25 日
二稿時間:2010 年 11 月 14 日
三～四稿:2011 年 1 月 3 日～8 月 9 日
圖文增訂:2015 年 11 月 9 日～21 日

參考文獻:

〔1〕程季華,中國電影發展史:第 1 卷〔M〕,北京:中國電影出版社,1963。
〔2〕陸弘石,舒曉明,中國電影史〔M〕,北京:文化藝術出版社,1998。
〔3〕袁慶豐,中國現代文學和早期中國電影的文化關聯——以 1922～1936 年國產電影爲例〔J〕,中國現代文學研究叢刊,2010(4):13～26。
〔4〕袁慶豐,1922～1936 年中國國產電影之流變——以現存的、公眾可以看到的文本作爲實證支撐〔J〕,學術界,2009(5):245～253。
〔5〕程季華,中國電影發展史:第 2 卷〔M〕,北京:中國電影出版社,1963。
〔6〕李少白,中國電影史〔M〕,北京:高等教育出版社,2006:57。
〔7〕丁亞平,影像時代——中國電影簡史〔M〕,北京:中國廣播電視出版社,2008:51。
〔8〕李道新,中國電影文化史〔M〕,北京:北京大學出版社,2005:145。
〔9〕章伊倩,1937 年 7 月影片《馬路天使》的廣告營銷//李道新.中國電影史專題研究〔M〕,北京:北京大學出版社,2006:242。
〔10〕陸茂清,我國首部長故事片《閻瑞生》誕生記〔J〕,上海:上海灘,2004(9)// 〔N〕,北京:作家文摘,2004-10-12(3)。
〔11〕國語和普通話的發展歷史,參見:百度知道 > 文化/藝術 > 民俗傳統,網址:http://zhidao.baidu.com/question/16649464.html。

The Logic Relationship Between the Old and New Films, and the Aesthetic Perspective, Secular Taste and Artistic Interest of the Films—So Busy (1937): the Fourteenth Sample of New Citizen Films

Read Guide:From the early 1930s to the outbreak of anti-Japanese war in 1937, new citizen films extracted the elements of thought from left-wing films and later national defense ones. Great efforts had been made to develop and utilize the themes and subject matters inherited from traditional Chinese films. Based on the timely absorption of fashion elements, new citizen films shown and broadened its pursuit and effect of the secular taste and the artistic interest. Until the outbreak of anti-Japanese war in July 1937, new citizen films, as the mainstream of Chinese films, still were affected by the left-wing films and the national defense ones internally. The film So Busy produced by Lianhua Film Company is a case in point. Moreover, this film is also in close with traditional performance and aesthetic form of Chinese drama for the director is Ouyang Yuqian, a dramatic artist.

Key words： raditional Chinese Film; New Citizen Film; secular and interesting features; erotic elements; shapely legs in stockings; politics of name

第拾伍章　《藝海風光》(1937 年)——承接、模仿與急就章

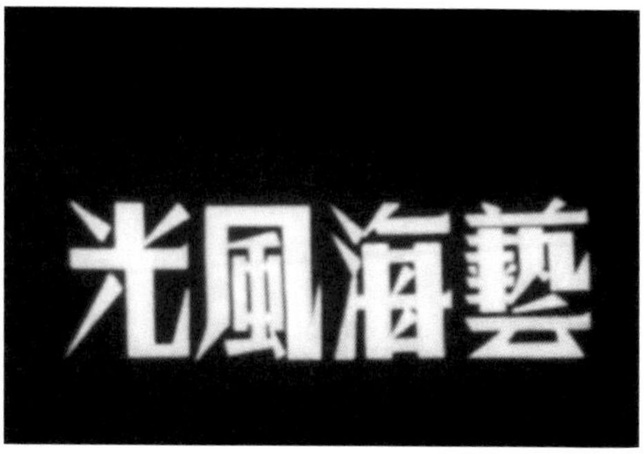

閱讀指要：

由三個短片組成的《藝海風光》，是「聯華」—「華安」公司於 1937 年出品的第二部短故事片合集，同樣屬於新東家凝聚人氣、鞏固市場的應急之作。這部近幾年才對外公映的（北京）中國電影資料館館藏影片再一次證明，全面抗戰爆發之前的中國電影製作主流，主要涵蓋國防電影（運動）和新市民電影形態。對《藝海風光》讀解的當下價值和意義在於，國防電影、新市民電影與新民族主義電影，不僅是戰前中國電影生態的全部面貌，而且也是抗戰期間能夠被不同地緣政治接納和得以發展的電影形態。

關鍵詞：新市民電影；新民族主義電影；國防電影；「軟性電影」；大腿舞；

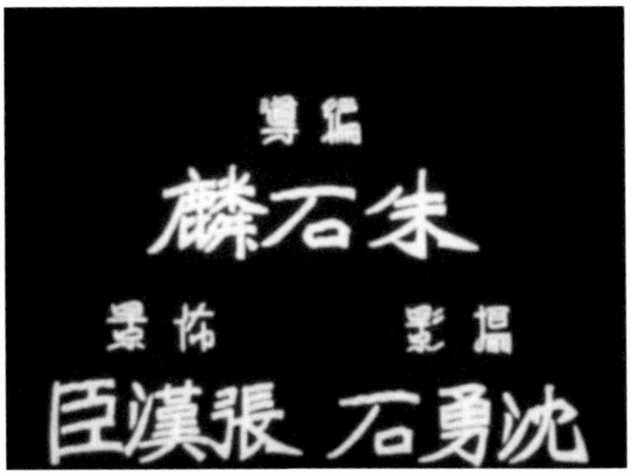

專業鏈接 1：《藝海風光》（短故事片合集，黑白，有聲），華安影業股份有限公司 1937 年出品，視頻時長：102 分 59 秒。

其一：《電影城》

〉〉〉**編導**：朱石麟；**攝影**：沈勇石。

〉〉〉**主演**：尚冠武、黎灼灼。

其二：《話劇團》

〉〉〉**編導**：賀孟斧；**攝影**：陳晨。

〉〉〉**主演**：鄭君里、陳燕燕。

其三：《歌舞班》

〉〉〉**編劇**：蔡楚生；**導演**：司徒敏慧；**攝影**：黃紹芬。

〉〉〉**主演**：黎莉莉、梅熹。

專業鏈接 2：原片片頭字幕及演職員表字幕（標點符號爲錄入者添加）

華安影業股份有限公司出品。《藝海風光》。製片主任：陸潔。

其一：《電影城》（改編法國梅立克小說）：

編導：朱石麟；

攝影：沈勇石；

布景：張漢臣；

錄音：酈　贊；

劇務：孟君謀；

音響：傅繼秋；

場務：莊凱廬；

剪接：陳祥興；

演員表（以出場先後為序）：

導　演……尚冠武，劇　務……裴　沖，演　員……周蓮珍，劇　務……莊凱盧，主　角……龔智華，臨時演員……黎灼灼，老　翁……恒　勵；其　子……劉　瓊；經　理……沈百寧。

其二：《話劇團》：

編導：賀孟斧；

攝影：陳　晨；

布景：許　可；

錄音：鄺　護；

劇務：孟君謀；

舞蹈指導：吳曉邦；

場務：祝宏綱；

演員表（以出場先後為序）：

劇作者……鄭君里，鄰　女……陳燕燕，房東太太……桑淑貞，女　父……苗祝三。

其三：《歌舞班》：

導演：司徒敏慧；

編劇：蔡楚生；

攝影：黃紹芬；

布景：許　可；

錄音：鄺　護；

劇務：孟君謀；

場務：裴竹籬；

演員表（以出場先後為序）：

拍賣店員……莊凱盧，拍賣店員……屠恒福，觀　客……裴　沖，觀　客……尤光照，觀　客……桑淑貞，觀　客……朱耀庭，主　角……黎莉莉，導　演……梅　熹，團　員……韓蘭根，團　員……殷秀岑，團　員……劉繼群，班　主……洪警鈴，場經理……張　翼，團　員……裘元元；孫南星客串。

專業鏈接 3：鏡頭統計

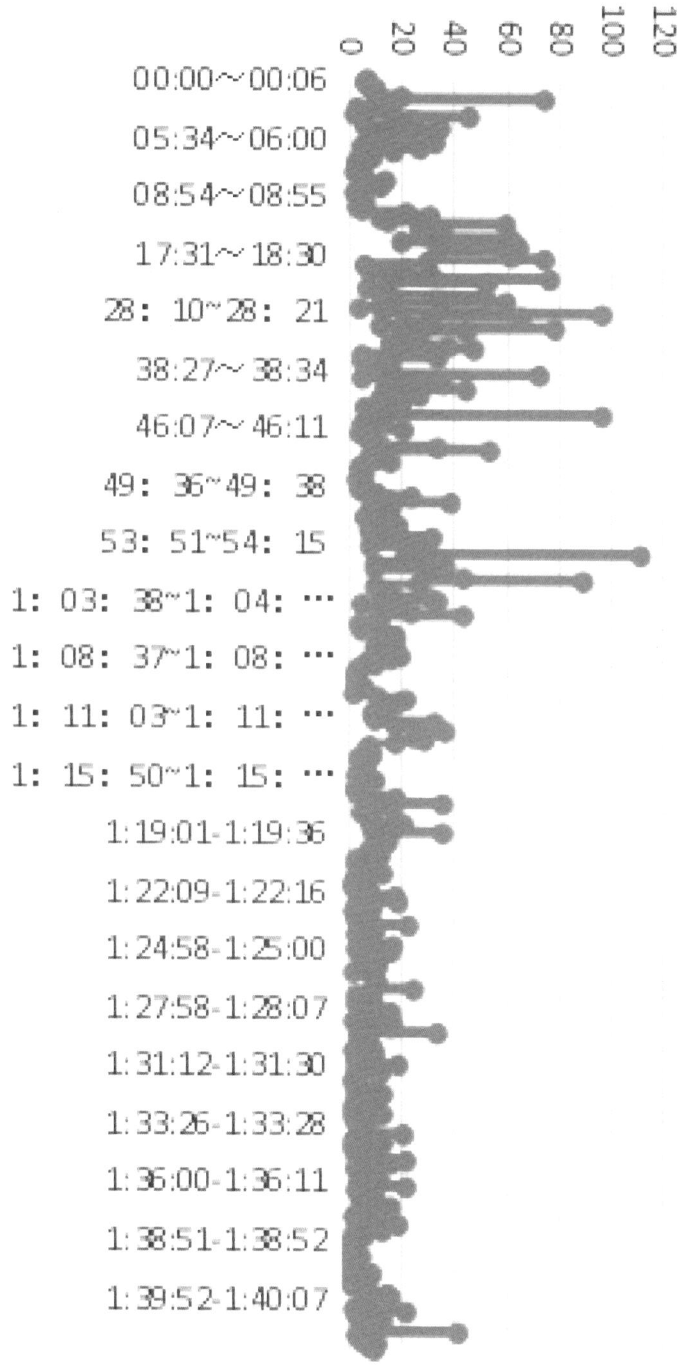
0
20
40
60
80
100
120
00:00~00:06
05:34~06:00
08:54~08:55
17:31~18:30
28: 10~28: 21
38:27~38:34
46:07~46:11
49: 36~49: 38
53: 51~54: 15
1: 03: 38~1: 04: …
1: 08: 37~1: 08: …
1: 11: 03~1: 11: …
1: 15: 50~1: 15: …
1:19:01-1:19:36
1:22:09-1:22:16
1:24:58-1:25:00
1:27:58-1:28:07
1:31:12-1:31:30
1:33:26-1:33:28
1:36:00-1:36:11
1:38:51-1:38:52
1:39:52-1:40:07

說明：《藝海風光》全片視頻時長 102 分 59 秒，共 439 個鏡頭。其中：

甲、小於和等於 5 秒的鏡頭 154 個，大於 5 秒、小於和等於 10 秒的鏡頭 107 個，大於 10 秒、小於和等於 15 秒的鏡頭 63 個，大於 15 秒、小於和等於 20 秒的鏡頭 31 個，大於 20 秒、小於和等於 25 秒的鏡頭 17 個，大於 25 秒、小於和等於 30 秒的鏡頭 17 個，大於 30 秒、小於和等於 35 秒的鏡頭 20 個，大於 35 秒、小於和等於 40 秒的鏡頭 4 個，大於 40 秒、小於和等於 45 秒的鏡頭 6 個，大於 45 秒、小於和等於 50 秒的鏡頭 1 個，大於 50 秒、小於和等於 55 秒的鏡頭 3 個，大於 55 秒，小於和等於 60 秒的鏡頭 3 個，大於 60 秒的鏡頭 14 個。

乙、片頭字幕鏡頭 7 個（包括其一《電影城》3 個演職人員字幕鏡頭）；片中字幕鏡頭 8 個，其中：其二《話劇團》演職人員字幕鏡頭 4 個，其三《歌舞班》字幕鏡頭 4 個；片尾殘缺，無法統計片尾字幕鏡頭。

丙、固定鏡頭 360 個，運動鏡頭 64 個。

丁、遠景鏡頭 18 個，全景鏡頭 87 個，中景鏡頭 186 個，近景鏡頭 88 個，特寫鏡頭 45 個。

（圖表製作與數據統計：姜菲）

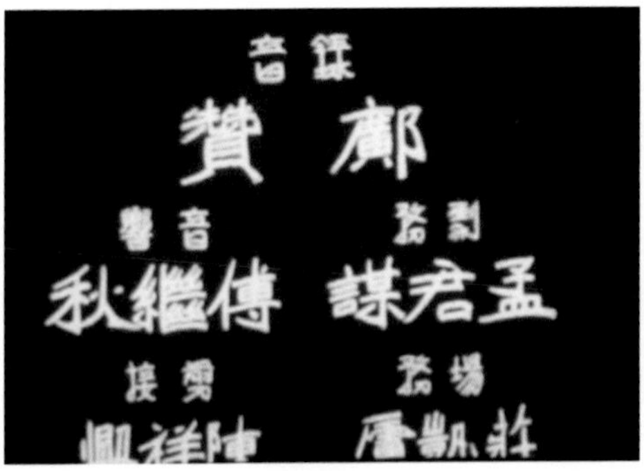

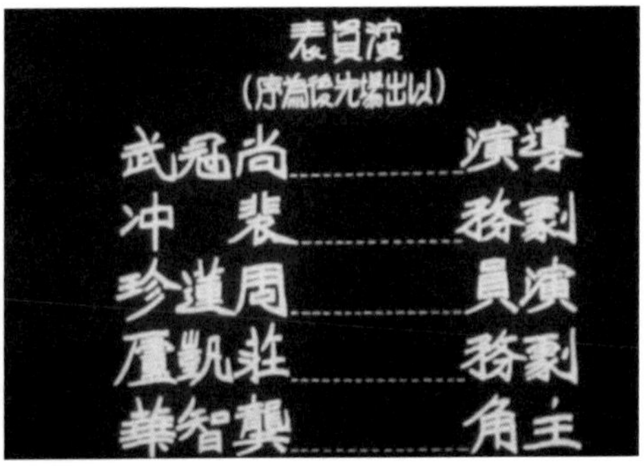

專業鏈結 4：影片經典臺詞

《電影城》

「我不能為了吃飯，就不顧了命！」

「『提拔』這兩個字實在不敢當。不過，我要發現有才幹的演員，我倒是不肯輕易地放過」。

「張先生，您一定以為我是瘋了是不是？」——「噯，我在這兒正這麼想」。

「為什麼一個女戲子不能跟您兒子結婚呢？」——「我的家庭你是知道的。他祖母是狀元的妹妹，他母親是中堂的小姐。到他這一代，娶了個女戲子回去，這不太笑話了？」

「您總以為是做戲的就不是好人。要知道,我也是幹戲的!」

「我最愛的是藝術,我要把我整個身體貢獻給藝術。所以,我不願意嫁給他」。

「嫁他不嫁他是我的自由,見他不見他也是我的自由。」

「你從另一方面找點安慰好不好啊?」

「你這人真不講理,我沒見過這樣要求人的。我沒有這閒工夫跟你廢話,乾脆一句話——我現在不能答應你!」

「不是錢不錢的問題,是她會不會做戲的問題」。

「噢,年輕人是要年輕的姑娘陪著喝酒的,我老太婆太老了是不是?啊?別瞧不起我,三十年前的我也是挺出風頭的啦!」

「她的命也太苦了,她三歲的時候,她的爸爸就死了。噢,那是她頭一個爸爸。她第二個爸爸,是死在監牢裏的。她第三個爸爸,是癆病死的。她七歲的時候,她那個唱戲的爸爸,噢,那是她第六個爸爸,教她學戲」。

「哎呦,你真漂亮。怪不得我女兒喜歡你呢,就是我也喜歡你呀!丈母娘看女婿,越看越有趣呢!」

「幹藝術的都很辛苦」。

《話劇團》

「劇院老闆說,這三個劇本,這個沒有情節,這個意義再嚴重一點,這個看不懂」。

「幻想,幻想,現在我們只能幻想」。

「哼,做戲的糊塗,那麼什麼不糊塗呢?」

「是的,戲子下流,我不知道這是誰定下的規矩。您以為演戲下流,您還不知道還有許許多多的事情比演戲更要下流!」

《歌舞班》

「哼!我就不想跟這些要錢不要臉的東西再合作下去!」

「王八蛋!你再叫我揍你!」

「這種事情簡直喪盡了藝術的良心,我真的看不慣你這種做法!」

「藝術?多少錢一斤?良心?幾個錢一兩?」

專業鏈結 5:影片觀賞推薦指數:★★☆☆☆

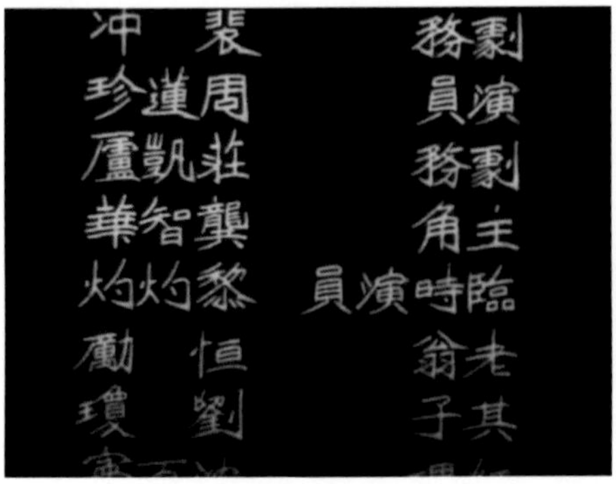

甲、前面的話

近五、六年來，北京中國電影資料館漸次在一些學術會議上和自家位於西城區小西天的影院裏，放映了幾部封存已久的、1949 年之前出品的中國電影。譬如 2012 年 10 月，在「中國早期電影學術論壇」期間，放映了友聯影片公司 1930 年出品的無聲片《荒江女俠》、明星影片公司 1933 年出品的有聲片《二對一》、華新影片公司 1939 年出品的有聲片《王先生吃飯難》等；2015 年 10 月，在「2015 年中國電影史年會」期間，放映了聯華影業公司 1932 年出品的無聲片《奮鬥》、中國電影製片廠（武漢）1937 年出品的有聲片《八百壯士》、華成影片公司 1940 年出品的有聲片《關雲長忠義千秋》、「中電」三廠（北平）1946 年出品的有聲片《天字第一號》等。此外，2015 年 11 月，北京中國電影資料館還在小西天的影院，售票公映了新華影業公司 1938 年出品的有聲片《貂蟬》。

實際上，這些外界難以得見的珍貴影片，不過是北京中國電影資料館和（北京）中國電影藝術研究中心在讀碩士研究生平時上課觀摩的一小部分影

片而已〔註 1〕。正因如此，業內人士曾在 2009 年公開發表文章指出，北京中國電影資料館內可供放映的電影拷貝，還有至少一百部左右可以拿出來公開放映〔1〕；老一代中國電影研究者也同時呼籲「資料開放，資源共享！」〔2〕。事實是，只要稍微注意一下就會明白，這些被封存的影片幾十年間之所以不對外公開，一個根本原因是出於非常態的意識形態理念考量〔註 2〕。

本文要討論的有聲片《藝海風光》，源於北京中國電影資料館 2012 年 5 月 23 號在小西天內部影院售票公映的版本。這部影片是原聯華影業公司股東之一的吳性栽接管「聯華」後〔3〕P457～458，以「華安公司」的名義出品的。這是一部典型的「館藏資料片」，而且以前在內部範圍內公映過不止一次。因爲現場的一個外國學者對我說，幾年前她看過這個片子的 VCD 版；而內地的研究者，尤其是資料館的相關人員應該看過多次，因爲我發現有的研究人員在片子開始放映前就退場了。

〔註 1〕譬如，僅就「中國電影藝術研究中心研究生部 2012 年度碩士研究生課程排片表（1）－（4）」中排出的影片而言，出品於 1949 年前的影片就有 47 部，其中 26 部是從未公開信息、公眾也檢索不到的影片。上述「排片表」詳見「中國電影藝術研究中心研究生部」的「教育動態」網頁（http：//www.cfa.gov.cn/yjsjy/tabid/410/1159pageidx/2/Default.aspx），或參見本書第三章《內在品質和外在形式決定了要與左翼電影分道揚鑣——〈二對一〉（1933 年）：新市民電影讀解之三》之注釋〔註 1〕。

〔註 2〕即有所謂反動的和情色的兩道「紅線」——還有第三道「紅線」，那就是出於行業當權者的某種禁忌。譬如電通影片公司 1935 年出品的有聲片《自由神》（編劇：夏衍，導演：司徒慧敏，攝影：楊霽明；主演：王瑩、施超、顧夢鶴、陸露明、王桂林）就是如此。此片的拷貝自 1949 年以來一直封存暗室、秘不示人。據館內看過該影片的工作人員稱，影片「膠片至今尚保存完好，但從沒有以任何形式的錄像、數字載體公開發行」（沙丹：《尋訪自由神：試論 1930 年代左翼影人的啓蒙理想和大眾文藝觀》，載《現代中文學刊》2015 年第五期，第 34～40 頁）。《自由神》之所以被雪藏至今，唯一的解釋，是編劇夏衍成爲 1949 年後主管中國大陸電影生產的最高權威——因爲諸多「不便」，所以一封了之。

1949 年以後中國大陸的電影史研究，在指出《藝海風光》是繼《聯華交響曲》之後的「聯華」出品的又一部「集錦片」的同時，對其包含的三個短片各有粗略指陳；譬如，認爲朱石麟編導的《電影城》「描寫了電影界形形色色的人與事」，賀孟斧編導的《話劇團》「表現的是劇作家的悲劇」，蔡楚生編劇、司徒敏慧導演的《歌舞班》「諷刺遊藝場的黃色表演」，結論是，三部短片雖然「都程度不同地描繪了生活在上海這個半殖民地社會的藝人們的不幸和痛苦，但在思想內容或藝術成就上不及《聯華交響曲》遠甚」[3] P476。1990 年代以後的研究者，對《藝海風光》的研究如果不是重複以往的觀點，就是概述時僅提到了名字而已[4]。

在我看來，同爲所謂「集錦片」，《聯華交響曲》的八個短片分屬不同的電影形態：蔡楚生編劇、司徒慧敏導演的《兩毛錢》、沉浮編導的《三人行》和朱石麟編導《鬼》，屬於 1932 年出現、但彼時已成爲餘緒的左翼電影形態；其餘五個短片，即費穆編導的《春閨斷夢——無言之劇》、譚友六編導的《陌生人》、賀孟斧編導的《月下小景》、孫瑜導演的《瘋人狂想曲》，以及蔡楚生編導的《小五義》，都屬於正在興起的國防電影（運動）〔註 3〕。在我看來，《藝海風光》中的三個短片也同樣屬於「聯華」——「華安」轉型期的「急就章」即應景之作，也同樣分屬不同的形態：第一個短片《電影城》（編導：朱石麟）

〔註 3〕其中，費穆的成就最高。我對《聯華交響曲》的具體討論意見，祈參見拙作《〈聯華交響曲〉：左翼電影餘緒與國防電影的雙重疊加——1937 年全面抗戰爆發之前中國國產電影文本讀解之一》，載《浙江傳媒學院學報》2010 年第 2 期，此文的完全版和未刪節版先後收入拙著《黑夜到來之前的中國電影——1937 年現存國產影片文本讀解》（中國廣播電視出版社 2012 年版）和《黑馬甲：民國時代的左翼電影——1932～1937 年現存中國電影文本讀解》（民國文化與文學研究文叢第五編第二十三、二十四冊，臺灣花木蘭文化出版社 2015 年版），敬請參閱。

和第三個短片《歌舞班》（編劇：蔡楚生；導演：司徒敏慧）都屬於新市民電影序列，賀孟斧編導的《話劇團》，則是國防電影的模仿之作。

乙、文本分析：新市民電影和左翼—國防電影的組合灌裝

子、新市民電影——朱石麟編導的《電影城》

從現有資料看，1949 年之前，朱石麟參與編導的影片差不多近百部。第一部是 1930 年導演的無聲片《自殺合同》（編劇：孫瑜，聯華影業公司出品）[3] P603，最後一部據說是 1949 年導演的有聲片《生與死》（編劇：岑範，香港永華影業公司出品）〔註 4〕。現存的、公眾能看到的這一時期朱石麟的作品相對較多，計有：《戀愛與義務》（聯華，1931）、《銀漢雙星》（聯華，1931）、《歸來》（聯華，1934）、《國風》（聯華，1935）、《慈母曲》（聯華，1935）、《孤城烈女》（聯華，1936）、《聯華交響曲・鬼》（聯華——華安，1937）、《人海遺珠》（聯華——華安，1937）、《好女兒》（《新舊時代》，聯華——華安，1937）、《藝海風光・電影城》（聯華—華安，1937），以及《萬世流芳》（「中製」，1943）〔註 5〕和《清宮秘史》（永華，1948）[5]。

〔註 4〕此片的主演是王熙春、徐立、陳琦、岑範、洪波等。《生與死》的出品時間，「百度百科—朱石麟」詞條（http：//baike.baidu.com/link?url=Za45f85ndb7tHnHhvYBrWyedGIDWbebDfbV003eTc_cwvCy9W_j4MSjIO3R1hL0jkZuDSdV4EVvhn7P7F1OGOK）認爲是 1949 年，而「時光網」（http：//movie.mtime.com/35646/）和「豆瓣」詞條（http：//movie.douban.com/subject/5088260/）則認爲是 1953 年。故諸說僅供參考。

〔註 5〕「中製」即上海淪陷時期（1941～1945）的「中華聯合製片股份有限公司」；此片作爲「資料影片」，由北京「中國電影資料館複製收藏 長春電影製片廠 1981 年洗印」（以上文字信息源自拷貝視頻片頭，見附圖）；周貽白編劇，朱石麟爲導演之一。

單從現存的、公眾能看到的影片文本而言，1949 年之前朱石麟的整體創作，其發展線索和路數非常清晰，基本上是從舊市民電影到新民族主義電影或新市民電影的發展脈絡。其中，1931 年的《戀愛與義務》是一個很重要的切入點和印證文本。在我看來，1932 年新電影出現之前的中國電影均屬於舊市民電影時代（形態），因此，《戀愛與義務》當然屬於舊市民電影無疑，但卻是處於舊市民電影晚期的作品。舊市民電影晚期的一個重大變化，就是在大量吸收新的時代元素的同時，造就、生發、培育出了新電影時代（形態），譬如左翼電影（1932 年）、新民族主義電影（1932 年）和新市民電影（1933 年）〔註6〕。

新民族主義電影和舊市民電影的區別在於，舊市民電影對於主流價值觀念譬如歷史、文化、傳統的堅持，側重於個人、家庭角度的倫理訴求和戀愛婚姻場域，而新民族主義電影著重於家國一體的高度和對民族、文化整體語

〔註6〕我對舊市民電影、左翼電影、新民族主義電影以及新市民電影概念的說明以及具體例證分析意見，均收入拙著《黑白膠片的文化時態——1922～1936年中國早期電影現存文本讀解》（2009）、《黑夜到來之前的中國電影——1937年現存國產影片文本讀解》（2012），以及《黑棉襖：民國文化中的舊市民電影——1922～1931 年現存中國電影文本讀解》（2014）、《黑馬甲：民國時代的左翼電影——1932～1937年現存中國電影文本讀解》（2015），敬請批判。

境的傳承和堅持——這也是新民族主義電影生發並與左翼電影在意識形態領域相對立的基礎和本質區別所在；新市民電影是在維護主流價值觀念不變的前提下，有意識地抽取了左翼電影的思想元素以應對市場需求的技術性產物。因此，就朱石麟個人的創作而言，1931 年舊市民電影《戀愛與義務》已經表現出了向新民族主義電影過渡的症候，雖然同一年的《銀漢雙星》仍舊是舊市民電影屬性〔註7〕。

1932年左翼電影和1933年新市民電影依次出現以後，新民族主義電影的形態（類型）特徵越來越明確、強烈，主要例證就是朱石麟1934年編導的《歸來》、1935年聯合導演的《國風》和導編的《慈母曲》，以及1937年編導的《人海遺珠》和《好女兒》(《新舊時代》)〔註8〕。需要再次說明的是，我之所以強調新民族主義電影對民族傳統和文化的堅持與舊市民電影有所不同，最關鍵的一點是新民族主義電影是在新電影當中和左翼電影產生對立的，因爲後

〔註7〕我對《戀愛與義務》的具體意見，祈參見拙作：《中國早期電影的道德圖解與新電影的生長點——以聯華影業公司1931年出品的無聲片〈戀愛與義務〉爲例》(載《浙江傳媒學院學報》2014年第2期，人大《複印報刊資料·影視藝術》2014年第7期全文轉載)；對《銀漢雙星》的具體意見，祈參見拙作：《20世紀30年代初期中國舊市民電影的傳統症候與新鮮景觀——以聯華影業公司出品的〈銀漢雙星〉爲例》(載《浙江傳媒學院學報》2014年第5期)，這兩篇文章的未刪節版均收入拙著：《黑棉襖：民國文化中的舊市民電影——1922～1931年現存中國電影文本讀解》，敬請參閱。

〔註8〕我對《國風》的具體意見，祈參見拙作：《主流政治話語對1930年代電影製作的介入及其藝術轉達——〈國風〉：中國電影歷史中的「反動」標本讀解》(載《浙江傳媒學院學報》2009年第2期)；《慈母曲》也同屬於我判定的新民族主義電影序列，但具體的討論意見沒有單獨發表，而是和討論《國風》的文章一同收入拙著《黑白膠片的文化時態——1922～1936年中國早期電影現存文本讀解》，因此，我對新民族主義電影屬性的具體討論，尚祈參見拙著的具體章節爲盼。

者對意識形態的理念闡釋和偏執宣傳，在一定程度上造成了對民族文化傳統和文化根本性的扭曲和傷害——1949 年以後中國大陸紅色經典電影就是一個數量龐大的例證。同屬於朱石麟 1937 年參與編導的影片，《藝海風光・電影城》之所以不同於《人海遺珠》和《好女兒》（《新舊時代》），就是因爲它並只具備了新市民電影的諸多屬性特徵。

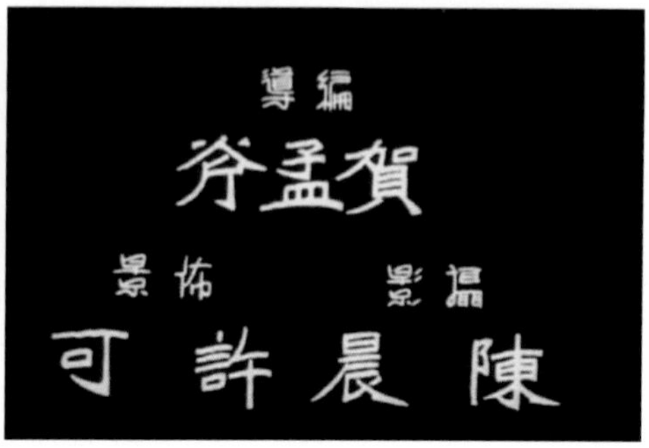

《電影城》的新市民電影屬性特徵，首先體現在題材的選擇和主題表達上的機巧。從 1933 年新市民電影生成之日起（即《姊妹花》的成功），除了抽取左翼電影的思想元素以應對市場需求之外，最主要的特徵就是對題材和主題的世俗化把握和庸常哲理的表達。譬如影片說的是電影場製片的故事，而對電影攝製、劇場內外、演員和導演等林林總總的表現，就是一種很機巧的選擇。其題材不僅當時是最爲時髦的，即使是幾十年後的也不落伍——對今天的觀眾不無專業啓蒙的意義——這其實是對舊市民電影世俗精神的繼承〔6〕，也是新市民電影與左翼電影分道揚鑣的地方：雖然多少抽取了左翼電影的思想元素，但左翼電影基本上是悲劇，新市民電影基本上則是以喜劇完成收束來表達主題——《電影城》就是如此。

其次，新市民電影的視聽語言表達既充滿機心又極其講究。譬如《電影城》片場風波那場戲，開始和結束都統一於拍攝現場，整體的調度、空間的把握和演員的表達都很講究，都是從觀眾角度著眼考慮。這個常識性的技巧之所以單獨提出來加以表揚，就是因爲當年的左翼電影更看重的理念的傳達，相對忽視電影的本體性技巧。同理，新市民電影對戲劇場面的處理和情節的編排也很見機心〔註 9〕。譬如想當主演的女演員不僅把男友牽

〔註 9〕或者說這種機巧被 1949 年後的香港電影全盤繼承並發揚光大。我一再強調，如果不考慮色彩（彩色）或遮蔽出品年代，有時候很難發現 1949 年以後、尤

扯進來，還把男友的爸爸也牽扯進來跟導演去談判，結果只能是一個喜劇。正因如此，影片的臺詞處理就和喜劇特性相吻合，精彩甚至火爆的對話接二連三——好多好玩的對話設計看上去是小事，但卻是電影觀賞性的娛樂標配〔註 10〕。

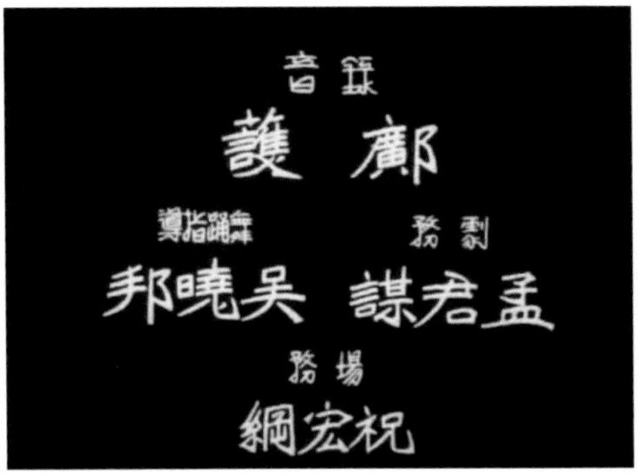

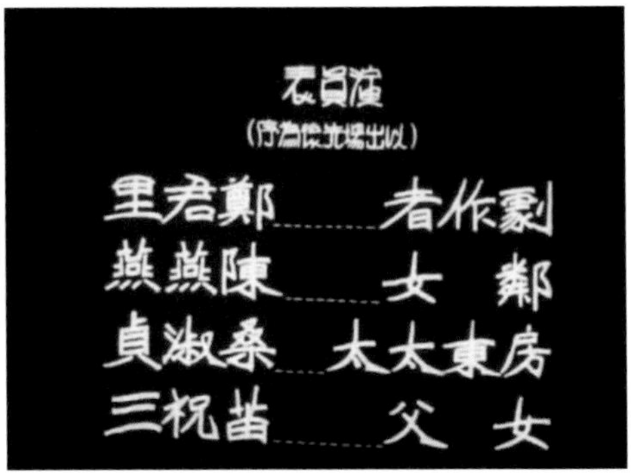

丑、左翼——國防電影序列——賀孟斧編導的《話劇團》

賀孟斧編導的《話劇團》，是《藝海風光》三個短片當中顯得最爲局促的一部作品，典型的急就章——嚴重模仿的倉促製作。其一就是對以前許多電影相似場景的多處借用——用今天的話來說就是不斷向前輩「致敬」。譬如，鄭君里飾演的劇作家在室內構思創作，用了幾個反打鏡頭表現他對藝術女神的嚮往、思緒紛然，而陳燕燕飾演的鄰家女在對門窗戶裏的女神

其是 1960 至 1990 年代的香港電影，和 1930 年代、尤其是 1940 年代的中國電影是有什麼本質上、甚至是形式上的區別。

〔註 10〕譬如黎灼灼飾演那個想當主角的那個臨時演員，她假扮老太太和三個男人鬥嘴、「欺瞞」的那場戲，既見技巧，也不乏智力和遊戲的成分。這背後的原因，就是新市民電影藝術表達層面的庸常機制——這方面最高程度的例證，就是明星影片公司 1936 年出品的《新舊上海》——新市民電影有很多世俗的東西，而正是這種「俗」，構成了中國電影和 1949 年後香港電影鮮活的生命力。譬如，拿出任何一部香港電影，不管它有多爛，但卻能讓你看得下去，或者看出點兒好玩兒的地方，哪怕是一句機智搞笑的臺詞——譬如《福星高照》(1985 年出品，洪金寶導演，曾志偉、成龍、洪金寶等主演)，說破天就是個無腦筋的喜劇動作片：其中有場在東京的餐廳點菜的戲，幾個人不會說日語，又想吃「火腿蛋」。他們怎麼表達這個呢？拿出個打火機，表示火；拍大腿，腿；蛋呢？就學老母雞下蛋的動作。這種抖激靈的機智和庸俗的笑料結構，根源和血脈就是 1930 年代的中國電影（或曰上海電影）——反觀 1949 年後的中國大陸電影，不管主題思想多麼嚴肅、宏大、鄭重其事，看到後面往往讓人忍無可忍。

造型，很容易讓人想起兩年前《風雲兒女》當中，窮詩人和白富美太太之間的感情戲開局〔註 11〕。除了音樂上多有借用，還有一個最重要的「借用」，那就是對費穆編導的《春閨斷夢——無言之劇》（《聯華交響曲》之二）的整體模仿「借鑒」。由於《春閨斷夢——無言之劇》的主演是黎灼灼和陳燕燕，所以乍看之下，簡直可以認爲是費穆這部作品的單人翻拍版。僅從這一點上說，這兩個短片的主題和類型嚴重雷同。所以，這是一個非常標準的、但卻是模仿而來的國防電影。

我一直認爲，國防電影是左翼電影的升級換代版，主要是將左翼電影的階級矛盾和階級鬥爭轉換提升爲民族解放戰爭的高度[7]。因此這部片子中的幾處證據，國防電影特徵非常明顯。譬如劇作家苦思冥想，桌子上除了劇本和滿是煙頭的煙碟，就是由舉槍的士兵和碉堡組成的微型雕塑。這些顯然都是抗日宣傳的隱晦表達。再就是，片中有個頭上長著兩個角的魔鬼

〔註 11〕《風雲兒女》（故事片，黑白，有聲），電通影片公司製片廠 1935 年出品。原作：田漢；分場劇本：夏衍；導演：許幸之；主演：王人美、袁牧之、談瑛、顧夢鶴、陸露明。我對《風雲兒女》的讀解意見，祈參見拙作：《左翼電影的藝術特徵、敘事策略的市場化轉軌及其與新市民電影的內在聯繫》（載《湖南大學學報》2008 年第 3 期），這篇文章的完全版和未刪節版分別收入拙著《黑白膠片的文化時態——1922～1936 年中國早期電影現存文本讀解》和《黑馬甲：民國時代的左翼電影——1932～1937 年現存中國電影文本讀解》，敬請參閱。

造型的人物，他對女主人公的侮辱以及女主人公奮力抗爭，是對《春閨斷夢——無言之劇》直接模仿，只不過，費穆片子裏的女性人物是姑嫂二人，在這裏面只有一個女性。第三個證據，是影片中反覆出現、強調的樹形海棠葉——這是當時中華民國領土版圖象徵；而這，其實也是是對《春閨斷夢——無言之劇》相似場景、人物造型等等的直接挪用。

最後一個證明此片是國防電影的證據，就是左翼電影和國防電影之間內在的邏輯關聯和演化歷程。1932 年出現的左翼電影，除了階級性和暴力性，最重要的特徵之一就是它的宣傳性：對外反抗侵略、對內反抗獨裁和階級壓迫。在《話劇團》當中，劇作家構思撰寫的那個話劇，劇名就叫《魔手》。毫無疑問，這是抗日宣傳最直接的表達，更不要說劇中出現的那個魔鬼人物的造型，就是源自《春閨斷夢——無言之劇》當中洪警鈴飾演的那個戰爭狂人：頭髮弄成兩個牛角形狀。只不過，《話劇團》當中這個象徵日本侵略者的戰爭魔鬼，眞的就在頭上裝飾了兩個獸角。所以綜合以上，賀孟斧編導的《話劇團》其實是對費穆編導的《春閨斷夢——無言之劇》的 COPY，從創意到造型，從人物到主題，再到表演風格。

作爲左翼電影的升級換代版本，國防電影中自然留有諸多左翼電影的思想元素和藝術印痕[8]。譬如，左翼電影以理念傳達取勝，主要體現在對主流價值的反抗和顛覆：反對中央政府「攘外必先安內」的對外政策，強調階級對立、階級矛盾以及由此引發的階級衝突和階級暴力。左翼電影對富人階層即一切資產階級全盤否定、毫不留情，並將批判的矛頭具體指向金錢。在《話劇團》當中，反覆強調金錢對藝術的摧殘，譬如房東太太一再逼迫男主人公交房錢，這讓他悲憤交加。需要注意的，同樣面對金錢的壓迫（經濟上的困窘），新市民電影如《新舊上海》，但卻沒有上陞到對藝術和人生摧殘的高度。

左翼電影的弊端之一就是人物形象的符號化和概念化傾向，《話劇團》自然也不能例外。譬如作爲劇作家，男主人公是標準的文藝男加憂鬱男的造型和做派：熬夜、癆病、窮困、飽受世俗小人歧視，同時藝術家的浪漫精神強烈：對藝術的執著、對「女神」的呼喚。女主人公也是如此，眞善美的化身，面對世俗壓力（家庭壓力、要被學校開除），卻不怕犧牲。左翼電影的這類弊端不僅被全盤帶入國防電影，而且也延續到了1949年後的中國大陸電影〔9〕。

《話劇團》中所體現的左翼—國防電影的內在邏輯和外在痕跡，還與編導個人的創作軌跡密切關聯。資料顯示，賀孟斧1928年考入國立北平大學藝術學院戲劇系，在校期間幹過話劇的舞臺裝置，1931年春進入華北電影公司，負責翻譯字幕及撰寫說明書；1933年秋調入上海聯華影業公司任編劇；在1937年參與編導《聯華交響曲・月夜小景》和《藝海風光・話劇團》之前，1933年曾與馮紫墀合編了劇本《城市之夜》（導演：費穆），1934年與朱石麟聯合編劇了《青春》（導演：朱石麟），還編導了一個《將軍之女》〔註12〕。顯然，

〔註12〕這些資料均根據賀孟斧後人賀多芬、賀凱芬的博文《倏然隕落的一顆藝壇巨星——我們的父親賀孟斧》（網址：http://blog.sina.com.cn/s/blog_69cffa230101jyro.html）整理而來。

賀孟斧的藝術人生無論是戰前還是戰後，都有跡可循。就前者而言，《月下小景》在《聯華交響曲》中成就最低，到了《話劇團》也沒有什麼太多變化，只能說是左翼—國防電影的又一個模仿之作。

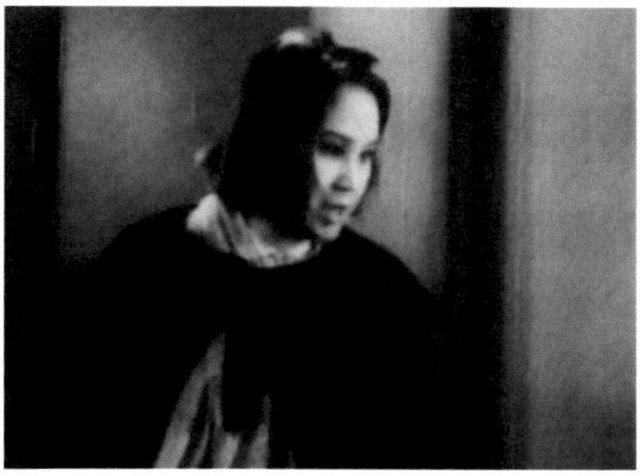

寅、罕見的新市民電影樣本——《歌舞班》

實際上，《藝海風光》裏的三個短片都可以當成小品來看待，尤其是《歌舞班》，堪稱一個喜劇小品。這是前面談到的新市民電影特別機巧，也就是所謂庸俗的地方，因為其喜劇效果與世俗審美緊密相關。譬如《歌舞班》採用了戲中戲的結構，所以可以自然而然地大量使用歌舞元素。新市民電影從誕生之日起就奉行新技術主義路線，即將電影有聲技術形態下的歌舞元素直接作用於觀眾的視聽感受。影片中，韓蘭根和殷秀岑飾演的藝人三次返場表演踢踏舞，看似情節的需要，其實是編導有意為之；而且，就像 1937 年的《壓歲錢》，除了大女人的舞蹈，還有中國版的秀蘭・鄧波兒（胡蓉蓉飾演）表演一樣，《藝海風光》也用了一個小女孩（孫南星）大跳特跳〔註 13〕。

袁牧之編導、電通影片公司 1935 年出品的有聲片《都市風光》片頭截圖之一、之二

〔註 13〕 我對《壓歲錢》的具體意見，祈參見本書第十章：《〈壓歲錢〉(1937 年)——對意識形態的市場化規避》。

《都市風光》片頭截圖之三、之四

《都市風光》片頭截圖之五、之六

其次，作爲「華安」接手「聯華」後的救急之作，編劇蔡楚生和導演司徒敏慧，也像賀孟斧編導的《話劇團》一樣，在《歌舞班》中對公司同仁的作品多有借用。譬如片頭音樂，就移植自同一年（1937 年）袁牧之爲明星影片公司編導《馬路天使》——問題是，《馬路天使》的片頭音樂，甚至開篇的夜景鏡頭，都幾乎原封不動地襲用了袁牧之自己兩年前（1935 年）爲電通影片公司編導的《都市風光》〔註 14〕。我不清楚編劇蔡楚生和導演司徒敏慧這種「大膽」「借用」的法律依據何在，但我推測，其「借用」的底氣，不僅僅是電影製作層面的討巧，更在於新市民電影對都市文化的消費性和娛樂性的強調——左翼電影則是在突出表現大都市文明的同時，側重理念傳達，即強調貧富差距造成的階級矛盾和階級對立——1935 年的左翼電影《風雲兒女》的片頭音樂和鏡頭就是如此。

〔註 14〕我對《都市風光》的具體意見，祈參見本書第六章：《〈都市風光〉（1935 年）——庸俗面對市場，技術取代思想》，對《馬路天使》的具體意見，祈參見本書第十二章：《〈馬路天使〉：（1937 年）——左翼－國防電影背景下的經典》。

袁牧之編導、明星影片公司 1937 年出品的有聲片《馬路天使》片頭截圖之一、之二

《馬路天使》片頭截圖之三、之四

《馬路天使》片頭截圖之五、之六

再次，現在來看，《歌舞班》的重要性和特殊性都值得強調。1930 年代初期，新電影尤其是左翼電影興盛之時，劉吶鷗、黃嘉謨等倡導與「硬性電影」相對立的「軟性電影」，認爲「電影是給眼睛吃的冰淇淋，給心靈坐的沙發椅」

〔3〕P396～397。對於這些海派文人的電影藝術主張，1949年之後的中國大陸電影研究一直是全盤否定，而且觀眾（包括眾多研究者）也沒有看過一部所謂軟性電影。但根據倡導者們對「肉體娛樂」和「精神慰安」〔3〕P403的標準，「軟性電影」一定程度上又可以視之爲多注重色相表現的大腿舞電影。就這個意義上說，《歌舞班》爲公眾保留了一個「軟性電影」的化石標本，對今天的中國電影研究，實在稱得上難能可貴，現場的觀眾也多被肥美大腿來回舞動的景象所震撼。

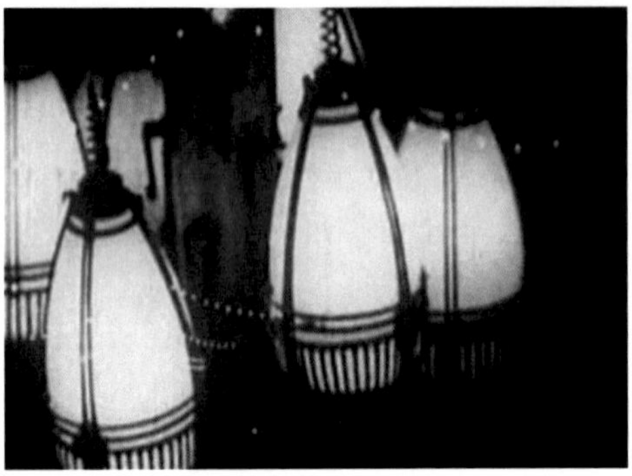

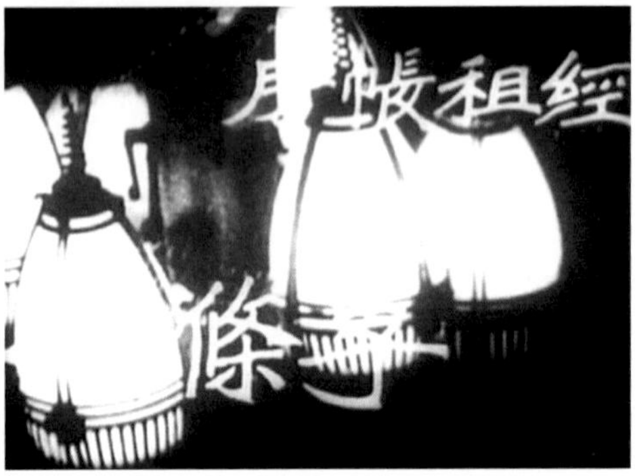

左圖爲《都市風光》片頭截圖之七，右圖爲《馬路天使》片頭截圖之七

作爲《歌舞班》的導演，司徒慧敏此前的作品，只有《聯華交響曲·兩毛錢》，以及相對重要的《自由神》（編劇：夏衍；1935），而且，《兩毛錢》和《歌舞班》的編劇都是蔡楚生。因此，看一下搭檔「老」編導蔡楚生的電影創作軌跡，有助於對《歌舞班》新市民電影屬性的進一步確認。

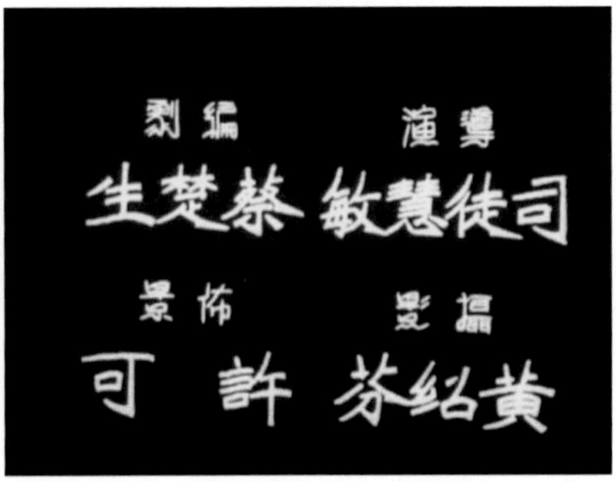

從1926年開始以參演汕頭進業電影製片公司出品的《呆運》開始，除了主演1931年「明星」出品的《殺人的小姐》之外，蔡楚生編導的影片計有：《戰地小同胞》（1929，明星，副導演）、《桃花湖》（前後集，1930，明星，

副導演）、《碎琴樓》（1930，明星，副導演）、《紅淚影》（1931，明星，副導演）、《南國之春》（1932，聯華，編導）、《共赴國難》（1932，聯華，編導）、《粉紅色的夢》（1932，聯華，編導）、《都會的早晨》（1933，聯華，編導）、《漁光曲》（1934，聯華，編導）、《新女性》（1934，聯華，導演）、《飛花村》（1934，聯華，編劇）、《迷途的羔羊》（1936，聯華，編導）、《聯華交響曲・兩毛錢》（1937，聯華，編劇）、《聯華交響曲・小五義》（1937，聯華，編導）、《王老五》（1937，聯華，編導）等。

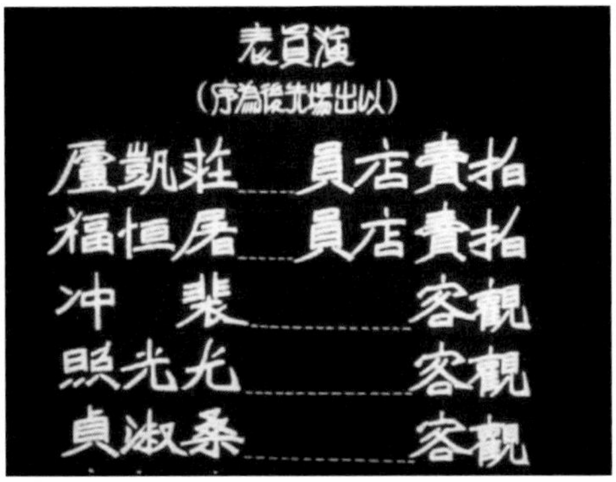

就現存的、公眾可以看到的影片而言，對照上面的名單，蔡楚生 1933 年之前的作品，譬如《南國之春》（1932）和《粉紅色的夢》（1932），只能是時代潮流的品質，即屬於唯一電影主流的舊市民電影〔註 15〕，1933 年之後，《新女性》（1934）、《聯華交響曲・兩毛錢》（1937）是左翼電影，《聯華交響曲・小五義》（1937）是國防電影，《漁光曲》（1934）、《迷途的羔羊》（1936）、《王老五》（1937）都是新市民電影〔註 16〕——他作爲編劇的《藝

〔註 15〕我對《南國之春》的具體討論意見，祈參見拙作：《論舊市民電影〈啼笑因緣〉的老和〈南國之春〉的新》（載《揚子江評論》2007 年第 2 期），這篇文章的完全版和未刪節版分別收入拙著《黑白膠片的文化時態——1922～1936 年中國早期電影現存文本讀解》和《黑棉襖：民國文化中的舊市民電影——1922～1931 年現存中國電影文本讀解》，敬請參閱。《粉紅色的夢》是我去年才發現的文本，專題文章將另行發表，敬請關注。

〔註 16〕我對《新女性》的具體討論意見，祈參見拙作：《變化中的左翼電影：左翼理念與舊市民電影結構性元素的新舊組合——以聯華影業公司 1934 年出品的〈新女性〉爲例》（載《中文自學指導》2008 年第 3 期），這篇文章的完全版和未刪節版分別收入拙著《黑白膠片的文化時態——1922～1936 年中國早期電影現存文本讀解》和《黑馬甲：民國時代的左翼電影——1932～1937 年現存中國電影文本讀解》；我對《漁光曲》、《迷途的羔羊》、《王老五》的具體討論意見，祈分別參見本書第五章、第九章、第十六章。

海風光・歌舞班》（1937）之所以也是新市民電影，從整體上說，反映了蔡楚生追隨時代大潮演進發生的變化——這一點很像同時代的袁牧之，從投身左翼電影從容轉軌新市民電影；但不像孫瑜，因爲孫瑜能始終如一地堅持左翼—國防電影的創作路線。

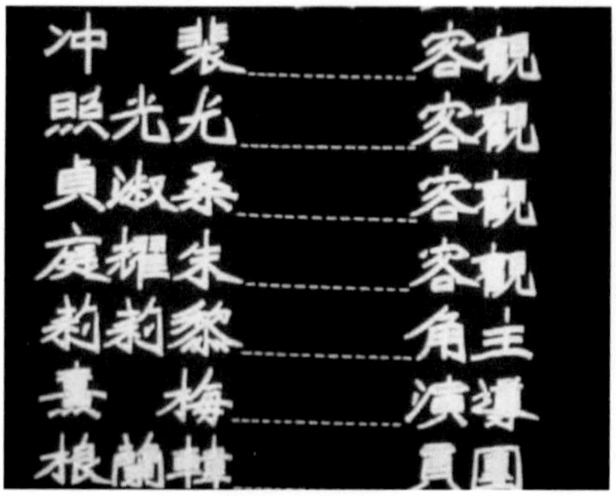

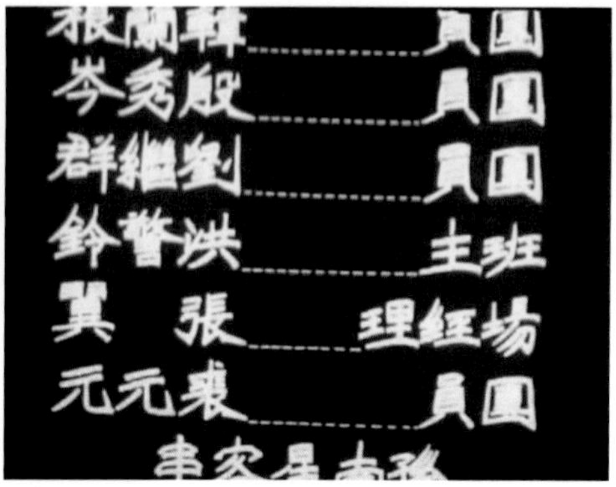

但最終證明《歌舞班》的新市民電影屬性的，首先是其庸俗的主題思想：一批喜歡低俗舞蹈的觀眾與一批大跳大腿舞的美女之間的互動；其次是依賴特型演員韓蘭根、殷秀岑、尤光照及飾演女觀眾桑淑貞的噱頭、打鬥、鬧劇等元素構成的所謂喜劇本質。所以，以往的電影史研究稱其爲「遊藝場的黃色表演」[3] P476，倒也名副其實。因此，庸俗和黃色這兩點在《歌舞班》的和諧共存，是這部影片大膽、獨特的貢獻。

丙、結語

之所以說《藝海風光》是與同一年年初的《聯華交響曲》一樣都是「聯華」—「華安」公司的應景之作，就是因爲它高效率的應急製作，也就是低成本、多模仿，套用外國劇作甚至公司同人和前輩的精良作品，目的無非是快速推出、凝聚人心、鞏固以往的市場空間。譬如第一個短片《電影城》改編自法國梅立克的小說，而所有三個短片其實都是小品品質和品相，只不過第一個和第三個屬於喜劇小品，第二個可以視爲文藝小品而已。

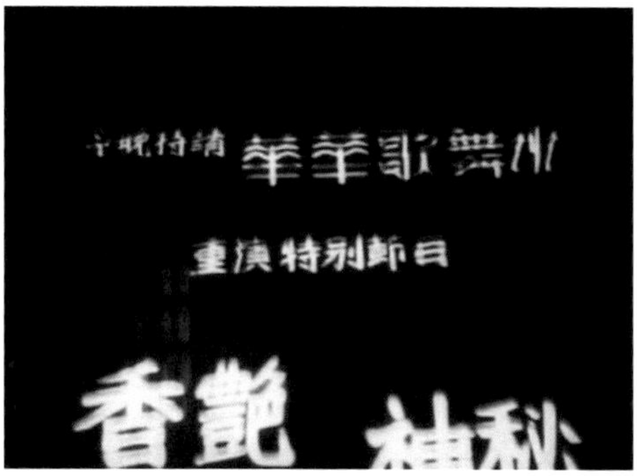

其次，之所以對《藝海風光》這樣一部庸常之作花這麼些力氣和篇幅來展開專題討論，原因還在於，影片的攝製出品正處於 1937 年 7 月全面抗戰爆發前夕，而且是存世不多的標本之一。同時，這樣的作品在 1930 年代中國電影史發展過程當中，擔負著承前啓後的讀解作用、負擔著社會時代和文化潮流的說明性特徵。具體地說，全面抗戰爆發之前的中國電影（就現存影片而言），1932 年出現的左翼電影在 1936 年已經被國防電影取代，（事實上已經消亡，但由於電影生產和出品的相對滯後性，只留有片段留存，譬如 1937 年《聯華交響曲》中的幾個短片），國防電影、新市民電影和新民族主義電影成爲製作主流[10]。

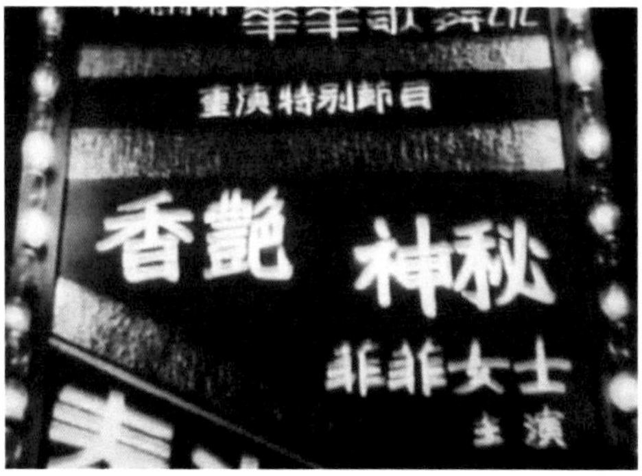

更重要的是，抗戰全面爆發後，不同的歷史時期地緣政治將中國劃分爲不同的經濟、文化尤其是電影生產版圖。具體地說，反映中華民族反侵略的國防電影在日僞統治地區和淪陷區當然不能存身，而國統區即民國政府控制地區的電影製作，從現存的、公眾可以看到的影片文本而言，基本上可以看作是以國防電影爲主的泛國防電影的全面存在。而在日僞統治地區和淪陷區，能夠允許存在、發展或者幸存下來的電影形態，只有新市民電影和新民族主義電影。

譬如，在國統區（1938～1943），屬於國防電影形態的現存影片計有：《游擊進行曲》（後改名《正氣歌》，香港，啓明影業公司 1938 年出品）、《孤島天堂》（香港，大地影業公司 1939 年出品）、《勝利進行曲》（重慶，中國電影製片廠 1940 年出品）、《塞上風雲》（重慶，中國電影製片廠 1940 年出品）、《日本間諜》（重慶，中國電影製片廠 1943 年出品）。在 1941 年年底太平洋戰爭爆發之前的上海「孤島」時期（1937～1941），新市民電影和新民族主義電影得以廣泛存在，計有：《雷雨》（新華，1938）、《日出》（新華，1938）、《胭脂淚》（新華，1938）、《武則天》（新華，1939）、《王熙鳳大鬧寧國府》（新華，1939）、《木蘭從軍》（美商中國聯合影業公司、華成製片廠，1939）、《少奶奶的扇子》（華新，1939）、《金銀世界》（華新，1939）、《萬眾一心》（？1939？）、《啼笑因緣》（藝華，1940）、《明末遺恨》（新華，1939）、《王先生吃飯難》（華新，1939）、《孔夫子》（民華，1940）、《世界兒女》（民華、大風，1941）、《寧武關》（新華，1941）、《家》（中國聯合影業，1941）、《鐵扇公主》（動畫，中國聯合影業，1941）等。

1941 年之後淪陷區的中國電影計有：《春》（中聯，1942）、《秋》（中聯，1942）、《長恨天》（中聯，1942）、《秋海棠》（華影，1943）、《漁家女》（華影，1943）、《萬世流芳》（華影、日本東寶歌舞團，1943）、《萬紫千紅》（華影、日本東寶歌舞團，1943）、《新生》（中聯，1943）、《混江龍李俊》（華北電影，1944）、《紅樓夢》（華影，1944）、《結婚進行曲》（華影，1944）、《春江遺恨》（？，1944）、《摩登女性》（華影，1945）等，還有唯一一部公眾可以作爲參照的、日本滿洲映畫協會在中國製作發行的影片《迎春花》（1942）。

換言之，對《藝海風光》的讀解分析，首先是著眼於抗戰全面爆發前後中國電影的社會和文化生態背景，其次是將作爲參照，爲進一步分析和把握戰爭狀態下中國電影的本質、特徵打好基礎、作爲前提，並且能夠從更長遠的歷史發展角度回顧和審視中國電影歷史。譬如，抗戰期間所有的中國電影形態，沒有一種是在戰爭期間才出現或形成的，無論是國防電影、新市民電影還是新民族主義電影。又譬如，如果將審視的目光再放長遠一些，沒有人能夠否認，1949 年後的香港電影最全面地承接發揚了民國電影的精神氣質和藝術風範，但香港電影的確立和繁榮，其根源在於包括編、導、演等在內的人才供應，而他們又是 1930～1940 年代中國電影核心的人力資源。這，就是討論《藝海風光》的終極意義所在。

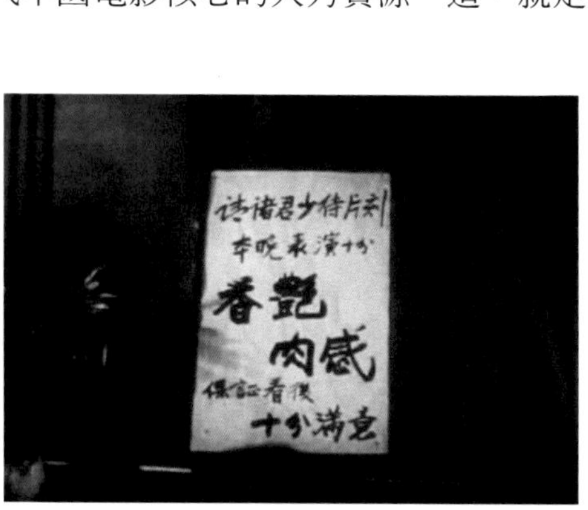

丁、多餘的話

子、演員的口音

《藝海風光》中，演員講臺詞口音貌似更爲豐富。因爲在此之前的民國電影中，觀眾已經聽到過有江浙口音（的普通話），還有非常濃重的南京官話（口音），明星影片公司 1936 年出品的《新舊上海》就是如此。而且，不僅有東北口音，山東口音，還有北平話——明星影片公司 1933 年出品的《姊妹花》中，胡蝶說的就是一口標準的老北京話。《藝海風光・歌舞班》中，韓蘭根說的是四川話；但讓我感到陌生的，是《藝海風光・電影城》中劉瓊飾演的那個老先生，講的話跟以往的都不一樣，聽不出是哪裏的口音。

丑、演員與人物形象

《藝海風光》給我最大的震撼，當然是難得一見的大腿舞；但奇怪的是，我對領隊跳舞的黎莉莉並沒有異樣的感覺，因爲在現存的、公眾可以看到的 1949 年之前的影片中，黎莉莉飾演的人物形象很多，而我又相對熟悉。讓我對演員和演員飾演的人物形象、類型或路數有一種顛覆性感覺的，是《歌舞班》中飾演劇場經理的張翼。因爲此前的張翼，在《體育皇后》（聯華影片公司 1934 年出品）、《天倫》（聯華影業公司 1935 年出品）、《狼山喋血記》（聯華影片公司 1936 年出品）等片中出演的，都是很正面的人物形象。而他在《藝海風光・歌舞班》當中出演的是唯利是圖的「反面人物」。但《藝海風光・電影城》中劉瓊飾演老先生的戲份我卻可以接受，因爲即使在《如此繁華》（聯華影片公司 1934 年出品）飾演熱血青年，劉瓊的那份老成持重也沒有和他的實際年齡發生衝突。從這個意義上說，1949 年後他在《女籃五號》（上海電影製片廠於 1957 年攝製）飾演的教練，那種成熟穩健男人的戲路是在這個時期確定了的。

寅、語義的歷史性變遷

在《藝海風光・電影城》中，出現了一個詞「做戲」，是會演戲、演技很高的意思，但是今天，「做戲」已經成爲了一個貶義詞了。這很有意思，而且，民國電影中類似的情形很多。譬如，聯華影業公司 1933 年出品的無聲片《天明》，這部左翼電影中有個詞曰「開會」，那意思是吃飯，尤其是吃酒席這樣的正式飯局。所以影片中有個細節，請吃飯的人宣佈說「我們開會吧」，吃完飯後又說「我們會開完了」。到今天，中國大陸的開會還眞就是吃飯，歷史轉了一圈，又回來了。但沒有意思的是，《天明》當中之所以「開會」，是因爲那萬惡的資本家廠主是借吃飯之機，把一個剛從鄉下進城來做工的漂亮女孩子（黎莉莉飾演）灌醉後，潛規則了人家。而時下中國大陸的開會—吃飯，「潛規則」已然成顯規則了——這就更無恥了。這就是看民國電影的魅力所在：演的是過去的事，說的卻是現在的話。

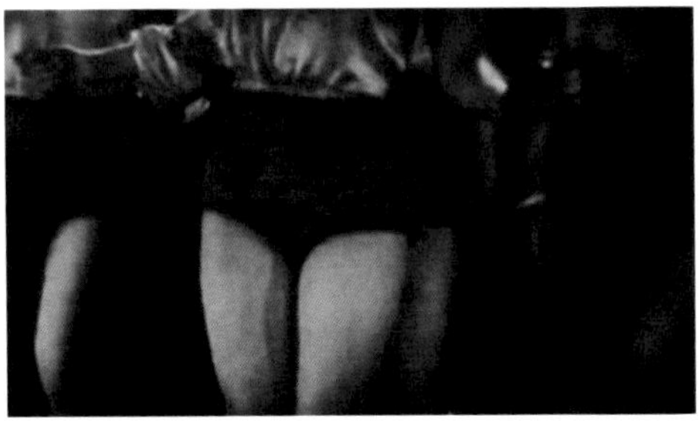

卯、編導們的後半生

《藝海風光》三個短片的編導，《話劇團》的編導賀孟斧英年早逝（1911～1945），沒見到抗戰勝利。《歌舞班》的導演司徒敏慧（1910～1987），除了編導了中國大陸第一部大型彩色紀錄片《八一運動會》（八一電影製片廠 1952 年出品）、參與了音樂歌舞片《東方紅》（1965 年）的攝製工作，1949 年後的主要成果是先後做中央電影局技術處處長、電影局副局長和文化部副部長（1978

年）；《歌舞班》的編劇蔡楚生（1906～1968），最輝煌的編導生涯是1930年代的《漁光曲》（1934）——中國有聲電影史上的第二部高票房電影，1940年代的《一江春水向東流》（1947）再創輝煌；1949年後，蔡楚生只有一部電影《南海潮》（上集，1963年）存世。《電影城》的編導朱石麟（1899～1967）則相對幸甚，因爲穿越了1949年後臺海兩岸分治的屏障，得以在香港繼續著他的創作。結果是，1949年前後的他參與編導的幾十部電影，數量差不多各占一半。

這又讓人想起古人的感概：時者，勢也，命也。〔註17〕

初稿日期：2012年5月24日
圖文修訂：2015年11月22日～2016年1月27日

參考文獻：

〔1〕饒曙光，關於深化中國電影史研究的斷想〔J〕，當代電影，2009（4）：72。
〔2〕酈蘇元，走近電影，走近歷史〔J〕，當代電影，2009（4）：63。
〔3〕程季華，中國電影發展史：第1卷〔M〕，北京：中國電影出版社，1963。
〔4〕李道新，中國電影文化史〔M〕，北京：北京大學出版社，2005：203。
〔5〕程季華，中國電影發展史：第2卷〔M〕，北京：中國電影出版社，1963：486。
〔6〕袁慶豐，舊市民電影：1930年代初期行將沒落的中國主流電影特徵——無聲片《銀幕豔史》（1931）簡析爲例〔J〕，杭州師範大學學報，2011（4）：107～112。

〔註17〕本章在收入本書前，正文文字部分（不包括經典臺詞和丁、多餘的話）約11000字，曾以《管窺抗戰全面爆發前夕中國電影的生態面貌——以1937年的〈藝海風光〉爲例》爲題，先行發表於《汕頭大學學報》2016年第2期或第2期。本章中下方沒有文字説明發圖片，均爲《藝海風光》截圖。特此申明。

〔7〕袁慶豐，國防電影與左翼電影的內在承接關係——以 1936 年聯華影業公司出品的《狼山喋血記》爲例〔J〕，佛山科技學院學報，2008（2）：17～19。
〔8〕袁慶豐，《春到人間》：從左翼電影向國防電影的強行轉化——辨析孫瑜在 1937 年爲中國電影所做的歷史貢獻〔J〕，當代電影，2012（2）：102～105。
〔9〕袁慶豐，左翼電影—國防電影與新中國電影的血統淵源——以 1937 年新華影業公司出品的《青年進行曲》爲例〔J〕，杭州師範大學學報，2011（4）：116～121。
〔10〕袁慶豐，1922～1936 年中國國產電影之流變——以現存的、公眾可以看到的文本作爲實證支撑〔J〕，學術界，2009（5）：245～253。

Scenery of Art Sea（1937）：Inheritance, Parody, Claptrap

Read Guide：Scenery of Art Sea, composed of three short films, is the second film compilation produced by「Lian Hua」－「Hua An」in 1937, and also a claptrap film to help the new boss to attract audience and hold market share. The film, kept by Chinese Film Archive and released to the public only recently, has exemplified again that the mainstream films included National Defense Film（campaign）and New Citizen Film before the outbreak of anti-Japanese War. The current value and significance of Scenery of Art Sea is that National Defense Film, New Citizen Film and New Nationalism Film not only constructed Chinese Film Ecosystem before the war, but also set up formats accepted by different geopolitics which could survived during the war.

Key words：New Citizen Film; New Nationalism Film; National Defense Film; Soft Film; Sexy Dance

第拾陸章　《王老五》（1937 年）——主題與人物的跨時代穿越

閱讀指要：

如今許多人都知道「王老五」是未婚大齡男人的別稱，但很少有人知道 1937 年就有一部叫做《王老五》的中國電影，講的是一個又醜又窮的男人好不容易娶了一個窮老婆，然後又在戰亂中死去的故事。由於影片的攝製和公映橫跨抗日戰爭全面爆發前後階段，因此對這部影片的文本分析，就成為觀照中國早期電影歷史轉折時期的平臺之一。此外，這部影片迄今為止只能在互聯網上看到，原因之一是影片的女主演藍蘋也就是江青，曾經是中國大陸公共話語的禁忌之一。

關鍵詞：國防電影；左翼電影，新市民電影；新中國電影；王老五；血緣。

專業鏈接 1：《王老五》（故事片，黑白，有聲），聯華影業公司 1937 年出品，1938 年公映；網絡視頻時長：110 分 36 秒。

〉〉〉**編劇、導演**：蔡楚生；**攝影**：周達明。

〉〉〉**主演**：王次龍、藍蘋、殷秀岑、韓蘭根。

專業鏈接 2：原片片頭字幕及演職員表字幕（標點符號爲錄入者添加）

《王老五》，華安影業股份有限公司出品。

製片主任：陸潔；攝影：周達明；布景：張漢臣；

劇務：孟君謀、屠恒福；《王老五歌》作詞：安娥，作曲：

任光；錄音：鄺護；剪輯：陳祥興；配樂：林誌音；

音響：耿幼庭；【主題歌演唱：王次龍、藍蘋】；

主演：王次龍、藍蘋、殷秀岑、韓蘭根。

演員表：

王老五——王次龍，警　察——沈百寧，阿　福——殷秀岑，
阿　毛——韓蘭根，刀疤老洪——洪警鈴，李　老——尚冠武，
李　女——藍　蘋，酒店主——何劍飛，毛　妻——寧淑貞，
福　妻——嚴　斐，福　子——於渙渤，福　女——江桂蘭，
店員甲——傅繼秋，店員乙——裴　沖，王長子——秦海郵，
王次子——周圓圓，王三女——秦　玲，使　女——熊塞馨，
車　主——溫　容。

編劇、導演：蔡楚生。

本劇所描寫的全是些平凡渺小的人渣——他們生既不知其所自來，死也不知道其所自去。時間在距今十幾年前。

專業鏈接 3：鏡頭統計

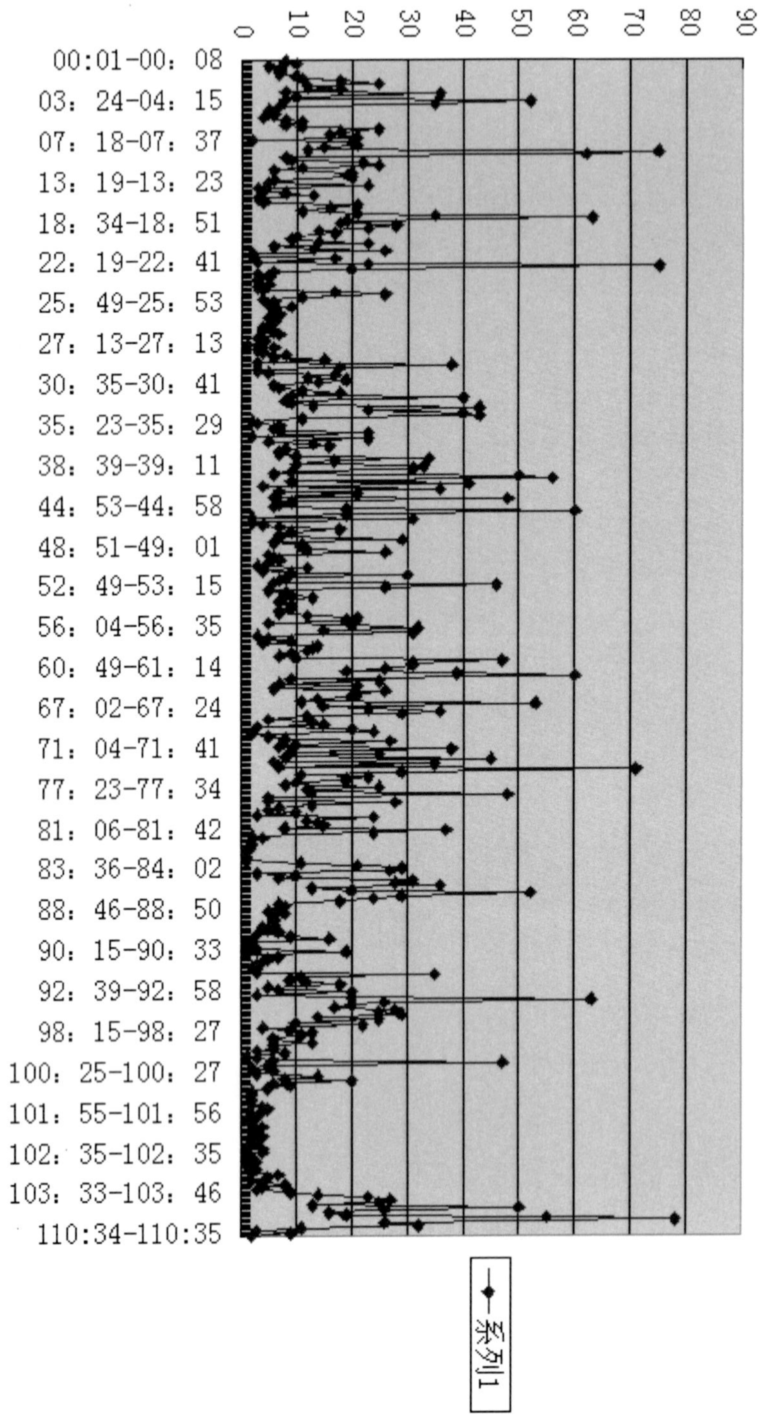
0
10
20
30
40
50
60
70
80
90
00:01-00：08
03：24-04：15
07：18-07：37
13：19-13：23
18：34-18：51
22：19-22：41
25：49-25：53
27：13-27：13
30：35-30：41
35：23-35：29
38：39-39：11
44：53-44：58
48：51-49：01
52：49-53：15
56：04-56：35
60：49-61：14
67：02-67：24
71：04-71：41
77：23-77：34
81：06-81：42
83：36-84：02
88：46-88：50
90：15-90：33
92：39-92：58
98：15-98：27
100：25-100：27
101：55-101：56
102：35-102：35
103：33-103：46
110:34-110:35
系列1

說明:《王老五》全片時長110分35秒,共465個鏡頭。其中:

甲、小於和等於5秒的鏡頭138個,大於5秒、小於和等於10秒的鏡頭124個,大於10秒、小於和等於15秒的鏡頭55個,大於15秒、小於和等於20秒的鏡頭42個,大於20秒、小於和等於25秒的鏡頭34個,大於25秒、小於和等於30秒的鏡頭23個,大於30秒、小於和等於35秒的鏡頭14個,大於35秒、小於和等於40秒的鏡頭10個,大於40秒、小於和等於45秒的鏡頭4個,大於45秒、小於和等於50秒的鏡頭7個,大於50秒、小於和等於55秒的鏡頭4個,大於55秒、小於和等於60秒的鏡頭3個,大於60秒、小於和等於65秒的鏡頭3個,大於65秒、小於和等於70秒的鏡頭0個,大於70秒、小於和等於75秒的鏡頭3個,大於75秒、小於和等於80秒的鏡頭1個,大於80秒、小於和等於85秒的鏡頭0個。

乙、片頭鏡頭11個,片尾鏡頭1個;字幕鏡頭5個,其中交代劇情的鏡頭1個,交代時間的鏡頭有4個。

丙、固定鏡頭344個,運動鏡頭104個。

丁、遠景鏡頭48個,全景鏡頭185個,中景鏡頭123個,近景鏡頭54個,特寫鏡頭40個。

(圖表製作與數據統計:田穎)

專業鏈結4:影片經典臺詞

「每年一到這個時候,就覺得心裏頭癢嗖嗖的、亂糟糟的,説不出來的那麼一股子勁兒!」——「這是一種毛病!」

「我以為你是個好人,原來你也是個壞蛋!」

「你們有老婆的人,不知道沒老婆人的苦」。

「這個人呢,挺秀氣呢。而且良心非常之好,力氣又大,能夠吃苦耐勞,又肯聽話,這真是打著燈籠也找不著的好女婿呀……我要是有女兒的話,我一定是嫁給他!」——「你少放屁好不好呀?……那樣醜的要死的窮鬼！良心好？住著那麼一個破棚，連房子也沒有一間，一天到晚喝得糊裏糊塗。也不去照一照鏡子！哼！配嗎？配嗎？配嗎？！」

「人家也是好意，我看這個人的良心倒是不錯」——「哼，面孔這樣難看，還會有好良心呢！我要嫁給那種人啊，那才倒楣！」

「男人總是愛欺負女人的。我要不給他們點厲害看，早就被他們吃咯」。

「笑什麼，孩子一大群了，老沒出息，滾……米一點都沒有了，虧你還笑得出——又去喝成這個鬼樣子。夜工為什麼不去做，你難道讓我們餓死給你看嗎？滾！滾到碼頭那去！」

「老五，阿毛病成這個樣子了，他那個雌老虎還讓去做工。哼，他媽的，這年頭窮人們活著真他媽沒什麼意思。」

「外頭搬家的越來越多了，怎麼辦呢……窮人就只好等著做炮灰嗎？！」

專業鏈結5：影片觀賞推薦指數：★★★★☆

甲、前面的話

早期中國電影製片企業的發展，與當時主控中國社會的政治勢力一樣，留下的都是一條分分合合、恩怨難分的歷史印跡。譬如1936年年初，聯華影業公司遭到重大經濟危機，「負債累累，拍片工作幾乎陷於停頓」，主導公司的黎民偉和羅明祐，先後推出的配音片《天倫》和有聲片《浪淘沙》〔註1〕也

〔註1〕《天倫》(故事片，黑白，配音)，聯華影業公司1935年出品，編劇：鍾石根；監製與導演：羅明祐；副導演：費穆；主演：林楚楚、尚冠武、黎灼灼、張

未能挽回頹勢〔1〕P457，不得不黯然離開自己創辦的企業，由另一位「實力派」股東吳性栽等組織的銀團——華安公司「取而代之」〔1〕P457～458。從當年 8 月〔1〕P457 至次年 7 月抗戰全面爆發後「聯華」停止製片活動爲止〔1〕P483，「華安」接手的製片業務對外依然使用「聯華」的名義〔1〕P458。

這一時期「聯華」出品了十幾部影片〔1〕P611～614，現在公眾可以見到的只有 4 部：其中的《前臺與後臺》和《如此繁華》，以及最新公諸於世的《春到人間》都可以在市面上購得其 VCD 或 DVD 版本〔註 2〕，唯獨蔡楚生編導的《王老五》只能在網絡上找到。更特殊的是，《王老五》雖然完成於抗戰全面爆發之時的 1937 年七、八月間，但直至 1938 年 4 月初，才在已經淪爲「孤島」的上海，公映了一個修改後的版本〔1〕P467，即現今的網絡視頻版。這個版本的故事結局儘管與當初完成的版本有些差異，公映時標明的出品方也是華安影業股份有限公司的名號，但影片的主體還應該被看作是「聯華」時代的產品。

翼、鄭君里、陳燕燕。《浪淘沙》（故事片，黑白，有聲），聯華影業公司 1936 年出品，編導：吳永剛；主演：金焰、章志直。我對這兩部影片讀解的完全版，祈參見拙著：《黑白膠片的文化時態——1922～1936 年中國早期電影現存文本讀解》第二十八章：《政治話語情結與傳統倫理文化讀解的雙重錯位〈天倫〉（1935 年）：中國電影歷史中「消極落後」的樣本讀解》、第三十三章：《新浪潮——1930 年代中國電影的歷史性閃存——〈浪淘沙〉：電影現代性的高端版本和反主旋律的批判立場》。

〔註 2〕我對《前臺與後臺》的看法與變更，請參見本書第十四章之〔註 18〕。我對《如此繁華》的專題討論，祈參見本書第十四章。《春到人間》（故事片，黑白，有聲），華安影業股份有限公司 1937 年出品，編導：孫瑜；主演：陳燕燕、梅熹、尚冠武、劉繼群、韓蘭根、洪警鈴。我對這部影片的專題討論，祈參見拙作：《〈春到人間〉：從左翼電影向國防電影的強行轉化——辨析孫瑜在 1937 年爲中國電影所做的歷史貢獻》（載《當代電影》2012 年第 2 期），其完全版作爲第九章收入拙著：《黑夜到來之前的中國電影——1937 年現存國產影片文本讀解》，敬請參閱。

對《王老五》討論，至少有兩個觀照視角需要首先提及，一個是電影史上的《王老五》及其主題思想，我稱之爲正史觀念中的《王老五》；第二個是民間角度或曰野史視域中的「王老五」，即人物主體。就前者而言，幾十年前的電影史研究，一直把它歸入到與「《浪淘沙》那樣有嚴重錯誤的影片」〔1〕P459 相區別的、「比較優秀的影片」〔1〕P459 系列；同時，並沒有指明影片的國防電影屬性，而只是將其看作「不同題材樣式的影片創作」〔1〕P461。1990 年代以後的中國大陸的電影史研究，有人將其歸於「新生電影」〔2〕P128 序列的同時，又指出影片屬於「具有家庭倫理片特徵的電影作品」，只不過，較之於「（19）20 年代初期倫理影片勸善懲惡的電影」，具有「深刻的社會關切」〔2〕P129 的屬性；還有人籠統地指出，《王老五》屬於「抗日題材的影片」〔3〕；而對影片更具體的歸類，網上有「左翼電影」的稱謂〔4〕，報紙上有「國防電影」的認定〔5〕。

圖片說明：《王老五》中扮演女一號李姑娘的藍蘋，與 30 年後中國大陸政治舞臺上的江青，其鮮明的舞臺化表演風格、強悍的個性心理氣質，是連接一個女人兩個人生制高點的內在邏輯。

圖片說明：「華安」銀團接辦聯華影業公司後，發行的影片無論新舊均打上新東家的名號。但 1938 年《王老五》公映時女主演藍蘋已於一年前遠赴延安，開始接近另一個更大的舞臺中心。

但如果將影片回歸 1930 年代新電影已經成爲中國主流電影的歷史語境中，尤其是重讀文本後就會發現，《王老五》其實是片段式借用左翼電影-國防電影元素的新市民電影〔6〕。由於影片的製作時間和修改後的公映日期，恰好橫跨 1937～1938 年抗戰爆發前後的兩年間，加上影片編導和演員的特殊地位與影響，因此，它又是一個觀照比較中國電影在 1937 年 7 月全面抗戰爆發前後兩個不同階段歷史發展的不二平臺。

乙、編導蔡楚生的創作軌跡和《王老五》的電影時代背景

其實，對一般人來說，中國電影史上《王老五》的歸類和地位並不是很重要，重要的是影片問世十幾年後，有兩個人物及其相關詞語，成爲民間話語禁忌譜系中的熱詞辣語。一個就是影片女主角李姑娘的扮演者藍蘋，由於她就是在 1949 年後成爲中國大陸最有權勢的女人江青，因此，在其權傾一時的 1960～1970 年代，演員藍蘋與領袖「第一」夫人之間的歷史關係在成爲公開話語禁忌的同時，又形成對電影《王老五》的討論禁忌——這也是爲什麼現今在市面上合法出售的早期中國電影影碟不包括本片的重要原因之一。

其次，「王老五」這個人物和意義指代，幾十年來在中國文化語境中已經約定俗成，不僅承襲了影片原有的人物造型涵義，而且突破了藝術作品範疇，成爲現代漢語中單身男人的別稱〔註 3〕——搜索引擎乾脆這樣普及常識:「王老五」因爲電影而出名；王老五是一個老光棍，以後就管光棍叫「王老五」〔7〕。

圖片說明：《王老五》是古訓「貧賤夫妻百事哀」的電子影像版，但無論初編版還是後來的公映版，都沒有回避戰爭對中國民眾生活的毀滅性傷害，這是新市民電影值得稱道的時代性因素。

對電影《王老五》的任何討論，首先得回溯本片編導蔡楚生（1906～1968）的創作軌跡。作爲自學成才的小店員，蔡楚生 1927 年從家鄉汕頭投身上海電影界，做過臨時演員、劇務、宣傳、場記、置景、副導演和編劇，

〔註 3〕而這種別稱往往又有兩個層面的民俗性指代，要麼是娶不到老婆的大齡男青年，俗稱老光棍，要麼就是因爲實在太有錢或者事業上太成功而沒有結婚的男性，俗稱鑽石王老五。

圖片說明：同許多新電影的編導一樣，蔡楚生從舊市民電影入道起家。他現存的、最早的作品是《南國之春》（「聯華」，1932）：男主人公的海歸背景和新青年形象爲舊主題融入些許新氣息。

1929 年～1931 年進入明星影片公司，成爲鄭正秋的副導演〔1〕P257。這一時期他以演員或副導演參與的幾部影片如《呆運》（汕頭進業電影製片公司，1926）、《戰地小同胞》（明星，1929）、《桃花湖》（前後集，明星，1930）、《碎琴樓》（明星，1930）、《殺人的小姐》（明星，1931）、《紅淚影》（明星，1931）等，在我看來都屬於 1920 年代中國國產電影的主流即舊市民電影〔6〕。1931 年，蔡楚生從「明星」公司轉入聯華影業公司任編導〔1〕P258，次年的作品有《南國之春》、《共赴國難》、《血濺紅顏》和《粉紅色的夢》，1933 年編導《都會的早晨》，1934 年編導《漁光曲》、《新女性》和《飛花村》，1936 年有《迷途的羔羊》，1937 年編導集錦片《聯華交響曲》中的《兩毛錢》和《小五義》兩個短片〔1〕P606～612。

上述影片中，至今公眾可以看到的只有《南國之春》、《漁光曲》、《新女性》和《聯華交響曲》（短片之一）。《南國之春》屬於新舊電影時代交替之際，新元素較多的晚期舊市民電影〔註4〕，而其餘影片則都屬於新（興）電影作品〔8〕。但如果深入分析就會發現，新電影不僅包括左翼電影（以及後來的國防電影），還有新市民電影和新民族主義電影。其中，《新女性》是左翼電影無疑，

〔註 4〕在我看來，在 1932 年左翼電影出現之前的中國電影都是舊市民電影，但在新舊電影交集過度的 1932 年，舊市民電影中的新電影元素已經相對密集，《南國之春》就是一個爲數不多的例證之一。新電影的出現既不可能是一蹴而就，也不是完全簇新的成分。舊市民電影和後來的新市民電影都有左翼電影的思想元素，區別在於其成分的多寡。我對這一問題和這部影片的討論，祈參見拙作：《論舊市民電影〈啼笑因緣〉的老和〈南國之春〉的新》（載《揚子江評論》2007 年第 2 期），這篇文章的完全版作爲第十二章收入拙著：《黑白膠片的文化時態——1922～1936 年中國早期電影現存文本讀解》，題目是：《大眾審美、知識分子話語與新電影市場需求的時代共謀——1932 年：「新」〈南國之春〉與「舊」〈啼笑因緣〉的對比讀解》。2015 年，我在網上偶然找到了蔡楚生 1932 年編導的《粉紅色的夢》，影片亦屬於舊市民電影無疑，但我的專題文章尚未發表，尚祈關注爲盼。

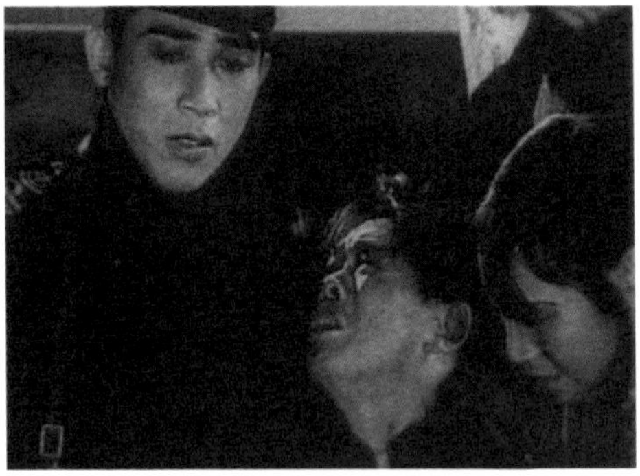

圖片說明：其實，蔡楚生 1934 年爲「聯華」編導的《漁光曲》不是左翼電影，而是新市民電影，因爲貧苦的漁家兄妹與資產階級少爺之間，不僅沒有階級對立和衝突，還有一條愛情線索。

集錦片《聯華交響曲》是左翼電影和國防電影的混合體〔註 5〕，但《漁光曲》比較特殊。《漁光曲》出現於左翼電影處於高潮的 1934 年，雖然是繼《姊妹花》之後第二部國產電影高票房記錄的創造者，但在 1949 年後以意識形態爲唯一取捨標準的中國大陸電影史研究中，卻並沒有將其歸之於地位崇高的左翼電影行列，而只是稱讚其「暴露社會黑暗」〔1〕P334 的一點。現在看來，《漁光曲》不應該被劃入左翼電影系列〔註 6〕，而屬於新市民電影範疇，這是 1930 年代中國電影的發展潮流所決定的。

左翼電影出現於 1932 年〔6〕，次年是其高潮期〔1〕P281。但進入 1934 年之後，就現存的、公眾可以看到的影片而言，包括一些經典左翼電影，譬如電通影片公司出品的《桃李劫》（1934）和《風雲兒女》（1935），左翼電影的製作已經出現諸多問題，其中之一就是模式的硬化。所謂模式硬化就是主題先行，以理念宣傳以及階級性、暴力性取勝〔6〕，代表之一就是孫瑜編導的《大路》，以及蔡楚生編導的《新女性》〔註 7〕。

〔註 5〕我對《新女性》（故事片，黑白，配音，聯華影業公司 1934 年出品）的討論意見，請參見本書第十四章之注釋〔註 11〕。對《聯華交響曲》（故事片，黑白，有聲，聯華影業公司 1937 年出品）的讀解意見，請參見本書第十四章之注釋〔註 18〕。

〔註 6〕《漁光曲》（故事片，黑白，配音），聯華影業公司 1934 年出品，編導：蔡楚生；主演：王人美、湯天繡、韓蘭根、談瑛、羅朋、尚冠武、裘逸葦。我對這部影片的意見和觀點變更，請參見本書第五章：《〈漁光曲〉（1934 年）——超階級的人性觀照》。

〔註 7〕《桃李劫》（故事片，黑白，有聲），電通影片公司 1934 年出品，編劇：袁牧之；導演：應雲衛；主演：袁牧之、陳波兒、王一之、周伯勳、唐槐秋。《風雲兒女》（故事片，黑白，有聲），電通影片公司 1935 年出品，原作：田漢，分場劇本：夏衍；導演：許幸之；主演：王人美、袁牧之、談瑛、顧夢鶴、陸露明。《大路》（故事片，黑白，配音），聯華影業公司 1934 年出品，編導：孫瑜；裘逸葦；主演：金焰、陳燕燕、黎莉莉、張翼、鄭君里、羅朋。我以上三部影片的討論意見，其完全版和未刪節版先後收入拙著：《黑白膠片的文化時態——1922～1936 年中國早期電影現存文本讀解》和《黑馬甲：民國時代的左翼電影——1932～1937 年現存中國電影文本讀解》，敬請參閱。

正是在這種情形下，從「明星」這樣生產新舊市民電影大本營轉入「聯華」的蔡楚生，在接收左翼電影理念影響的同時，又有意識的採取新市民電影更爲注重市場普適性的製片方針，《漁光曲》就是這樣的轉化性成果之一。而所謂新市民電影，就是在有選擇地抽取、借用左翼思想元素的基礎上，力求避免左翼電影的激進姿態，對待社會問題採取相對溫和與保守的批判立場，同時奉行新技術主義的製片路線（有聲技術的迅即使用和大比例的歌舞配置），並以此作爲營銷策略的主導方針[6]。

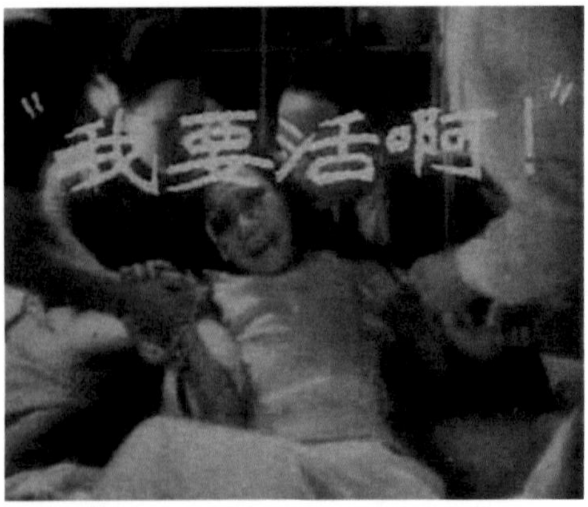

圖片說明：左翼電影與新市民電影的本質區別，在於影片主要人物的死亡是否由階級壓迫所致。1934年蔡楚生爲「聯華」編導的《新女性》顯然符合這一點：女主人公缺醫少藥貧病而死。

正因如此，《漁光曲》在獲得良好經濟效益的當年，就受到電影界的指責，認爲影片有「改良主義」之嫌；作爲回應，蔡楚生的迴護辯解，採取的是事實上承認的態度[1] P336。而1960年代中國大陸的電影史研究承襲了當年的批評，進一步指責其「打破了階級界限」[1] P336 的人物關係設置。因爲左翼電影的一個重要的評判、衡量指標，就是（人物的）階級性，以及由此而引發的階級鬥爭和階級暴力（暴力革命）——《漁光曲》恰恰採取的是一種階級調和立場。

需要說明的是，現在公眾看到的《漁光曲》VCD（單碟）版本，時長只有57分鐘，顯然不是當年萬人爭睹的電影《漁光曲》的原始面貌和原有時長[9]；另一方面，《漁光曲》產生的轟動效應，與影片的同名主題歌傳播有著直接的關係。「聯華」當初只允許拍成本更低的無聲片，使用有聲化技術是蔡楚生向公司「反覆堅持下才在製作後期補錄」[10] 的結果。但即使在現如今的版本中，也依然可以看出出身於兩

圖片說明：1937年年初的《小五義》（集錦片《聯華交響曲》之八），表明蔡楚生已完成由左翼電影向國防電影的轉變。巧合的是，這部短片的男主演就是半年後主演《王老五》的王次龍。

個對立階級的主人公——資產階級少爺和無產階級農民女工——之間明顯的愛情線索。換言之，在主題思想和技術指標上，《漁光曲》都是一個標準配置的新市民電影。

《漁光曲》中的階級調和色彩，與其說反映了 1934 年左翼電影的變化，不如說它反映了 1930 年代中期中國電影的整體走向。即 1933 年出現的新市民電影，在有選擇地借助左翼電影思想元素迎合時代需求即市場對時政信息的索取同時，時刻注意與激進的左翼革命理念保持距離，進而形成與左翼電影二水分流、共同構成電影主流的格局。它和左翼電影從最初的陣壘分明和單向度地偷師學藝，轉入到雙方平起平坐、相互借鑒和滲透互利的雙贏局面。

就編導個人而言，左翼電影的開山鼻祖孫瑜，其《體育皇后》已經用階級觀念的對立及其對應的價值觀念圖解，取代了階級暴力；就出品公司而言，電通影片公司以左翼電影《桃李劫》和《風雲兒女》起家之後，緊接著就拍攝了典型的新市民電影《都市風光》，完成了從思想輸出到商業轉型的市場化調整，華麗轉身〔註 8〕。而從《新女性》的左翼立場到新市民電影《漁光曲》之間的角度切換，蔡楚生影片主題思想的此起彼伏也發生在同一年，或者說，用了不到一年的時間。

圖片說明：1934 年「聯華」出品的《神女》是無聲片時代左翼電影高峰的標誌，同時也體現著編導吳永剛極具先鋒性的審美邏輯表達：人在階級社會中受到環境、物質和精神的多重擠壓。

另一方面，1936 年興起的國防電影(運動)，全面整合了左翼電影思想資源和藝術資源，將左翼電影的主題思想從對階級性和階級暴力的倡導，提升、轉化爲民族性和反侵略的民族解放戰爭。與中共有著密切組織關係和思想認識的左翼文藝核心人士，譬如夏衍、田漢、洪深、陽翰笙、歐陽予倩等，在電影創作上也迅速完成轉型，從左翼電影創作轉進國防電影和新市民電影的新領域。

〔註 8〕《都市風光》(故事片，黑白，有聲)，電通影片公司 1935 出品。編導：袁牧之；主演：張新珠、周伯勳、吳茵、白璐、唐納、蔡若虹、顧夢鶴。我對這部影片的具體討論意見，祈參見本書第六章：《〈都市風光〉(1935 年)———庸俗面對市場，技術取代思想》。

僅就 1937 年的中國電影而言，現存的、公眾可以看到的的影片，《青年進行曲》（編劇：田漢）是國防電影，《前臺與後臺》、《人海遺珠》、《新舊時代》（《好女兒》）屬於新民族主義電影，其餘均爲新市民電影包攬，譬如《壓歲錢》（編劇：夏衍）、《夜半歌聲》、《十字街頭》、《馬路天使》、《前臺與後臺》和《如此繁華》（編導：歐陽予倩），左翼電影實際上已經消亡，只在《聯華交響曲》中留有短片餘緒〔註 9〕。在這種情形下，從來就不是左翼電影領導核心人物的蔡楚生，拍攝了新市民電影《王老五》；或者說，《王老五》的新市民電影屬性，就只能是時代的市場化產物，是編導創作軌跡中的必然結果。

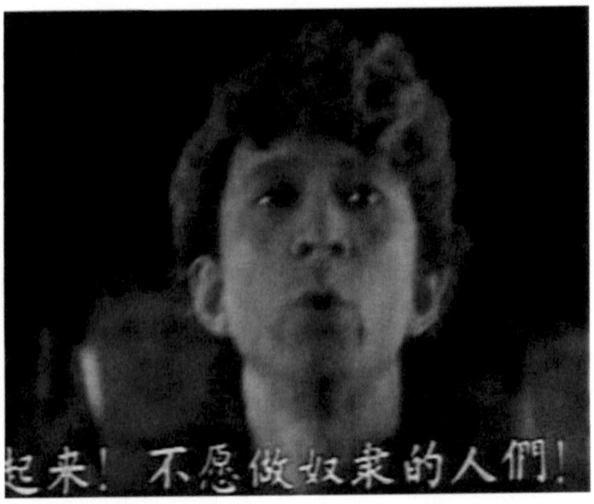

圖片說明：1935 年，袁牧之編導並主演了「電通」出品的《風雲兒女》，在意味著有聲片時代左翼電影高峰出現的同時，也意味著左翼電影爲一年之後國防電影（運動）的興起打下了基礎。

丙、新市民電影《王老五》的主題思想與人物主體軸線

在一定程度上，1930 年代的中國左翼電影，其主題思想和藝術表達，可以大致形容爲前衛、先鋒、另類、反強權、同情弱勢階層，以階級性區分人物主體的先進與落後、革命與反革命，倡導階級鬥爭與暴力革命[6]。而新市民電影雖然同樣是面對市場，借助和抽取左翼電影的某些思想元素，但在整體上持保守、溫和的態度和立場，藝術表現上很少激進形式，多使用中規中矩的傳統敘事手法。譬如在同情弱勢群體的同時，有保留地表現對強勢階層和有錢階級的批判和諷刺，從不在整體上全面否定主流價值觀念和現行社會體制。

〔註 9〕《青年進行曲》（故事片，黑白，有聲），新華影業公司 1937 年出品，編劇：田漢；導演：史東山；主演：胡萍、施超、許曼麗、黎明健、顧而已、呂班、童月娟、徐韜。我對這部影片的專題討論，祈參見拙作：《新電影的誕生是時代精神和市場需求的產物——以 1937 年新華影業公司出品的〈青年進行曲〉爲例》（載《北京電影學院學報》2011 年第 3 期）、《左翼電影-國防電影與新中國電影的血統淵源——以 1937 年新華影業公司出品的〈青年進行曲〉爲例》（載《杭州師範大學學報》2011 年第 4 期），這兩篇文章的完全版收入拙著《黑夜到來之前的中國電影——1937 年現存國產影片文本讀解》。對《壓歲錢》、《夜半歌聲》、《十字街頭》、《馬路天使》和《如此繁華》的討論，祈分別參見本書第十章、第十三章、第十一章、第十二章、第十四章。

圖片説明：同是在 1935 年，袁牧之爲「電通」編導的《都市風光》，又標誌著新市民電影開始取代左翼電影，試圖建構主流電影中一家獨大的新格局。在這部影片中，小配角藍蘋出演小三。

我之所以稱之爲新市民電影，是因爲它與舊市民電影存在著歷史發展和承接上的邏輯關係，那就是始終堅守主流價値觀念、關注庸常層面的現實人生。舊市民電影的主題思想主要是家庭婚姻倫理，以及在世俗文化層面延伸出的武俠打鬥。在對待現實人生和社會體制的批判態度上，新、舊市民電影的立場是一致的，即與溫和、保守之外，還有明哲保身的中庸理念。這一點倒不是中國的獨創：譬如公元前 5 世紀古希臘的新喜劇，「講世態炎涼，一般不議論政治，更不諷刺個人，而是揭示男女之間的愛情和家庭矛盾，或者進行哲學和神話諷刺」[11]。除了最後一點，這個世俗化的戲劇定義界定，倒很符合對中國新、舊市民電影在政治原則上的概括。

新市民電影的這一點機巧，或者說，其政治立場的中庸與投機性，貫穿其整個發展歷史。僅就 1930 年代而言，1933 年第一部國產高票房電影《姊妹花》，借用左翼電影中常見的階級理念，讓出身民工階層的姐姐表達對有產階級的仇視和世俗層面的鄙視，但雙方的階級對立和矛盾衝突，最終還是被親情化解。1934 年的《女兒經》，講述八個女人各個不同的情感經歷和人生感悟，最後用一個衆同學在革命夫婦的率領下，共同觀賞國慶節民衆提燈遊行做結收場，直接迎合政府的政治號召。

1935 年的《船家女》，以一個出身下層社會的西湖船娘的自身遭遇爲主線，貌似有些革命元素色彩，例如罷工、暴力反抗、革命宣傳，但實際上敘寫的是出身資產階級的少爺愛上貧窮無助的鄉下美女的世俗愛情故事。新市民電影製作在 1936 年的出色之處在於，將對庸常人生的表現提升到了一個哲理的高度，這就是《新舊上海》：影片的主題無非是家長里短、夫妻吵架，但顯然不是庸俗二字可以概括淨盡的〔註 10〕。到了 1937 年的《王老五》，可以

〔註 10〕《姊妹花》(故事片，黑白，有聲)，明星影片公司 1933 年出品；《女兒經》(故事片，黑白，有聲)，明星影片公司 1934 年出品；《船家女》(故事片，黑白，有聲)，明星影片公司 1935 年出品；《新舊上海》(故事片，黑白，有聲)，明星影片公司 1936 年出品。我對上述四部影片的專題討論，祈參見本書第二章、第四章、第七章、第八章。

說是再接再厲，因爲誰也不能否認，影片主題是大齡低收入男人的性問題困惑，依然站在了世俗民生的哲理高度——舊市民電影也是在這個高度上圖像化其道德教化。

這種解釋聽上去很左翼，但《王老五》的主題思想實際上一點兒也不前衛，因爲男人娶老婆的問題亦即性資源問題的解決，是跨越時代的主題，何況還是底層男性的老大難問題。這也是爲什麼「王老五」後來成爲娶不到老婆的大齡男人的一個符號和指代的原因。影片講的是一個窮棒子怎樣如願以償地娶了一個窮姑娘，以及這對窮夫妻的故事。不論社會如何動蕩，生活如何艱難，這個貧窮家庭的生活和夫妻二人的人生理念，世俗化表述得清清楚楚。就像影片的結尾時窮太太對窮先生說的那樣：「我以後一定要對你好」。

圖片說明：舊市民電影和新市民電影的共同之處，是後者對前者在家庭戀愛題材上的繼承和堅持對世俗價值觀念的表達。作爲編導，蔡楚生對此駕輕就熟，而男女演員也能夠回歸本色表演。

實際上，《王老五》的主題思想，在其主題歌中已經概括一盡：

王老五呀王老五。說你命苦真命苦！白白活了三十五，衣裳破了沒人補！唉呀呀，王老五！衣裳破了沒人補呀，噫呀呀得兒喂呀，鍋裏有水沒米煮，噫呀呀得兒喂呀，可憐可憐王老呀五呀，天天害得相思苦！——（王老五道白）我幾時相思苦呀？——你呀，想米呀，想麵呀，想大洋錢呀，還想討媳婦！哎呀呀，王老五！

王老五呀王老五，說你命苦真命苦！白白幹了三十五，草棚漏了沒法住。噫呀呀得兒喂呀，從生混到入黃土。噫呀呀得兒喂呀，可憐可憐呀，王老呀五呀，天天還想窮享福！

圖片說明：作爲介於二、三流電影演員的藍蘋，《王老五》是她一生中唯一作爲女一號主演的標準片長的影片，相信編導爲之安排的苦情戲模式，對她日後指導中國大陸電影發展貢獻良多。

王老五呀王老五，說你命苦真命苦！人家太太生貴子，你家老婆生小豬！哎呀呀，王老五。生了四個小壞豬呀，噫呀呀得兒喂呀，要吃要穿還要住！噫呀呀得兒喂呀，可憐可憐王老呀五呀，捏著拳頭乾叫苦！——(王老五道白)：胡說，我幾時叫過苦？——你呀，叫天呀，叫地呀，叫怨命運呀，還叫不心服！哎呀呀，王老五！

對這類庸常人生的基本核心問題，左翼電影的關注一般是不會僅僅停留在藝術表現的層面上。因爲，從現存的、公眾可以看到的影片中就會發現，左翼電影對男女情愛故事的題材選取和處理，只是承載其社會批判和思想理念的容器，或者說，是一個先鋒的、革命的行爲意識的接入端口，其主題思想最終是指向對社會現實的整體否定和顛覆性的解釋。譬如《桃李劫》(編劇：袁牧之；導演：應雲衛)，也是講一對貧困夫妻的故事，最後得出來的結論是：在唯利是圖的資產階級壓迫下、在不合理的社會體制中，連知識分子的生存都成爲問題；而對這種現實和體制的反抗，只有徹底的顛覆即暴力手段的反抗，哪怕以死抗爭。如果影片的主人公是女性，其反抗也是通過暴力手段，譬如《神女》(編劇、導演：吳永剛)——有意思的是，《新女性》(作劇、作歌：孫師毅)同樣表現弱女子反抗社會的不公，蔡楚生的處理卻顯得多少有些變通的意味：女主人公將暴力轉向自身，即用自殺來表達對社會的反抗。

圖片說明：然而在前電影演員江青同志的直接指引下，中國大陸電影將當年新市民電影如《王老五》中的情感戲份刪除淨盡。因爲，這類情感只有普世人性，但卻沒有階級性、革命性和黨性。

但是新市民電影如果僅僅是停留在人生庸常層面的藝術再現，那就和1920年代以圖解傳統價值觀念爲己任的舊市民電影沒什麼區別了。所以，《王老五》首先要對老光棍和窮姑娘的組合，給出基於「存在即合理」的世俗化解釋。這是新市民電影不同於左翼電影的獨門暗器，因爲嫌貧愛富並不一定是有錢人-資產階級獨有的價值評判標準和人生觀念，事實上窮人往往更鄙視同類。因此，雖然在觀眾看來，一個窮光棍和一個沒有姿色的窮姑娘應該是最佳搭配，但李姑娘卻並不認同，她質疑王老五的求婚：

圖片說明：左翼電影側重群體/階級的暴力反抗和顛覆性表達，新市民電影注重個體命運的存在與發展。因此，中國大陸紅色電影的標配模式，是從前者那裏汲取營養而與後者形成基因排斥。

「那樣醜的要死的窮鬼！良心好？住著那麼一個破棚，連房子也沒有一間，一天到晚喝得糊裏糊塗。也不去照一照鏡子！哼！配嗎？配嗎？配嗎？！」

這是新市民電影的殺手鐧：嫌貧愛富本是人性正常的和眞實的反映，而不是某個階級的特性。它與左翼電影的區別，就在於後者將這種特性賦予有錢階級-資產階級，進而將其綁定於道德低位。而李姑娘最終迴心轉意，同意嫁給王老五，是因爲她父親死了，王老五不計前嫌，出錢出力，幫助料理喪事。中國人講：「一生一死，交情乃現」。王老五並沒有說這句話，但他不僅對李姑娘慷慨相助，而且還沒有趁人之危的企圖，完全是出於弱者間本能的同情以及他的善良本性——這也是新市民電影主題思想和人物主體設置的基調。

圖片說明：新市民電影生成于對左翼電影思想元素的有限度的抽取與借助之上，因此，在左翼電影被國防電影取代的 1937 年之後，注重民生和傳統文化的新市民電影強化了電影的民族性。

新市民電影對於人物定位和人物關係的處理，並不像舊市民電影和左翼電影那樣，爲了一個理念的表達而陷入慣性的窠臼之中不可自拔，人物主體和思想主題常常被生硬地扭結在一起。因此，李姑娘在喪父之後對王老五求婚態度的改變，與其是說同一階級成員之間的相互憐憫和扶持，倒不如說這是人性的正常體現。況且，家裏的頂梁柱——父親即主要經濟來源的缺失，意味著她挑選權力和待價而沽資質的喪失。生活最本質的面目是一日三餐，所謂「酒肉的朋友，米麵的夫妻」。

因此，雖然王老五的底層身份始終沒有發生本質性的變化，在李姑娘眼裏還是那麼醜，但因爲他終於蓋好了一間房子，具備了婚姻生活的基本條件，所以，二者的結合就成爲雙方共贏的最佳結果。而王、李的相愛-婚姻，並不僅僅是物質-經濟層麵條件的組合，還有感情的相互扶助：大家都是窮人，互相都沒有挑選的資格和權力。這就是新市民電影一向注重世俗哲理的地方，也是秒殺觀眾價值判斷的內置軟件設定程序即時反應的結果〔註 11〕。

丁、新市民電影《王老五》的新技術主義製片路線及其藝術特徵實證

1933 年雖然是史有定論的左翼電影高潮之年〔1〕P281，但就現存的、公眾可以看到的影片而言，除了明星影片公司出品的《春蠶》是配音片之外〔註 12〕，1936 年之前，包括經典影片在內的左翼電影全部是無聲片〔6〕。其中一個重要原因，是作爲左翼電影的出品中心之一的聯華影業公司，最初對有聲技術並不太感興趣，認爲以「精良的、饒有藝術化和民眾化底」〔1〕P159 內涵，就足以抵擋有聲電影的技術革新浪潮，當然，這種自信還有出於對更新放映設備所需龐大經費的成本顧慮〔1〕P159。

圖片說明：《春蠶》（明星，1933）是現在公眾能看到的最早的國產配音片——對話依然使用字幕。由於新市民電影一向注重以技術贏得市場，所以影片爲聲音而聲音，通篇都使用基本與畫面無關的西洋名曲作爲配樂。

〔註 11〕以上篇幅（**甲、乙、丙、**）的文字以及**戊、結語**部分，曾以《藍蘋主演的〈王老五〉是一部什麼性質的影片——管窺 1937 年全面抗戰爆發前後的國產電影》爲題，先行發表於《學術界》2011 年第 8 期（安徽，雙月刊），收入本書時個別段落多有改動。現將雜誌發表版的《提要》附呈如次：新市民電影原則上都會在政治上持保守立場，反映和對待社會現實問題時採取相對溫和的批判態度，同時奉行新技術主義的製片路線，並以此作爲市場營銷的主導方針。因此，反映民生基本問題尤其是底層男性性資源獲取困境的《王老五》，就成爲沒有因爲戰爭而影響其在淪陷區上市公映的國產影片之一。由於影片的攝製和公映橫跨抗戰全面爆發前後階段，因此，對影片的文本分析，就成爲觀照中國早期電影歷史轉折時期的平臺之一。

〔註 12〕《春蠶》（故事片，黑白，配音），明星影片公司 1933 年出品，原著：茅盾；編劇：蔡叔聲【夏衍】；導演：程步高；主演：蕭英、張敏玉、龔稼農、嚴月嫻、鄭小秋、高倩蘋、艾霞。我對這部影片的具體討論意見，祈參見拙作《電影〈春蠶〉：左翼文學與國產電影市場的結晶》（載《徐州師大學報》2010 年第 4 期，其完全版和未刪節版先後收入《黑白膠片的文化時態——1922～1936 年中國早期電影現存文本讀解》和《黑馬甲：民國時代的左翼電影——1932～1937 年現存中國電影文本讀解》，敬請參閱。

當時另外兩大製片公司之一的天一影片公司，基於國外（南洋）市場的考量，自然對有聲技術持歡迎立場；「明星」公司的態度據說是站在中間，認爲有聲片和無聲片的發展可以並行不悖〔1〕P159。因此「明星」公司在這一年一共出品了 27 部影片，有聲片（包括配音片）雖然只有 4 部〔1〕P542～544，但其中的《姊妹花》卻創造了中國電影有聲片時代第一部高票房電影的記錄。更耐人尋味的是，次年（1934 年）刷新國產電影高票房記錄的影片《漁光曲》，雖然出自「聯華」公司，但影片依然是新市民電影的屬性〔註 13〕。

無論是《姊妹花》還是《漁光曲》，就其主題思想和人物主體形象而言，這兩部影片並沒有超越左翼電影的地方，形成超越的，僅僅是電影主體本身的革命性元素，即有聲化和音樂化的視聽語言，這在當時不能不說是吸引觀眾、拓展市場的新手段，我稱之爲新市民電影在市場觀念指導之下的技術主義製片路線〔6〕。這種與時俱進的觀念，甚至影響到一些電影公司的名稱。譬如創辦於 1920 年的上海影戲公司，就在 1934 年改名爲上海有聲影片公司〔1〕P525。

圖片說明：蔡楚生編導的配音片《漁光曲》（聯華，1934），對話還是使用字幕，但它之所以成爲中國有聲電影史上第二部高票房電影，與影片同名的主題歌的民族韻律和廣泛傳播不無關係。

《姊妹花》之所以能讓萬人爭睹，除了左翼思想元素的選用以及「曲折動人，描寫生動」〔1〕P239的藝術特徵之外，影片的有聲對白也是一個重要原因。此片是根據三幕舞臺劇《貴人與犯人》改編而來〔1〕P237，如果是無聲片，顯然不太可能與高票房形成直接的邏輯關聯。電影是綜合藝術，語言藝術的魅力與包括音樂在內的視聽語言結合才能體現得更爲圓滿。

而 1937 年的《王老五》之所以至今爲人津津樂道，讓看過的觀眾難以忘懷，原因之一就是電影有聲技術的延伸運用，即主題歌曲《王老五歌》的配置及其廣泛傳播，這是新技術主義製片路線在新市民電影《王老五》中的具體體現。《王老五歌》在影片中一共

〔註 13〕《漁光曲》（故事片，黑白，配音），聯華影業公司 1934 年出品，編導：蔡楚生；主演：王人美、湯天繡、韓蘭根、談瑛、羅朋、尚冠武、裘逸葦。我對這部影片的意見和觀點變更，請參見本書第五章：《〈漁光曲〉（1934 年）——超階級的人性觀照》。

出現了4次，其中3次是配樂演唱，時長分別是66秒(11分29秒～12分35秒)、54秒(12分54秒～13分48秒)、59秒(1小時02分44秒～03分43秒)，總計179秒；主人公的無伴奏哼唱時長是38秒(31分09秒～47秒)。換言之，主題歌被演唱的時間是217秒，即3分37秒，占影片全部時長(110分36秒)的2.69%，極大地滿足了觀眾的視聽感官需求。

圖片說明：左翼電影的歌曲配置更多地著眼於革命理念的啓蒙性宣傳，但新市民電影中的歌舞元素，卻往往與影片世俗化的主題思想相得益彰，《王老五》主題歌的配置就是一個典型例證。

更重要的是，《王老五歌》不僅完成了對影片主題通俗化和音樂化的觀影闡釋，而且，由於曲調簡單優美，歌詞通俗易懂，能夠脫離影片母本，以口耳相傳的形式進入大眾傳播層面，以致流傳至今。古往今來，但凡能以口耳相傳的形式進入大眾傳播層面的音樂作品，其共同的特徵是旋律符合自然節律、通俗上口，譬如許多包括黃色小調在內的民間歌曲。實際上，1930年代興起的左翼電影歌曲和音樂，就是借用了這些民間資源，只不過是重新填詞而已，譬如《新女性》中的《黃浦江歌》，「用的是當時風靡一時的黃色歌曲《桃花江》的曲子」[1] P340。《王老五》主題歌反覆出現，既是電影的一種藝術處理手段，又是1930年代本土音樂與流行歌曲和電影插曲相互滲透影響的結果〔註14〕。

1920年代的中國電影，或者說，在1930年代初期新電影(形態)出現之前的舊市民電影，其最重要的藝術特徵是包括打鬥、噱頭、鬧劇在內的喜劇元素、苦情戲和大團圓結局，而這些結構性元素都被1930年代的新電影所繼承。但就現存的、公眾可以看到的影片而言，相對來說，左翼電影出於主題思想的需要，更多地繼承了更具煽情效用的苦情戲，新市民電影則更熱衷於對喜劇元素和大團圓結局的偏好。

〔註14〕早在1920年代，上海的無線電廣播就已經非常發達，一些電影明星如白光、白虹、黎莉莉等本身又是流行歌曲的歌星。1930年代，有聲技術應用於電影之後，上海的唱片銷售和流行歌曲的產量急增，這又意味著本土音樂完成了對西方流行音樂的吸收借鑒，具有民族特色的流行歌曲已經普及，譬如《毛毛雨》、《何日君再來》等等。在《王老五》中反覆影片出現的《王老五歌》，當時曾有膠版唱片發行[12]。

以《王老五》爲例可以看到，王次龍扮演的王老五、殷秀岑扮演的阿福，以及韓蘭根扮演的阿毛，三個體型胖瘦、差別迥異的特型演員本身就是笑點，更不用說編導演有意識地合力調動，安排了一系列的喜劇橋段。實際上，影片主要情節的發展和人物形象，基本上建立在小品化的喜劇表演上。這種喜劇化手法甚至影響到女主演即王老五老婆的表演，譬如已經是四個孩子母親的李姑娘，和王老五親熱時比初戀時候還會發嗲、還要百般柔情。這與其說是夫妻恩愛窮困版的體現，倒不如說是編導對敘事策略中喜劇元素的掌控調度結果。

圖片說明：1920 年代，上海的無線電廣播和流行音樂已經形成市場規模。1930 年代，中國國產電影有聲化的進程，既是唱片業進一步拓展和發達的時期，也是電影市場多樣化的一種體現。

當然，影片刻意追求的這種喜劇效果乃至整體的喜劇化氛圍，從製作的時代背景上，不能忽略外國電影尤其是美國好萊塢電影對早期中國電影的喜劇化表演的輻射。需要區別的不同之處在於，在 1920 年代也就是舊市民電影時代，美國電影對中國電影的影響更多體現於鬧劇和噱頭的動作語言翻拍和直接借用上面；進入 1930 年代即新電影出現以後，左翼電影和新市民電影（尤其是前者），更多地爲那些喜劇人物賦予一定的社會意義，典型的例子就是韓蘭根。

圖片說明：殷秀岑（前）、韓蘭根（後），既是 1920～1930 年代上海灘的喜劇招牌或滑稽明星，也是當時中國電影界的一線影星，他倆和主演王次龍共同形成的是《王老五》的票房號召力。

韓蘭根在《王老五》中扮演的阿毛，其角色和人物性格，較之以他在其它影片中的表演並無本質區別，不同之處在於，編導賦予他的角色更多的本土化內涵。換言之，韓蘭根身上有明顯地模仿卓別林的痕跡，而胖子殷秀岑和他一樣，之所以始終延續著一貫的喜劇風格，兩人的特殊體型（超級瘦子和超級胖子），既是優勢所在也局限所在。相形之下，王次龍扮演的王老五，其本土化的喜劇色彩更爲徹底。無論是原版還是現在的刪節版，《王老五》中的喜劇明星效應，中國特色是最強烈的藝術表現特徵。（擔任女主角的藍蘋，則始終是一個不成功的電影配角——政治舞臺上也是如此）。

「苦情戲」是舊市民電影中被新電影繼承發揚的三大藝術特徵之一〔6〕，因此，《王老五》的喜劇元素乃至喜劇明星效應，並不影響這種遺產性繼承和光大，因爲這也是1930年代中國電影最重要的敘事策略。所謂「苦情戲」，也就是調動一切藝術表現手段，激發觀眾的惻隱之心的煽情效應。和那些啓用靚哥美女爲主演的影片不同，《王老五》中的男演員是清一色的醜男人，女主演則是既不（當）「紅」也不「豔」（麗）。因此，「苦情戲」的使用在影片中有相當的難度，否則就有「醜人多作做怪」之虞。令人欣慰的是，《王老五》裏的兩場戲值得一提。

圖片說明：藍蘋在《王老五》中的表現，更多地得益於苦情戲的橋段配置。問題是，由於人物與表演者的互文關係，即二者間在歷史時空中的相互參照補充，也是影片得到關注的原因之一。

一場是大風雨之夜，李姑娘的父親去世，氣氛的渲染和演員的表演，都有相當濃鬱的中國特色；第二場是瘦子死了後，他的胖老婆痛心疾首的哭訴，不僅感染了旁邊那兩個對自己男人一貫不好的婆娘，對觀眾也是一場情感教育的現場版，正契合了「活著是根草死了才是寶」的中土古訓。當然，這些場景的煽情效應，主要歸功於編導，視聽語言的成熟和豐滿不過是其必要手段而已。這一點，蔡楚生在三年前的《漁光曲》中已經運用純熟，十年後的《一江春水向東流》更是所向披靡、勢不可擋。換言之，這是編導蔡楚生的拿手好戲——《王老五》的副產品之一，就是蔡楚生對女主演的提攜，使得本片能夠被人一再提及〔註15〕。

〔註15〕這一節（**丁、新市民電影《王老五》的新技術主義製片路線及其藝術特徵實證**）的文字初稿以及**己、多餘的話之子、丑**、兩部分的初稿，曾以《〈王老五〉的新技術主義製片路線及其藝術特徵——1937年全面抗戰爆發前後的新市民

戊、結語

實際上，最能反映新市民電影《王老五》在政治品質上中庸性性質的，就是影片對國防電影元素的抽取使用。新市民電影從來都是在政治立場上採取保守姿態，絕不主動介入意識形態的紛爭，但這並不意味著新市民電影對現實無動於衷，否則就難以解釋它爲什麼既與舊市民電影有所區別、又是與左翼電影一同構成 1930 年代中國電影主流的歷史事實。1936 年之前的新市民電影，始終是有條件地借助和抽取左翼電影的思想元素；而作爲左翼電影的升級換代版本，1936 年之後的國防電影（運動），又成爲新市民電影借助和抽取思想元素的新對象。

圖片說明：幾乎所有的左翼電影都有政府禁止發佈的抗日信息，譬如 1935 年的《風雲兒女》，但並不能因此就把它歸於國防電影序列，因爲後者概念的正式形成和製作起始時間是在 1936 年。

電影實證》爲題，另行發表於《浙江傳媒學院學報》2011 年第 5 期（杭州，雙月刊），收入本書時個別段落多有改動。現將雜誌發表版的《提要》附呈如次：蔡楚生編導的《王老五》（王次龍、藍蘋主演）既不是國防電影，也不是左翼電影，而是與後者同屬於新（興）電影（運動）的新市民電影。新市民電影一般會在對社會現實採取相對溫和的批判立場的同時，積極採取新技術主義的製片路線，即一方面強化和大比例地配置歌舞元素，另一方面，注重和強調影片的喜劇色彩，承接性地發展舊市民電影固有的藝術特徵，並以此作爲市場營銷的主導方針。

同時不能否認的是，1936 年之後的國防電影運動已經整體上影響到中國影片的製作，左翼電影中的階級對立和階級鬥爭，即窮人反抗富人的階級暴力，被轉換爲一致對外的民族矛盾和民族解放戰爭訴求。因此，在一定程度上，新市民電影也可以被收納進泛國防電影的概念或範疇輻射當中。也就是說，在 1936 年和 1937 年的新市民電影裏，都可以找到國防電影的些許色彩和影響，即抗日救亡和民眾覺醒因素。這就是爲什麼在《王老五》中出現王老五和胖子阿福參與抗敵（抗日）鬥爭的根本原因。

之所以認定《王老五》的新市民電影品質，並不是要把影片從人們一般認定的左翼電影或國防電影的概念中抽取出來，給它重新定義。我的目的，只想以文本爲證說明，作爲新市民電影的《王老五》，既是時代的產物，同時又受其它形態的電影的影響，這就是爲什麼現在的一些電影史著述當中把它稱之爲面向現實人生的原因。因爲 1937 年前後，中國社會和中華民族正面臨著一個圖存救亡的生死抉擇。因此，與其說是爲形態的劃分，可以一再釐清新市民電影和左翼電影、國防電影的界限，倒不如說 1937 年的《王老五》是中國電影時代性、藝術性和國防電影運動背景之下共同的合成和結晶。

但我同樣不能否認自己觀點的是，將《王老五》定義、劃歸爲新市民電影的屬性和序列，是因爲影片的主題思想是站在庸常人生的哲理高度，反映現實人生的基本問題，同時並不排除國防電影的大背景。同時，《王老五》的重心依然是對處於社會底層、既窮又醜的男女們基本生存問題也就是婚姻問題的世俗關懷。用影片當中的話來說，就是王老五要娶老婆，爲的是生孩子。這個聽上去很庸俗，但是它又是最眞實的人生在藝術上的反映。

圖片說明：國防電影（運動）和新市民電影的界限也非常明顯，後者只是有條件低抽取借用了前者的背景性元素，而前者如《青年進行曲》（如圖）則在影片中正面出現了抗日義勇軍形象。

正因爲如此，吳性栽改組聯華影業公司之後掛牌的華安公司，才將其挑選出來在抗戰爆發、上海淪陷後重新剪輯公映；因爲，屏蔽了明顯的國防電影元素的《王老五》，符合戰爭期間的電影市場需求，這就是新市民電影的硬件實力之一。實際上，從出品方聯華影業公司在 1937 年的生產軌跡上看，現存的、公眾可以看到的影片，除了《聯華交響曲》是公司新舊掌門人物權力過渡時期的產物、類型相對混雜，同時，《前臺與後臺》屬於新民族主義電影序列之外，《如此繁華》和《王老五》，都屬於新市民電影。對此，以往的電影史研究也不得不承認，《王老五》屬於「不同題材樣式的影片創作」[1] P461。

其次，談到1930年代中國電影史上的「新（興）電影」，眾史家無論怎樣劃分歸類，包括強烈意識形態色彩的的左翼電影和意義非常重大的國防電影，都面臨著一個繞不過去的機關穴位。那就是，當時的中國電影，商業性和市場化才是其存在於發展的本源問題——這也就是爲什麼《王老五》不僅生產於戰前、公映於戰爭期間，至今還有相當觀賞價值和藝術魅力的原因所在。換言之，娛樂性始終是1949年前中國電影最正確的和最終的票房指向〔註16〕。

圖片說明：即使是從左翼電影基礎上強行轉化而來的國防電影如《春到人間》（如圖），無論是形式還是內容，都與世俗化主題思想的新市民電影界限分明、性質迥異，這是應該正視的歷史。

己、多餘的話

子、人物的粗口

對於許多1949年以後出生的觀眾來說，1937年的《王老五》，除了對影片人物帶有地方口音的國語感到既陌生又親切之外，一些「粗口」（粗鄙口語）的頻繁出現，又難免讓人感到詫異（和驚喜），譬如「屌」、「他媽的」、「王八蛋」之類。而這種情況，在1949年後尤其是1960年代以後的中國大陸電影中，在整體上減少乃至消失的同時，基本上將其劃入敵對勢力、反面人物即「壞人」的專用語而作爲其身份標識；但即使如此，也很少類似的粗口。一個比較例外的例子，是1950年中央電影局東北電影製片廠爲1934年出品的蘇聯電影《夏伯陽》製作的配音版，其中一個村民評價白軍，說了句「這幫人真操蛋」。

〔註16〕有意思的是，電影《王老五》穿越時間的長河，到了今天還有魅力的原因在於，現今許多與王老五同齡的人，所面臨的基本問題之一還是婚姻問題，只不過不叫「娶老婆」或「嫁漢子」，而叫「剩男剩女」，大家困擾的根源之一，還是王老五當年曾經面對的問題：那就是房子問題。

這當然有配音演員的地域文化原因，更多的則是因爲政策還沒有規範的緣故。據業內人士介紹，1950 年代的「東影」，即使是製作政策性極強的新聞片，解說詞也都是誰的普通話說得好就用誰[13]；直到新政權到了北京以後，配音上才「有一套正規化的要求了」[13]。就故事片中的人物語言的粗口而言，中國大陸電影的「復興」現象出現於 1980 年代中後期，最成功的例證是 1994 年出品但沒有允許公開發行的電影《陽光燦爛的日子》（編導：姜文）。

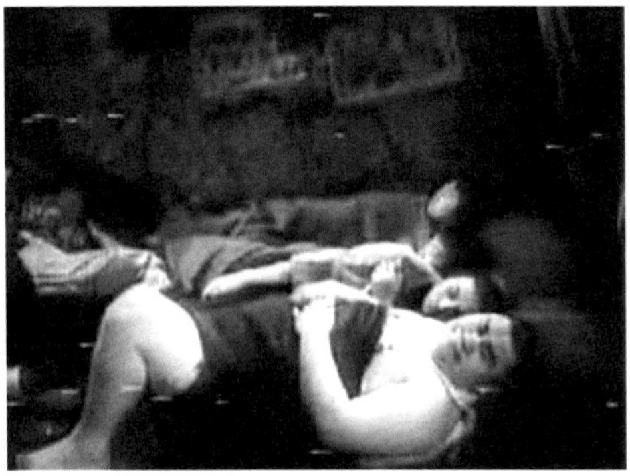

丑、人物的服裝

今天來看《王老五》，人物的服裝和服裝設計也使我感慨，因爲你會發現民族性和文化層面的意義。譬如王老五、阿福和阿毛都是體力勞動者，屬於典型的赤貧階級，所以他們的衣服都是短打扮，也就是屬於魯迅小說中所說的那種短衣階層——記不記得《孔乙巳》中的那句話，大意是只有穿長衫的人才坐下喝酒，短打扮的人、做苦工的人是站著喝酒的，而孔乙巳是唯一一個穿著長衫站著喝酒的人。長衫和短衣，表面上看起來是社會地位外在的體現，但實際上是由於他們的社會分工和工種的實際需求決定的。但王老五卻也有鄭重其事穿上長衫、還戴上了一個瓜皮小帽的情形，那是他自己到李家提親的時候。這形象地說明，漢民族的衣飾，與民族性和文化性在 1930 年代的民間社會是高度統一的。

這使我想起來多年前看過的一段材料，說的是 1930 年代作爲內地的四川，西化程度已經相當厲害了，譬如一般有身份的、士紳階層以上的中上層人士，平時都是西裝革履，但是逢年過節卻一定要長袍馬褂打扮。由此可以看出，1949 年前的「西化」，無論在服裝上對漢民族的衝擊有多麼深入、廣泛，但內在的民族性和傳統性還是被完整地或者說是頑強地保留了下來……。現在的中國大陸，譬如銀幕上下的中國人，單單從衣飾上你還能看出漢民族的民族性和文化屬性嗎？……大學生畢業求職，男生無不西服革履，女生則是短裙高跟外加粉黛標配，工作後男生行頭保持不變，女生升格爲職業套裝，連結婚照都是一襲白沙裹身。而按照漢民族舊俗，「紅事」儀式上是不能有這種顏色的，不吉利，大不孝啊……。

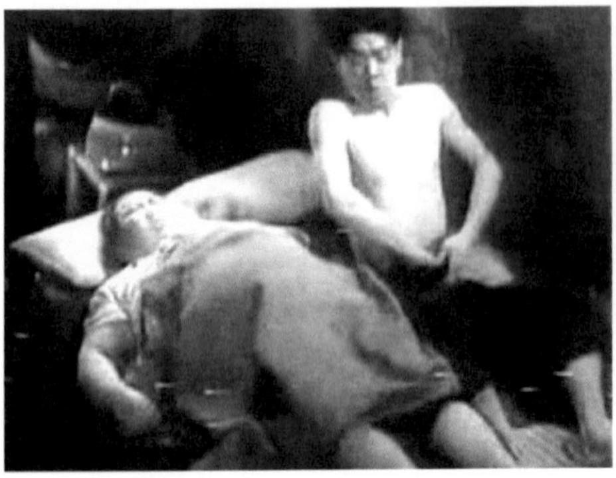

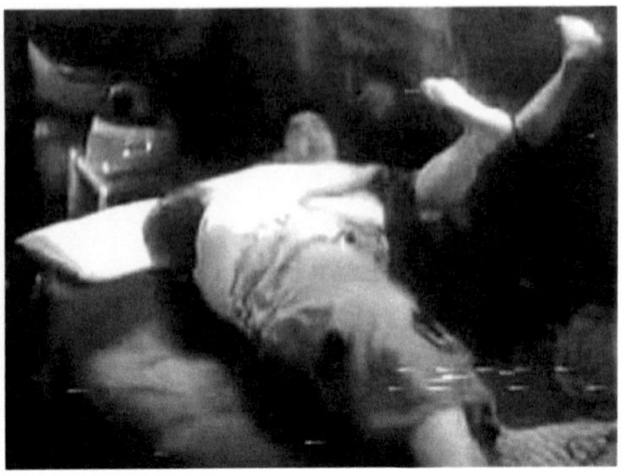

寅、大門上的對聯

影片中有一場戲，王老五喝醉了從酒店裏出來坐在酒店大門旁邊，大門上有副對聯：生意興隆通四海，財源茂盛達三江。顯然，這幅對聯是近代中國，甚至是古代中國商家常用的對聯，普及率和使用率極高。我之所以注意到它並當場發笑的原因是，在「文化大革命」時期著名的樣板戲之一《平原作戰》中就提到過這幅對聯。這個細節的意義在於，首先，「文革」時期是一個所謂對舊文化、舊風俗等傳統中國文化打倒在地、掃除淨盡的特殊歷史時期，《平原作戰》借助特有的場景講出這句非常具有「舊社會」品質的臺詞，無異於是對「廣大革命群眾」進行了一場生動活潑的歷史本來面目的教育，很多人就是在那時候知道並牢牢記住了這副對聯——幾十年後遍地開花。

其次，由於「文化大革命」最早是從文藝界肇始、生發的，而江青對樣板戲的直接領導、盡心盡力是人所共知的，甚至具體到一個鏡頭、一句臺詞、一個動作甚至是眼神，她都可以指導到位。因此，「現代京劇」《平原作戰》出現這副對聯，我有理由懷疑其出自 1937 年的電影《王老五》。因爲，江青就是當時的女主演藍蘋——這是一個內在的文化邏輯關係。實際上，無論是在《王老五》中李姑娘的舞臺化表演痕跡，還是在之前《聯華交響曲》之一《兩毛錢》中妻子的模式化表演，1930 年代藍蘋的戲劇舞臺生涯、藝術理念和美學追求，在十幾年之後依然從根本上影響和改變著中國大陸的文藝界、尤其是電影和戲劇的軌跡和走向。只不過，此時超級大導（演）的名字，叫江青〔註17〕。

初稿時間：2009年12月10日
二～三稿：2011年1月7日～4月24日
圖文修訂：2015年1月28日～2月1日
四稿校訂：2016年2月10日～11日

參考文獻：

〔1〕程季華，中國電影發展史：第1卷〔M〕，北京：中國電影出版社，1963。
〔2〕李道新，中國電影文化史〔M〕，北京：北京大學出版社，2005。
〔3〕李少白，中國電影史〔M〕，北京：高等教育出版社，2006：77～78。
〔4〕banbeizi.《王老五》影評〔EB/OL〕，（2007-09-14）〔2010-12-14〕http：//www. mtime.com/my/banbeizi/blog/2189695/.
〔5〕張偉，當年《王老五》〔N/OL〕，《新民晚報》，2009-01-18（B13）〔2010-12-14〕，http：//www.xmwb.com.cn/xmwb/html/2009-01/18/content_310313.htm.
〔6〕袁慶豐，1922～1936年中國國產電影之流變——以現存的、公眾可以看到的文本作爲實證支撐〔J〕，學術界，2009（5）：245～253。
〔7〕百度>百科>王老五〔EB/OL〕，〔2010-12-14〕http：//baike.baidu.com/view/3940.htm.
〔8〕丁亞平，影像時代——中國電影簡史〔M〕，北京：中國廣播電視出版社，2008：51。

〔註17〕本章的文字最初曾拆分成兩篇文章在學術雜誌上發表（詳見注釋〔註11〕和〔註14〕的說明），其完全版後來作爲第十章，收入《黑夜到來之前的中國電影——1937年現存國產影片文本讀解》。此外，下方沒有圖片說明的圖片，均爲此次結集成書時的新添加。特此申明。

〔9〕陳山，關於電影文化產業發展的幾點思考〔J〕，北京：影博・影響，2009（1）：10。
〔10〕王人美，我的成名與不幸——王人美回憶錄〔M〕，解波，整理，北京：團結出版社，2007：86。
〔11〕萇萇，從圓形古劇場到先鋒戲劇〔J〕，北京：三聯生活周刊，2008（16）：110。
〔12〕中國收藏熱線：http：//www.997788.com/pr/detail_190_5411995.html.〔2011-03-26〕。
〔13〕吳國英，吳國英訪談錄（中國電影人　口述歷史系列）〔J〕，北京：當代電影，2011（3）：81。
〔14〕姜雲川，姜雲川訪談錄（中國電影人　口述歷史系列）〔J〕，北京：當代電影，2011（3）：89。

Nature of Film Bachelor Starred by Ping Lan：Characteristics of China Film Before and After Anti-Japanese War Beginning（1937-1938）

Abstract：New city-life film holds conservative political views on principle, criticizes realistic social issues gently, takes new technology to produce and market films. As a result, Bachelor reflecting livelihood issue especially the lowest class men's difficulties in acquiring sex resources could come on in Japanese-occupied area without affected by war. Content analysis on this film can reveal characteristics of early China film in this historical transition period, because the production and show of the film covered the time before and after anti-Japanese war began.

Key words：national defense film; left-wing film; new citizen film; PRC film; Bachelor; consanguinity.

主要參考資料目錄

01、《中國影戲大觀》，徐恥痕編纂，上海合作出版社民國十六年（1927年）版；

02、《西遊記盤絲洞特刊》，上海影戲公司編，上海影戲公司1927年版；

03、《現代中國電影史略》，鄭君里著，上海良友圖書印刷公司1936年版；

04、《民國畫報彙編・聯華畫報》微縮複印版，全國圖書館文獻縮微複製中心版。

05、《感慨話當年》，王漢倫等著，北京：中國電影出版社1962年版；

06、《中國電影史話》，公孫魯著，香港：南天書業公司1962年版；

07、《中國電影發展史》第一卷、第二卷，程季華主編，北京：中國電影出版社1963年版；

08、《電影論文集》，夏衍著，北京：中國電影出版社1963年版；

09、《電影求索路》，袁文殊著，北京：中國電影出版社1963年版。

10、《中國銀壇外史》，關文清著，香港廣角鏡出版社1976年版；

11、《孤島見聞——抗戰時期的上海》，陶菊隱著，上海人民出版社1979年版。

12、《魯迅與電影》（資料彙編），劉思平、邢祖文選編，北京：中國電影出版社1981年版；

13、《六十年代國片名導名作選》，蔡國榮主編，臺灣：中華民國電影事業發展基金會民國七十一年（1982年）版；

14、《影壇舊聞——但杜宇和殷明珠》，鄭逸梅著，上海文藝出版社1982年版；

15、《影壇憶舊》，程步高著，北京：中國電影出版社 1983 年版；
16、《我的探索和追求》，吳永剛著，北京：中國電影出版社 1986 年版；
17、《銀海泛舟——回憶我的一生》，孫瑜著，上海文藝出版社 1987 年版；
18、《胡蝶回憶錄》（內部發行），胡蝶口述，劉慧琴整理，北京：新華出版社 1987 年版；

19、《滿映——國策電影面面觀》，胡昶、古泉著，北京：中華書局 1990 年版；
20、《民國影壇紀實》，朱劍、汪朝光著，南京：江蘇古籍出版社 1991 年版；
21、《中國左翼電影運動》，陳播主編，北京，中國電影出版社 1993 年版；
22、《三十年代中國電影評論文選》，陳播主編，北京：中國電影出版社 1993 年版；
23、《劍橋中華民國史：1912～1949 年》（下），【美】費正清、費維愷編，劉敬坤、葉宗揚、曾景忠、李寶鴻、周祖羲、丁於廉譯，謝亮生校，北京：中國社會科學出版社 1994 年版；
24、《世界電影史》，【法】喬治·薩杜爾著，徐昭、胡承偉譯，北京：中國電影出版社 1995 年版；
25、《中國電影史》，鍾大豐、舒曉鳴著，北京：中國廣播電視出版社 1995 年版；
26、《中國無聲電影劇本》（上、中、下），中國電影資料館編，北京：中國電影出版社 1996 年版；
27、《中國無聲電影》（中國電影文獻資料叢書）一～四卷，中國電影資料館編，北京：中國電影出版社 1996 年版；
28、《中國無聲電影史》，酈蘇元、胡菊彬著，北京：中國電影出版社 1996 年版；
29、《中國現代文學三十年（修訂本）》，錢理群、溫儒敏、吳福輝著，北京大學出版社 1998 年版；
30、《上海電影志》（第一編～第八編），上海電影志編纂委員會 1998 年版；
31、《中國淪陷區文學大系：史料卷》，南寧：廣西教育出版社 1998 年版；
32、《中國淪陷區文學大系：詩歌卷》，南寧：廣西教育出版社 1998 年版；
33、《中國淪陷區文學大系：戲劇卷》，南寧：廣西教育出版社 1998 年版；
34、《中國淪陷區文學大系：通俗小說卷》，南寧：廣西教育出版社 1998 年版；
35、《中國淪陷區文學大系：評論卷》，南寧：廣西教育出版社 1998 年版；
36、《中國淪陷區文學大系：散文卷》，南寧：廣西教育出版社 1998 年版；

37、《中國電影史》，陸弘石、舒曉鳴著，北京：中國文化藝術出版社 1998 年版；

38、《中國當代文學史教程》，陳思和主編，上海：復旦大學出版社 1999 年版；

39、《中國電影電視》，章柏青著，北京：文化藝術出版社 1999 年版。

40、《中國電影藝術史教程（1949～1999）》，舒曉鳴著，北京：中國電影出版社 2000 年版；

41、《何非光圖文資料彙編》，黃仁編，臺北：國家電影資料館 2000 年版；

42、《中國電影史 1937～1945》，李道新著，北京：首都師範大學出版社 2000 年版；

43、《香港電影之父——黎民偉》，DVD，監製：蔡繼光、羅卡；資料、編劇：羅卡、吳月華；導演：蔡繼光。香港藝術發展局資助，（香港）龍光影業有限公司 2001 年出品；

44、《童月娟——回憶錄暨圖文資料彙編》，左桂芳、姚立群主編，（臺灣）行政院文化建設委員會、財團法人國家電影資料館 2001 年版；

45、《行雲流水篇：回憶、追念、影存》，黎莉莉著，北京：中國電影出版社 2001 年版；

46、《影史榷略：電影歷史及理論續集》，李少白著，北京：文化藝術出版社，2003 年版；

47、《上海警察：1927～1937》，【美】魏斐德著，章紅、陳雁、金燕、張曉陽譯，周育民校，上海古籍出版社 2004 年版；

48、《上海妓女：19～20 世紀中國的賣淫與性》，【法】安克強著，袁燮銘、夏俊霞譯，上海古籍出版社 2004 年版；

49、《霓虹燈外——20 世紀初日常生活中的上海》，盧漢超著，段煉、吳敏、子羽譯，上海古籍出版社 2004 年版；

50、《中國電影文化史》，李道新著，北京大學出版社 2005 年版；

51、《老電影、老上海》，DVD，編導：朱晴、彭培軍、劉麗婷；監製：褚嘉驊、應啓明；上海電視臺紀實頻道製作，中國唱片上海公司 2005 年出版發行；

52、《影像時代——中國電影簡史》，丁亞平著，北京，中國廣播電視出版社 2005 年版；

53、《中國電影史研究專題》，李道新著，北京大學出版社 2006 年版；

54、《日本電影 100 年》，【日】四方田犬彥著，王眾一譯，北京：生活・讀書・新知三聯書店 2006 年版；

55、《上海灘電影大王張善琨》，艾以著，上海人民出版社2007年版；
56、《我的成名與不幸——王人美回憶錄》，王人美口述，解波整理，北京：團結出版社2007年版；
57、《雙城故事——中國早期電影的文化政治》，傅葆石著，劉輝譯，北京大學出版社2008年版；
58、《歐美電影與中國早期電影（1920～1930）》，秦喜青著，北京：中國電影出版社2008年版；
59、《黎民偉評傳》，鳳群著，北京：中國文化藝術出版社2009年版；
60、《早期香港電影史 1897～1945》，周承人、李以莊著，上海人民出版社2009年版。

61、《中國電影史研究專題II》，李道新著，北京大學出版社2010年版；
62、《中國早期電影史：1896～1937》，胡霽榮著，上海人民出版社 2010 年版；
63、《國民政府電影管理體制（1927～1937）》，顧倩著，北京：中國廣播電視出版社2010年版；
64、《滿映電影研究》，【日】古市雅子，北京：九州出版社2010年版；
65、《何非光——圖文資料彙編》，黃仁編，（臺灣）財團法人國家電影資料館2011年版；
66、《民國時期的上海電影與城市文化》，【美】張英進主編，蘇濤譯，北京大學出版社2011年版；
67、《民國影壇的激進陣營——電通影片公司明星群像》，臧傑，北京：中央編譯出版社2011年版；
68、《中國電影人口述歷史叢書》，（四卷本，多人主編），北京：民族出版社2011年版；
69、《中國早期紀錄電影與國民革命影像檔案》，中國電影資料館編，北京：中國廣播電視出版社2012年版；
70、《中國無聲電影翻譯研究（1905～1949）》，金海娜著，北京大學出版社2013年版。
71、《布洛斯基與夥伴們：中國早期電影的跨國歷史》，廖金鳳著，臺北：麥田出版・城邦文化事業股份有限公司2015年版。
72、范伯群：《「電戲」的最初輸入與中國早期影壇——爲中國電影百年紀念而作》，《江蘇大學學報》2005年第5期。

附錄：爲什麼我想逃避 2015 年北京中國電影史年會的小組發言？

（2015-11-30 20：55：40）

標簽：舊市民電影；左翼電影；新市民電影；民國電影；國防電影；

分類：我說故我在

原載：袁慶豐教授的博客（中國傳媒大學教授、中國電影歷史研究者）

網址：http：//blog.sina.com.cn/yuanqingfeng918

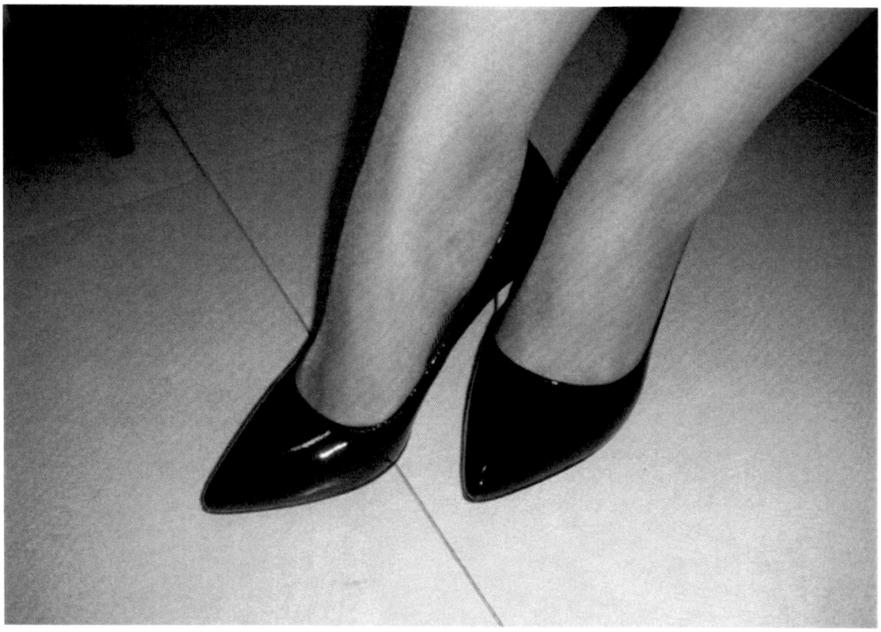

以上圖片源自網絡且與本文主旨無關，謹向原作者致敬並向上傳者致謝不另

尊敬的伊薩貝拉女士、主持人、各位同行、各位同學：

下午好！

首先非常感謝中國電影資料館和上海戲劇學院主辦的這個「年會」給了我一個說話的機會，一個向大家請教和切磋的一個機會。

我剛才還跟學生說，一直到開會的當天，我也沒能決定來還是不來。因爲我最大的痛苦就是覺得來了以後會很尷尬：你說我要是作爲老教授吧，好像還沒有老到滿頭白髮，因爲偶而還比較二；你說我想混到年輕人那一撥兒吧，滿臉皺紋已經暴露了我的年齡——不知道往哪邊靠。所以大家會看到我經常缺席，不是假裝去廁所了，就是去休息了——因爲有時候實在不知道該說什麼。根本原因，就是因爲我很少參加會議，很少出席這種場合，也輕易不敢說話。

我向兩位主持人坦白，剛才我是準備逃避發言的；我假裝到隔壁去聽討論「滿映」的小組會，然後就不來了。可是到那兒一看，居然聚集了將近五十位代表——我剛數了一下，咱們的會場只有二十幾個不到。因爲我一般會本能地願意同情弱勢群體，所以，我想我還是回來吧——也許回來後就輪不到我說了。

這是我的眞實想法。

這些年，我覺得我一說話就容易不招人待見，因爲我心裏有什麼想法就說出來，可能有些同行就不願意。看，我又跑題了。就是說來參加這個會，看到非常年輕的新一代在茁壯成長，覺得很欣慰——這話說得眞有點兒像老男人啦——覺得後生可畏、大有前途。這是我特別眞切的感受，所以我才說，來參會是想聽聽不同的意見。

第二，我得再次感謝資料館，尤其是兩位主持人。因爲我提交的論文是討論「明星」公司 1933 年出品的《二對一》，而這個片子，恰恰就是在資料館上次開會期間放映的——你現在明白我說的是實話了吧？沒有中國電影資料館的放映，就不會有袁慶豐教授的這篇論文——我連片子也沒有看過的話，我哪會寫什麼論文啊。這些年來，我就是秉承這樣一個很愚昧的、農民式的原則，那就是看不到影片文本我不說話。你看到了影片，再跟我說。反正我是不敢沒看到影片就開說。

這是事情的一個方面。

因此，我看了《二對一》以後，就琢磨了一下，講了一次課，然後寫了這篇文章。所以，在這裏表示感謝〔註1〕。

第三，我這篇文章，我想可能沒有人去讀，因爲現在做文本研究，特別招人煩。因爲大家都很忙，沒有時間去讀文本，也不喜歡看文本，可能更喜歡講各種理論——這問題我在自己的課堂已經反覆講過了。我剛想了下，醬紫吧，雖然我特別討厭學生給我念論文，但是現在還是自個兒念一下「概要」。

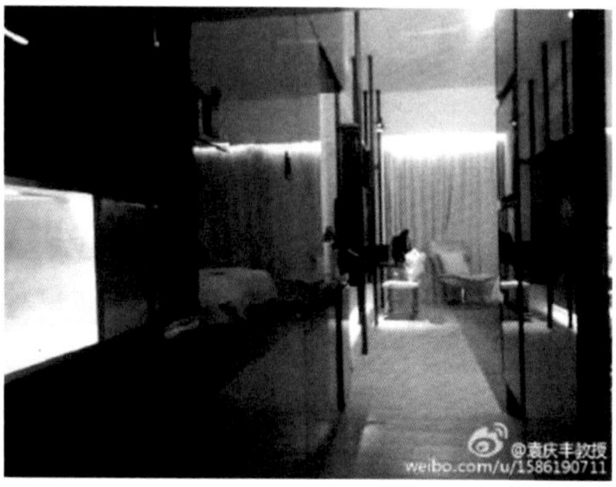

我個人認爲，1930 年代初期中國電影有新、舊之分，這是史學界公認的結論。我的補充和不同觀點是，根據現存的文本，新電影不是 1933 年才出現的，而是 1932 年出現的，代表人物就是孫瑜，就是左翼電影；一年之後，又出現了不同於左翼電影的新電影——新市民電影。之所以稱之爲新市民電影，是因爲前面的舊電影——大家都是專家應該知道——前面那一時期的舊電影（研究界對此）有沒有稱謂呢？

沒有。

而我把這一時期的舊電影統稱爲舊市民電影。這是我這兩年一再寫文章表達的一個結論性的東西。而且，新和舊，不是說此是彼非的意思，只是一

〔註 1〕這篇論文的參會題目是：《抗戰全面爆發前的中國電影主流形態再探討——以 1933 年的〈二對一〉爲主要分析案例》，聽說已經刊載於《浙江傳媒學院學報》2015 年第 5 期（杭州，雙月刊）。敬請參閱。

個時間上的先後順序問題。就像我特別喜歡舉的例子那樣，就像前女友和現女友，並不是說現女友一定比前女友好，而是因爲她們出現的時間有順序，有先後。

那麼新市民電影是什麼？

我認爲，新市民電影向外借鑒了好萊塢電影，向上承襲了舊市民電影；同時，新市民電影有條件、有限度地（橫向）抽取、借用了左翼電影的思想元素。

我討論《二對一》之前，找到了兩個電影文本作爲證據，就是1933年的《脂粉市場》和《姊妹花》。對這兩個明星影片公司出品的影片，我先後專門寫了論文，想來也有人看到了。實際上，我看這兩個片子之前，我其實並不知道這兩個電影到底是什麼屬性，我只是推斷，推測它應該是那樣。

結果，果然是如此。

《二對一》也是如此。

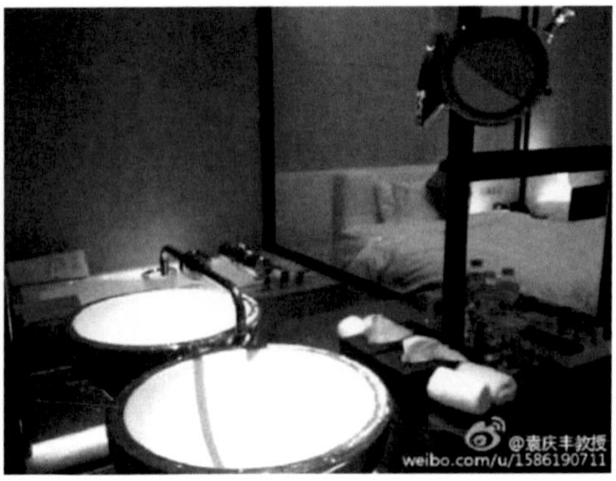

看《二對一》之前我特別猶豫，因爲按照我的這個劃分體系，既然左翼電影是1932年出現的，那麼對不起，1932年以後的中國電影，肯定是以下三種形態中的一種，不會出圈。第一、左翼電影，第二、新市民電影，第三、新民族主義電影——最後一個的代表作就是《國風》和《天倫》（1935年），因爲涉及新生活運動，所以我又給它扣了一個「（高度疑似）政府主旋律」的帽子。至於國防電影，按照我個人的看法，它是左翼電影的升級換代版本。

也就是說，我現在打一個賭，你給我找出這一階段的任何一部片子，基本上跳不出這個框。

剛才我的一個重大的收穫，就是知道了有《到自然去》（1936年）這個片子，但我沒看過。我跟伊莎貝拉特別想到這兒來，聽這個會，都以爲文章的作者肯定看過這個片子。聽作者這麼一介紹，我大致推出什麼呢？

從影片（《到自然去》）的出品時間來看——對不起，我不太關心它到底改編自什麼，也不關心它原來是什麼形態——從時間上來看，各位其實應該想到了，這個電影和《浪淘沙》有相通之處，這是第一。但我沒看過片子啊。

第二，在1935年和1936年，我告訴你它只能是左翼電影。因爲我對左翼電影有一個界定，即幾大特徵：第一、階級性，第二、暴力性，第三、宣傳性。你拿著這個去框（《到自然去》）那個片子吧，它一定符合這三點——剛才我只是順便想到，向大家報告一下。

因此，當初我看《二對一》這個片子，只看了十分鐘，我說差不多了，果然是（新市民電影）。

我也有還沒看的片子，就有所斷定。譬如我可以向你坦白，《盤絲洞》（1927年出品）我到現在也沒看。爲什麼？因爲不用看。我跟學生說，這片子一定是舊市民電影（形態），因爲我對舊市民電影也有界定，你們去查吧。（我讓）他們看完片子，再回來後對我說是不是。

對於近幾年新出品的電影，我也打了一個賭，我覺得我只做民國電影的討論，這不是本事。譬如《私人訂製》（2013年出品），它剛上市的時候我沒看，但我對學生說，這個片子一定屬於新市民電影。因爲新市民電影有幾大特徵，其中就是一個新技術主義路線。

我講完之後的幾個月，正好去海南大學講課。半夜三更，一個學生陪著我看了這個片子。那是半夜場，觀眾總共12個人。果不其然，《私人訂製》是我認定的的新市民電影〔註2〕。我還賭了《一步之遙》（2014年出品），我說我還是不看，認爲它還是新市民電影——對不起我跑題了，跑題了。

〔註2〕我對這部影片的意見，請參見拙作《爲什麼說〈私人訂製〉再次證明了新市民電影的健在？——從20世紀30年代中國電影歷史上的左翼電影和新市民電影說起》，載《當代電影》2014年第5期（總218卷，北京，月刊）。

所以，我對 2000 年以後的大陸電影也做了一些個案研究，就是我那本原名叫《黑旗袍——新世紀中國電影讀片報告》的書。但出版的時候，審查部門說「黑旗袍」三個字涉嫌暴力和色情，所以把這個詞去掉了〔註 3〕。對 2000 年以後的中國電影文本讀解，其實我已經引入了新市民電影和左翼電影這兩個所謂歷史性概念。

那麼，回到 1930 年代，回到 1949 年前的民國電影。我認爲《二對一》是我新發現的一個例證，新市民電影的例證。

其實最近我不斷地新發現新的例證，這方面，可能兩位主持人比我知道得多。譬如會上大家提到的一個電影，就是蔡楚生 1932 年編導的《粉紅色的夢》。這個電影網上有。我只看了片段，沒全看；其實，就看它的片名，我知道這片子，根據我的劃分，它一定歸屬舊市民電影（序列）。

對於 1932 年的片子，我還賭了一次，我發現我還是賭對了。那就是資料館放過的，大家有印象吧？叫《奮鬥》，史東山編導的《奮鬥》。

當時我只看了兩分鐘，覺得這個片子就是一個二合一呀。明顯的，前半截是舊市民電影，後面加一個左翼電影，硬捏在一塊兒的。爲什麼？因爲左翼電影的出現是時代潮流、大勢所趨，電影一定要這麼做。這正是我一直找不到的、從舊市民電影向左翼電影過渡中間的證據。

早期左翼電影的證據，我找到的就是 1932 年的《野玫瑰》和《火山情血》（孫瑜編導）。《野玫瑰》是一個典型的舊市民電影的套路，只不過把舊市民電影的戀愛加上革命色彩，這就是左翼電影。然後是經典左翼，《女神》，對不起，是《神女》，它和《風雲兒女》一樣，都是左翼經典，這都沒問題。而我突然看見的《奮鬥》，正是舊市民電影向左翼電影強行轉型時期的一個過渡

〔註 3〕請參見拙著《新世紀中國電影讀片報告》，中國傳媒大學出版社 2014 年 1 月版。

性的證據〔註4〕。

這個讓我覺得非常好。

最後，我的結語是，其實我一開始不想發言，想假裝說身體不舒服，不說話了。之所以又上來說，是想多聽聽大家的批評意見，反駁的越多越好。如果證明我錯了，那就太好了。但是迄今爲止，我還沒發現我覺得我錯了。

所以我想請大家幫個忙，不吝賜教，敬請批判。

感謝諸位捧場。

〔註4〕我對發言中提到的幾部影片的具體意見，請參見拙作：《〈脂粉市場〉（1933年）：謝絕深度，保持平面——1930年代中國新市民電影讀解之一》、《雅、俗文化互滲背景下的〈姊妹花〉》、《新浪潮——1930年代中國電影的歷史性閃存——〈浪淘沙〉：電影現代性的高端版本和反主旋律的批判立場》、《〈野玫瑰〉：從舊市民電影向左翼電影的過渡——現存中國早期左翼電影樣本讀解之一》、《中國早期左翼電影暴力基因的植入及其歷史傳遞——以孫瑜1932年編導的〈火山情血〉爲例》、《20世紀30年代初期中國舊市民電影向左翼電影的轉型過渡——以聯華影業公司1932年出品的〈奮鬥〉爲例》、《主流政治話語對1930年代電影製作的介入及其藝術轉達——〈國風〉：中國電影歷史中的「反動」標本讀解》、《城市意識與左翼電影視角中的性工作者形象——1934年無聲影片〈神女〉的當下讀解》、《左翼電影的藝術特徵、敘事策略的市場化轉軌及其與新市民電影的內在聯繫》（討論《風雲兒女》）、《1933～1935年：從左翼電影到新市民電影——用5部影片單線論證中國國產電影之演變軌跡》（下）。這些文章的完全版和未刪節版先後收入《黑白膠片的文化時態——1922～1936年中國早期電影現存文本讀解》和《黑馬甲：民國時代的左翼電影——1932～1937年現存中國電影文本讀解》，敬請參閱。

（主持人：謝謝袁老師特別生動的話，我覺得咱們倆的聊天模式很像啊。咱們倆很對路，到底是一個學校出來的。我跟您就批判一個問題。您為什麼說《二對一》不是左翼電影？那不是左翼電影，那和我們抗戰有什麼關係？您說，我們這會是「抗戰電影」研討會。）

還有嗎？

（主持人：你就先說這個）。

我喜歡這樣的提問，我的學生要在課堂上能這樣提問，這課就上對了。您說得特別對，我這論文跟抗戰有啥關係呢？

請諸位看（我提交的參會論文）題目：《抗戰全面爆發前的中國電影主流形態再探討》。

您這問題提的實在是太專業了，爲什麼這麼說？

在我看來，抗戰爆發以後，我們現在都在叨叨，抗戰電影如何如何浮躁……但抗戰爆發以後有一個很麻煩的問題。你想啊，在淪陷區或敵佔區，不管左翼電影在或不在，它肯定不能存在了，對吧？然後，國防電影也是不可能存身的——你想那可能嗎？電影放到那個地方去放，至少官面上是不可以的。

對不起，這裏的下一個問題是敵佔區或淪陷區。爲什麼「滿映」電影成了一個學術研究新熱點呢？用今天李道新教授的話說，是「新顯學出世」。

大家注意到沒有？敵佔區或淪陷區的電影產量不比國統區少，它的影響、它的市場非常巨大。只不過，過去是研究禁區，我們不能提。現在可以提了，雖然沒資料。

那麼，這裏有一個問題了。

請問：戰爭爆發以後，在抗日戰爭期間，中國電影的主流形態是什麼呢？你怎麼回答？

之前對中國電影的研究，研究者經常說優秀的、進步的、反動的、落後的、小市民的、文藝的電影。戰爭爆發你給我說一個試試？你怎麼說？你不說、你不給它定性，就意味著它不存在嗎？

這其實也是以前我碰到的困惑。

我再向你們老實交代一下，以前我要是參加這種會，我聽了一大堆各種名詞和一大堆各種電影理論當時就暈菜了。現在，我已經不怕了。文本的發掘是無止境的，你不服，再找一百年以後還有的找。

問題是，如果你永遠這麼找下去的話，你是永遠解釋不通的。一個文本接一個文本，每個文本你都給它解說一遍？

我們只能活一百歲，累死也說不完，而且未必能說到點兒上。對不起我還舉那個例子，這就好比談戀愛，文本就是女朋友，你要累死去。

所以，這是問題的另一個方面。

那麼，在我看來，只有——你的問題問得相當好——只有新市民電影，跨越了戰爭的形態，直接進入戰爭期間。

你不信拿這時期任何一個片子來看，譬如昨天看的《木蘭從軍》(1939年出品)，它是什麼電影？它顯然不是左翼（電影），你也不能說它是國防（電影）吧？我覺得那就過分了吧？汪僞政府的控制區出現了國防電影？然後你再給它加上「進步」(評語)？

我覺得這就沒法說了。

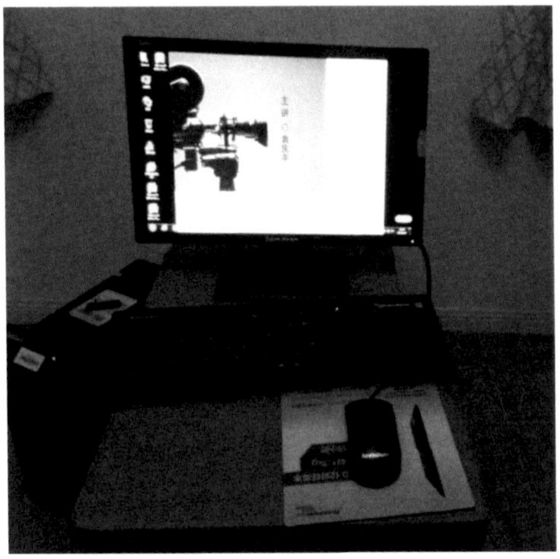

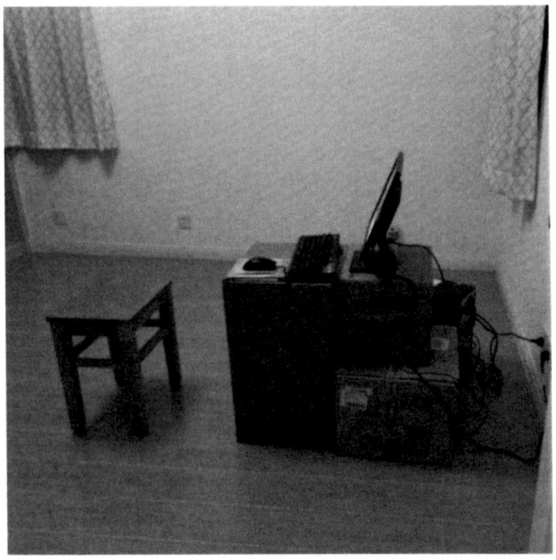

新市民電影最大的特徵就是它隨著時代主流意識的變化而變化。你玩兒什麼，它都從了。說白了，它從來不和政府、當權者唱反調，也不和市場過不去——還得滿足市場需求。

所以大家看，《私人訂製》把該說的全說了，但它一點兒都不過線。《一步之遙》我沒看，我只是（預測）說，那大腿們要出呀。果不其然，攝影機從一排大腿下鑽過去——當然那些大腿都不好看。你不用說，它（片子）一定會那麼做。

這就是我覺得能用的上的東西。

老王賣瓜。

用了我這套藥，多和少的文本發現已經不重要，重要的是我能把它們論堆兒賣了——只有一個瓜，那就不敢確定——就是現在的電影，也一定要給它分兩類。什麼商業片、文藝片，不是這麼分的。不是。但至少這仍是一套藥方。那麼，老一套藥方呢？也行，不妨大家諸位一試。

你們二位看的片子肯定比我多，包括看了不能說的片子，包括看了只說一句話的片子，你看我說的對不對？

謝謝你的問題。

（主持人：時間關係……）

不好意思我錯了。

（主持人：因為按照原來的計劃現在應該結束了，我們還有最後一位還沒發言）。

我以爲我是最後一個。〔註5〕

2015年10月24日說於北京遠郊某賓館

11月30日訂正於北京定福莊養心廊

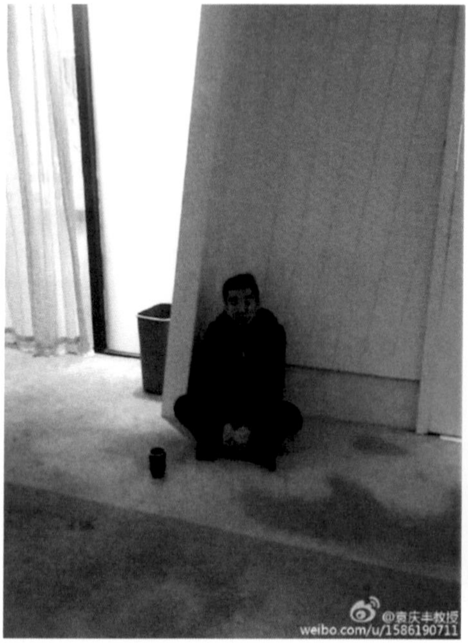

〔註5〕本文是我在小組會上的發言稿博客版，收入時略有文字修訂。第一張圖片是博客配圖，第十三、十四張圖片，是今年春節我修訂本書及寫《後記》時的工作場所；除了下面兩圖，其餘均爲年會會場的外景和內景照。特此申明。

2009 年 2 月 14 日，我應邀在北京國家圖書館做了題爲《早期中國電影（1922～1936 年）讀片報告》的主題演講，「國圖」全程錄像並出版了 DVD 版碟片，以上兩圖爲其封面封底照。

後記：爲什麼我把每天過成一年？

三個月前的日子還屬於去年；乙未，羊年。

那是 2015 年的 11 月，我給臺灣花木蘭文化出版社副總編輯楊博士嘉樂女士寫電郵報告說，已經收到了 9 月出版的《黑馬甲：民國時代的左翼電影——1932～1937 年現存中國電影文本讀解》和《黑乳罩：1949 年後外國電影在中國大陸的文化傳播和世俗影響》兩書的樣書，同時表示，正在做「黑皮鞋——抗戰全面爆發前的新市民電影文本讀解」一書的修訂工作。我請她轉告杜總編潔祥老師和高社長小娟小姐：「我要為你們健康地活著。同時再次感謝首都師範大學王博士家平教授的熱情舉薦，再次感謝『民國文化與文學研究文叢』主編和『人民共和國文化與文學叢書』主編、北京師範大學李老師怡教授的無私接納」。嘉樂博士回覆我說：「建議您多安排些寫作計劃，寫到八十歲，這樣我們有書出，您也高壽，怎麼樣？」

這個建議很好。我很贊成。

2001 年，我被當作人才，從本校的語言文學部文藝理論教研室，調轉至管理科學系的影視製片專業。在中國大陸沿用多年的現行體制下，即使在本單位換個崗位，也跟離婚再嫁一樣，什麼樣的議論都有。但管理系待我極好，不僅在第二年順利晉升教授，而且什麼課都讓我教，從《中國古典文學》、《中國現當代文學史》、《中國電影史》一直到《專業英語》。到第三年，我的個人和專業興趣已被充分調動，就又到中國音樂學院兼職主講了《外國經典電影賞析》和《獲奧斯卡獎影片讀解》等課程（前後十年）。

這時我決定正式動筆，主要是把講稿當成論文來寫。2007 年開始發表電影學方面的文章後，我對校長蘇志武教授說，我感到我的學術爆發期來了，我需要學校的支持。

2009 年，在蘇校長的特別關照下，我被增列爲電影學專業博士生導師，並出版了我的第一部民國電影論文結集《黑白膠片的文化時態——1922～1936 年中國早期電影現存文本讀解》（上海三聯書店版）。同年，我在職進入北京電影學學院作訪問學者（前後四年）。

2012 年年初，我出版了第二部民國電影論文結集《黑夜到來之前的中國電影——1937 年現存國產影片文本讀解》（中國廣播電視出版社版）。

2014 年和 2015 年，經王家平教授的紹介，我的《黑棉襖：民國文化中的舊市民電影——1922～1931 年現存中國電影文本讀解》、《黑馬甲：民國時代的左翼電影——1932～1937 年現存中國電影文本讀解》，以及《黑乳罩：1949 年後外國電影在中國大陸的文化傳播和世俗影響》，分別加入李怡教授主編的「民國文化與文學研究文叢」和「人民共和國文化與文學叢書」在臺灣刊印。

作爲一個非主流的內地學者，我實在幸運。

這些年，我所在的單位先是改稱爲媒體管理學院，繼而又改爲經濟與管理學院，院長也前後換了五任。而我不僅獲准成立了只有我一個人的「民國電影研究所」，還被配備了單獨的辦公室。我是從 2003 年開始全力投入講稿的學術論文修訂工作的，近八年來，我能出版幾本著作、平均每年發表十篇論文，很大程度上要歸功於這個自由存在的小環境。因此，除了上課或游泳，我幾乎每天都來「研究所」三次。早飯後就來，因爲上午是我努力耕作的春天；午飯後再來，那是我揮汗如雨的夏天；晚飯後太陽回家了我就和星星來，因爲這是秋天收穫的季節；全樓鎖門前，我回家冬眠。一年四季，但我每天都是四季輪換。我擁有的，除了思想的自由和自由的思想，就是幹活。

這些年來，我只在校園裏活著，不是在上課，就是在上課的路上，不是在辦公室，就是來辦公室的路上。本學院的同事都知道我每天來幹活三趟，其它學院的同事常常疑惑：爲什麼你每天都幹活？對此我只有老實交代：除了幹活，我還會幹什麼？這些年來，寒暑假期尤其是春節，是我幹活最多、狀態最好的時間段。譬如這篇後記，就是大年夜前後寫的。交了這本書稿，我要開始修訂下一本：「黑旗袍：中國大陸電影的文化邏輯與市場機制——

2000 年以來的文本實證」。另外，還有去年就準備交給內地出版社的兩本書稿，曰：「黑眼罩：成爲作家的條件——作家個性心理及創作研究選輯」、「黑坎肩——對中國電影歷史的非主流思考輯錄」，還有隨筆集「黑口罩：爲什麼我是非主流教授？」……。

按照樂嘉博士寫到八十歲的建議，我只剩下不到三十年的時間。所以，不把一天過成三年，我怎麼和出版社交代？前兩天，美國科學家宣佈發現了引力波存在的切實證據，這說明，永恒是永恒的。因此，我要感恩。因爲上帝說，要有光，於是就有了光。

阿門。

袁慶豐　丙申年正月初五
寫於北京東郊定福莊養心廊

十六部影片信息集合

《脂粉市場》（故事片，黑白，有聲），明星影片公司 1933 年出品。VCD（雙碟），時長：82 分 48 秒。

〉〉〉**編劇**：丁謙平【夏衍】；**導演**：張石川；**攝影**：董克毅。

〉〉〉主演：胡蝶、龔稼農、嚴月閒、王獻齋、孫敏。

《姊妹花》（故事片，黑白，有聲），明星影片公司 1933 年出品，1934 年 2 月 15 日公映。VCD（雙碟），時長：81 分 9 秒。

〉〉〉**編劇**、**導演**：鄭正秋；**攝影**：董克毅。

〉〉〉主演：胡蝶、宣景琳、鄭小秋、譚志遠。

《二對一》（故事片，黑白，有聲），明星影片公司 1933 年出品。視頻（現場），時長：79 分鐘 4 秒。

〉〉〉**編劇**：王乾白；**導演**：張石川、沈西苓；**攝影**：董克毅。

〉〉〉主演：龔稼農、鄭小秋、王徵信、高倩蘋、嚴月閒、艾霞、宣景琳。

《女兒經》（故事片，黑白，有聲），明星影片公司 1934 年出品，（1934 年 10 月 10 日完成上映）。VCD（三碟）時長：157 分 54 秒。

〉〉〉**編劇**：編劇委員會；**導演**：李萍倩、程步高、姚蘇風、吳村、陳鏗然、沈西苓、徐欣夫、鄭正秋、張石川；**攝影**：董克毅、王士珍、彥秉衡、周詩穆、陳晨。

〉〉〉主演：胡蝶、宣景琳、夏佩珍、嚴月閒、顧蘭君、高倩蘋、梅熹、袁紹梅、徐來、徐琴芳、袁曼麗、鄭小秋、高占非、王獻齋、龔稼農、尤光照。

《漁光曲》（故事片，黑白，配音，殘片），聯華影業公司上海第二製片廠攝製，1934年出品，1934年6月14日首映。VCD（單碟），時長：56分6秒。

〉〉〉**編劇**、**導演**：蔡楚生；**攝影**：周克。

〉〉〉**主演**：王人美、羅朋、湯天繡、韓蘭根、談瑛、尚冠武，裘逸葦。

《都市風光》（故事片，黑白，有聲），電通影片公司1935年出品。VCD（雙碟），時長：92分29秒。

〉〉〉**編劇**、**導演**：袁牧之；**攝影**：吳印咸。

〉〉〉**主演**：張新珠、唐納、白璐、顧夢鶴、周伯勳、吳茵。

《船家女》（故事片，黑白，有聲），明星影業公司1935年出品。VCD（雙碟），時長：時長101分15秒。

〉〉〉**編劇**、**導演**：沈西苓；**攝影**：嚴秉衡、周詩穆。

〉〉〉**主演**：高占非、徐來、胡茄。

《新舊上海》（故事片，黑白，有聲），明星影片公司1936年出品。VCD（雙碟），時長101分52秒。

〉〉〉**編劇**：洪深：**導演**：程步高；**攝影**：董克毅。

〉〉〉**主演**：王獻齋，舒繡文。

《迷途的羔羊》（故事片，黑白，配音，刪節版），聯華影業公司1936年8月出品。CCTV6頻道2011年播出視頻版本，時長：63分30秒。

〉〉〉**編劇**、**導演**：蔡楚生；**攝影**：周達明。

〉〉〉**主演**：葛佐治、陳娟娟、黎灼灼、鄭君里、沈百寧。

《壓歲錢》（故事片，黑白，有聲），明星影片公司1937年出品，春節（公曆2月11日）公映。VCD（雙碟），時長：91分鐘9秒。

〉〉〉**編劇**：洪深【夏衍】；**導演**：張石川；**攝影**：董克毅。

〉〉〉**主演**：胡蓉蓉、龔秋霞、龔稼農、嚴工上、黎明暉、王獻齋、英茵、吳茵。

《十字街頭》（故事片，黑白，有聲），明星影片公司（二廠）1937年4月出品。VCD（雙碟），片頭預告片時長：1分42秒，正片時長：103分48秒。

〉〉〉**編導**：沈西苓；**攝影**：周詩穆、王玉如。

〉〉〉**主演**：趙丹、白楊、英茵、呂班、沙蒙。

《馬路天使》(故事片,黑白,有聲),明星影片公司 1937 年出品,7 月公映。VCD(雙碟),時長:89 分 58 秒。

〉〉〉 **編劇、導演**:袁牧之;**攝影**:吳印咸。

〉〉〉 **主演**:趙丹、周璇、魏鶴齡、趙慧深、王吉亭、柳金玉。

《夜半歌聲》(故事片,黑白,有聲),新華影業公司 1937 年出品。VCD(雙碟),時長:118 分 8 秒。

〉〉〉 **編劇、導演**:馬徐維邦;**攝影**:余省三、薛伯青。

〉〉〉 **主演**:金山、胡萍、施超。

《如此繁華》(故事片,黑白,有聲),聯華影業公司 1937 年出品。VCD(雙碟),時長:103 分鐘 27 秒。

〉〉〉 **編劇、導演**:歐陽予倩;**攝影**:黃紹芬。

〉〉〉 **主演**:黎莉莉、尚冠武、尤光照、梅熹、張琬、韓蘭根、劉瓊。

《藝海風光》(短故事片合集,黑白,有聲),華安影業股份有限公司 1937 年出品,視頻時長:102 分 59 秒。

其一:《電影城》

〉〉〉 **編導**:朱石麟;**攝影**:沈勇石。

〉〉〉 **主演**:尚冠武、黎灼灼。

其二:《話劇團》

〉〉〉 **編導**:賀孟斧;**攝影**:陳晨。

〉〉〉 **主演**:鄭君里、陳燕燕。

其三:《歌舞班》

〉〉〉 **編劇**:蔡楚生;**導演**:司徒敏慧;**攝影**:黃紹芬。

〉〉〉 **主演**:黎莉莉、梅熹。

《王老五》(故事片,黑白,有聲),聯華影業公司 1937 年出品,1938 年公映;網絡視頻時長:110 分 36 秒。

〉〉〉 **編劇、導演**:蔡楚生;**攝影**:周達明。

〉〉〉 **主演**:王次龍、藍蘋、殷秀岑、韓蘭根。